한 이공학자의 칼럼집

조선의 근대화시련과
오늘의 대한민국 ①

한 이공학자가 쓴 칼럼집

조선의 근대화시련과

오늘의 대한민국 ①

지은이 조명제

솔과학
SOLKWAHAK

책머리에

본서는 필자가 최근까지 연구생활을 통한 발표문 기고문 등을 모아 그 일부를 새롭게 엮어보았다. 공학자로 은퇴 후 우리나라 생활사에 심취하여 2002년 전국역사학대회에서 발표한"西勢東漸과 朝鮮, 淸 그리고 日本에 對應"과 한국에너지 공학회에서 1996년 특강한 "한국 에너지 · 동력 100년사"등을 비롯한 그 동안의 각종 자료를 집대성하였다. 그 결과 개인으로 말하면 나라의 회고록 비슷한 한국생활사가 되고 말았다. 처음부터 이러한 단행본을 생각해본 것이 아니기 때문에 각 장마다 부분적으로 중복된 것도 있다. 본서를 집필 중 분야별 관련 문헌을 참고로 하고 가능하면 시대별 순서로 엮었다. 역사는 따분한 암기식 역대 왕 이름이나 구수한 옛날이야기 또는 TV속의 왕조사극 으로 이해 할 수도 있다. 그러나 서양은 역사에 대한 풍조가 변화되면 서, 그들은 민초들의 삶의 모습이 어떠했을까, 음식문화는 어떻고, 산 업혁명 후 의식주에 어떤 변모를 들어냈나, 사업장에 구사당한 노동자 의 애환은 어떤 것이 있었던가 등의 생활사에 눈을 뜨고 있다.

따라서 본서의 표제를 생활사라는 말로 표현하고 싶다. 여기서 기 이한 일화와 교훈적 설화 모습을 찾아 볼 수 있겠고, 그렇게 하여 바로 우리 할아버지, 할머니 그리고 부모님의 숨결과 애환을 얘기하지 않고 서는 진정한 생활사라고 볼 수도 없다. 전통농촌사회에서 근대화사회 로 옮겨가는 동안에, 우리의 '무지' 와 '가난' 은 한국생활사의 일모를 대변해주었다.

우리가 살아오는 동안, 조선왕조의 학정, 숨 가쁘게 돌아간 개화의 소용돌이, 일제 식민지 암흑생활, 광복과 6.25전쟁의 고난, 마침내 가난과 무지를 딛고 일어선 근대한국의 모습은 기이하고도 오늘에 와서는 자랑스럽기도 하다. 특히 일제당시 정치·사회·교육·산업·기술에 관한 대표적인 주제는 우리 가슴을 아프게만 했고 수구와 개화의 대립은 우리를 슬프게 했다.

우리는 '함몰된 사회'에서 이제 일어서서 다시 반성하고 '어떻게 살아왔나'와 함께 '어떻게 생각하나'도 비평하고 미래를 창조하여야 할 것이다. 끝으로 이 책을 엮으면서 도움을 주신 이현희, 박원훈, 곽은호 그리고 신현동 교수님의 찬조하신 옥고로 과제를 무리없이 마칠수 있게 협조를 받은 것에 사의를 표합니다. 또한 출처를 밝히지 못한 그림에 대하여 양해를 구하며 죄송함을 표하고 아울러 솔과학 출판사의 김광재 사장이 편집에 수고하신 결실에 감사드립니다.

2007. 12
조명제

셋째 극복과 시련의 벼랑

콧대 높았던 조선의 조정

1. 지혜 넘친 선비정신

이 현 희

선비는 관혼상제를 특히 중요시했다. 돌잔치, 서당교육, 관례, 혼례, 서원교육(성균관), 과거를 거쳐 관직생활, 회갑연을 경험함. 사후는 가족이 엄숙하게 장례, 제사를 지내고 문집을 출판했다.

역사속의 선비   선비는 일반적으로 인품이 어질고 지식을 갖춘 사람을 일컫는 것으로, 이는 신분적 계급을 넘어 세속의 영리를 좇아 시류에 영합하지 않고 올바른 도를 추구하고 실천하는 도덕적 인품의 소유자를 말한다.

역사속의 선비의 모습은 삼국시대까지 거슬러 올라갈 수 있으나 조선시대에 이르러 유교가 통치이념으로 자리 잡으면서 선비들은 정치적 중심세력으로 등장하였다. 따라서 통상 우리가 인식하는 선비 상은 조선조의 그들을 떠올리게 되는데, 이 시기 선비들은 끊임없는 학문연구와 자기수련을 통해 인간이 당연히 갖추어야 할 도리를 깨달아 실천하고자 하였다.

이에 선비들은 나라의 공복으로 충성을 다하고자 하였으며, 의로서 본분을 잃지 않고자 노력하였다. 그리하여 진정한 선비는 임금의 잘못도 사심없이 감연히 직간하여 도리가 바르게 실천될 수 있도록 하였으며, 옳은 것에 대한 신념을 굽히거나 부정을 눈감지 않았다. 또한 결코 영화나 부귀, 일신의 영달에 사로잡히지 않았고, 청빈한 삶을 지켜 나가는 것을 목숨처럼 여기며 실천하였다.

선비는 지식보다 지혜로움을 추구하였고, 인간의 의로움을 추구하여 이러한 가치를 위해서는 자신의 목숨도 기꺼이 바치는 곧은 맥이었다. 선비는 거짓됨과 부정함을 거부하고 진실을 추구하였다. 따라서 선비는 비판하는 사회적 양심이자 시대가 요구하는 지도자로 그들은 특별함이 아닌 인간의 보편적 가치를 추구하였다. 그럼에도 불구하고 우리는 시대를 이끌어 비판하고 개혁할 수 있는 지혜로운 선비의 기근에 허덕이고 있다. 이 시대 우리가 진정 필요로 하는 선비를 갈망하며 역사속의 의와 청빈을 실천한 선비상을 들여다 보고자 한다.

실학자 성호 이익 선생(1681~1763)

직간하는 선비　　조선 중종때 지중추부사 이홍간은 어떠한 권력 앞에서도 자신의 소신을 굽히지 않았던 전형적인 선비였다. 기묘사화때 남곤의 세도는 대단한 것이었다. 이때 평안평사라는 미직에 있던 이홍간은 남곤의 사위 이선에게 남곤을 비판하기를 서슴치 않았다.

"남곤은 지금 가장 명망 높은 분이기는 하나 두 번이나 고변의 대상이 된다는 것은 부끄러운 일이다."

이선은 이를 남곤에게 고해 바쳤고, 이로 인해 이홍간은 남곤이 집권하는 동안 변방으로만 쫓겨 다니다가 남곤이 죽은 후 장령벼슬에 올랐다. 이때 그는 정변음모 혐의로 귀양가게 된 영산군의 억울함을 호소하였는데, 공명을 바라는 자의 무고에 의해 왕으로 추대되려고 하였다는 역모에 연루되었던 것이다. 이홍간은 "천륜이란 지극히 중한 것이온데 분명하지 않은 일로 형제가 서로 보호치 못하면 어찌 하겠습니까. 이제 영산군이 귀양살이로 쫓겨났으니 엎드려 원하옵건데 전하께서는 한나라 사람들의 풍자한 노래를 거울 삼아 조그만 은사를 베푸시옵소서."

대역죄인이라 하여 귀양간 사람에 대한 일을 조금도 주저치 않고 임금에게 고하니 주변 사람들이 긴장하였으나 오히려 임금은 건의를 받아들여 영산군의 무고함을 밝혀 풀어주었다. 이처럼 이홍간은 옳지 않은 일에 직간을 서슴치 않았고, 시세에 굽히거나 동요하는 법이 없어 팔도선비들이 존경하였다.

또 중종 때 재상 채세영은 기묘사화에 간신들의 무고로 많은 선비들이 화를 당하자 정광필, 남곤 등 신하들이 배석하고 있는 임금앞에 뛰어 들어가 사관으로부터 사필을 빼앗고는 "이 사람들이 무슨 큰 죄를 지어서 이러는 것인지 죄명을 듣고자 하나이다." 하고 임금에게 물었다. 임금은 물론 좌우에 앉아 있던 정승들은 모두 놀라 당황하였고, 신하들은 채세영의 용기를 만류하기 바빴다. 그후 선비들 사이에서는 "이 세상에 군자는 오직 노채(채세영) 한사람뿐이다." 하였고, 길가는 사람들은 그를 보면 "저이가 임금 앞에서 붓을 뺏은 사람이다"라며 우러러 보았다고 한다.

　이처럼 권력의 남용이나 독재가 있을 때마다 이홍간이나 채세영 같은 강직한 선비들의 직간은 가장 큰 압력이 되었고, 이 때문에 많은 의로운 선비들이 부당한 고초를 당하거나 죽음을 당하였다. 그러나 이러한 선비들의 강직함은 후손들의 거울이 되었고, 역사상 훌륭한 정신적 유산을 남겨 주었다.

우산각골의 청빈　조선 초 지금의 서울 신설동과 보문동 근처에 우산각골이라는 동네가 있었는데, 겨우 비를 가리는 초라한 집이 하나 있어 연유한 이름으로 선비들은 이를 비우당庇雨堂골이라고도 불렀다. 이 우산각골에 세종때까지 입사하였던 정승 유관이 살았다. 그는 청빈한 선비 가운데 전형적인 인물로, 재상을 거쳐 정승에 이를때까지도 우산각골에서 담장과 대문도 없는 허름한 초가에서 살고 있었다. 이에 그의 청빈함을 익히 알고 있었던 태종이 사람을 시켜 밤에 몰래 집의 담장을 둘러놓게 하기도 하였다. 이처럼 집이 너무나 허술하여 장마철이 되면 지붕이 세어 방안에 빗물이 떨어지곤 하였다. 이럴때면 유관은 과거급제때 하사받은 우산을 방안에서 펴들고 비를 피하였다. 그리고는 말하기를 "우산없는 집에서는 이 장마철을 어찌 견디어낼까" 하자 그의 부인이 "우산없는 집에서는 다른 방도가 있을 겁니다"라고 대답하였다. 이에 연유하여 동네이름이 우산각골이 된 것이다. 또 집에 있을 때는 항상 맨발에 짚신차림이었고, 손님이 오면 탁주 한 항아리를 대접했을 뿐이었다. 정승이라 하면 오늘날 장관과 같은 직분에 있었던 것인데, 그처럼 빈곤하게 살았는가 라고 할지 모르나 그는 자신의 봉록은 최소한의 생활을 하는데만 쓰고, 나머지는 다리를 놓는데 기부한다던가 무료숙박소인 원에 희사한다던가 하여 사회로 환원하여 선비로서의 청빈한 삶을 고집하였던 것이다.

그의 청빈한 삶은 후손에게 교훈이 되어 유관의 외증손이자 태종의 아들 경녕군의 현손인 판서 이희검도 그러한 청빈한 삶의 전통을 이어 나갔다. 그는 사람들이 자신의 집이 초라하다고 말하자 "우산에 비하면 이것도 과분하다." 고 하였다. 이에 이희검이 죽었을 때 친척들이 전곡을 거두어 장사를 지냈을 만큼 유관의 우산각골 청빈함을 지켜 나갔다. 그후 이희검의 아들인 지봉 이수광도 소박한 당우堂宇를 짓고 그곳에 살면서 우산각골의 청빈한 전통과 선비의 도덕성을 지켜 나갔다.

이외에도 역사속에서는 청빈한 삶을 통한 공인의 도덕성을 지켰던 진정한 선비들이 많이 있는데, 손찬성, 양관, 맹사성, 박언, 장필무, 윤석보, 이행, 이원익, 박지원 등이 그러한 인물들이다.

박지원의 경우도 청빈함이 대단하였다. 오죽하면 집을 지키던 계집종마저 달아나고, 집안 아내가 있지만 나그네와 같은 신세였으며, 책을 보다가 잠이 오면 자다가 깨워줄 사람이 없어 어떤 때는 하루종일 자는 수가 있는데 그러다보면 사흘을 굶기도 하였다고 한다.

이들이 지켰던 공인의 청빈한 삶은 누가 강요해서가 아니라 선비로서의 자긍심을 갖고 스스로 도덕성을 실천한 것으로 오늘의 이기적 물질만능주의에 오염되어 있는 우리에게는 큰 경종과 자극이 되지 않을 수 없다.

누이를 고발한 의로움　　민지제란 인물은 평소 강직하기가 이를 데 없어 무슨 일이 있어도 법을 잘 지켰다. 그가 형조판서로 있을 때

누이동생의 시댁인 홍우필의 집에 들른 때의 일이다.

그는 술을 좋아하여 누이는 오라버니가 오자 자신이 정성들여 빚은 술을 대접하였다. 술은 맛이 좋았으나 안주가 김치 뿐이니 민망하기가 이를데 없었다. 그러나 민지제는 "가난한 너의 집에서 어찌 이리 맛좋은 술을 구하였느냐" 하며 마셨다. 마침 전날이 홍참봉의 생일이었기에 담가 놓았던 술이었다. 또 송아지도 한 마리 잡아 집안사람들을 대접하였으나 당시 금육령이 내려져 있어 법을 철저히 지켰던 민지제에게 감히 쇠고기를 내놓지 못하고 있었던 것이다.

그러나 오라버니가 술맛이 좋다며 자꾸 청하며 "참으로 유주무효有酒無肴라더니 이를 두고 하는 말이구나" 하며 누이는 용기를 내어 "한가지 사연이 있는데 나무라지 아니하겠습니까" 하였다. 민지제가 무슨 일이기에 그러느냐. 비녀라도 잡혀서 안주를 사오너라"하자 누이는 시아버지가 오라버니의 강직한 성품을 알고 있었기에 소를 잡았으나 감히 내놓지 못하였습니다." 하였다. 그러자 민이 고기를 구어오라고 하니 누이는 기뻐하며 고기를 구워와 대접하였다. 그러나 민지제는 문을 나오자 마자 자신을 따라왔던 형조의 아전들에게 "이 집은 범도를 했으니 이 집 종을 잡아 가두어라 하니 갑자기 집안은 일대 소란이 벌어졌다. 당황한 누이는 자기 대신 종이 잡혀가니 밥도 먹지 않고 울었으며, 홍참봉은 며느리의 소행을 크게 꾸짖었다. 그 후 민지제는 누이 집의 하나뿐인 하인도 끌어낼 돈이 없자 자신의 봉록 중 28량을 내어 종을 풀어 주었다.

하지만 홍참봉은 불만을 하며 "공이 법을 엄하게 지키는 것은 가상한 일이나, 금육을 먹지 말고 종을 가두든지 할 일이지 다 먹고 나서 금령을 집행한단 말이오" 하고 따졌다. 이에 민지네는 "지친의 정으로 누이가 권하는데 어찌 먹지 않을 수 있으며, 또 금도禁屠를 범한 사실이 내 귀에 들어왔는데 어찌 사사로운 정을 쓸 수 있겠습니까. 만약, 집에서 잡았다는 사실을 말하지 않았다면 백마리의 소라도 먹기만 했을 뿐이지 어찌 법으로 다스렸겠습니까" 하였다.

이처럼 민지제는 비록 누이라 하더라도 범법한 일이라면 조금도 용서치 않았으며, 일단 법으로 다스린 후에는 자기가 감당함으로 지친의 정과 도의를 모두 지켜 나갔다. 따라서 사람들은 그를 인정이 없다하지 않고 오히려 선비로서의 그의 강직함을 칭송하였던 것이다.

이는 자신들의 세력을 이용해 자식들은 물론 일가친척이 부정부패를 일삼고 잘못을 진정 깨닫기 보다는 변명으로 일관하는 오늘날의 권력자들에게 아주 뼈있는 교훈이 될 것이며, 이러한 선비의 참 인간상은 이 시대 우리가 진정 필요로 하는 선비상이라 할 것이다.

2. 조총의 위력과 제조 공정 수수께끼 해법

조 명 제

조정은 종래의 승자총통에 안주하였고, 병기개발에서 조총에 대응할 조제능력 부족을 자초했다. 5세기에 건너간 백제시대 백년강 기술은 어디로 갔는지, 1500년대 중반 일본은 우리보다 뒤졌으나 중국으로부터 화약제조기술과 다네가시마에서 얻은 총을 본 따 조총기술을 단기간에 터득하고 일본 내전에서 실증된 조총의 우수성을 임진왜란 때 조선에서 지상전투에 이용했다.

조선의 승자총통　'승자총통'은 임진왜란 당시 우리의 대표적 소총이다. 전쟁이 발생하기 전인 1589년 대마도주로부터 진상 받은 2자루의 소총(조총)은 사신 황윤길이 휴대하여 귀국하였다. 이 소총이 후일 조·일간에 병기의 역사를 뒤집어 놓을 줄 아무도 몰랐다. 당시 조총은 최신무기였지만 조정은 무관심하였다. 일본의 소총은 조선에서는 조총이라고 불렀는데 후일 그 우수성이 조야에서 높게 평가되었다. 그렇다면 최초로 조총을 접했을 당시 우리는 왜 이를 과소평가하고 경시했을까? 초기 화기사火器史를 보면 화기 제조는 활기를 띠고 급속도로 발전하여 빈번히 준동했던 북변의 오랑케와 노략질을 일삼던 서남 해안에 출몰했던 왜적을 물리칠 수 있었다. 그러나 일본은 우리

보다 약 2세기나 화기를 늦게 개발했지만 급속도로 발전시켜 을묘왜란 당시 조선을 고전케 했다. 조선에서는 16세기 중·후반 여진과 왜의 위협이 진행되면서 김지金墀가 개발한 승자총통이란 휴대용 화기의 위력으로 무사히 적을 토벌 할 수 있었다. 이것은 종전의 것에 비하여 휴대와 화약 장진에 편리하였지만, 사격 도중에 간간이 총열이 파괴하였다고 한다. 보병이 기본적으로 휴대해야 할 승자총통이 신뢰성 보장이 어려운데도 관료들은 단순히 적을 토벌 할 수 있었다는 것만으로 과신은 물론 자만하고 낙관하였다.[1] 승자총통은 조총에 비하면 치명률이 떨어졌고, 전쟁터에서 구조상 취급이 비효율적이었다.

조선이 경험한 조총의 모든 것　　선조 25년(1592) 4월 13일 왜가 약 7백 척의 병선을 앞세워 부산진성을 공격하면서 임진왜란이 시작되었다. 이로부터 7년간의 전쟁터가 된 조선에서 인명의 피해와 막대한 재산상의 손실은 상상할 수 없을 만큼 컸다.

왜의 주력부대는 동로·중로·서로로 나누어 간선도로를 따라 서울을 향하여 북진하였는데, 특별한 저항 없이 파죽지세로 부산을 상륙한지 20일 만인 1592년 5월 3일 서울에 입성하였다. 순변사巡邊使군무를 띠고 변경을 순검하는 특사) 이일李鎰은 서울에 있는 정규군 3백 명을 거느리고 왜군을 막고자 하였으나 병조에서 선발한 군사가 모두 민가나 시정市井에 있는 사람이거나 서리胥吏(아전: 중앙, 지방, 군이나 현에서 일하는 사람), 유생儒生들이 태반이었다. 이들 유생들은 관복을 입고 책을 옆에 끼고 있었고, 서리들은 건巾을 쓰고 있었는데, 모두가 도망쳐 빠져나갈 구멍만 찾고 있었다고 한다. 나라가 위태롭게 되니 조정은 물론 일반 백성도 크게 의지하고 열망한 장수는, 신립申砬과 이일

李鎰 뿐이었다. 신립은 조령에서 자연의 요새를 이용하여 적을 방어하고자 서울을 떠나는 도중 이일의 패배를 듣고 일단 충주에서 모이도록 한 것이다. 훈련 한번 받지 못한 농민들을 도중에 군사로 모집하고 4월 26일 충주에 도착하여 진을 쳤다. 그가 끌어 모은 군사는 불과 수천 명, 그것도 활 한번 쏘아보지 못한 오합지졸에 불과했다. 이런 도중 왜군은 이미 조령을 넘은 뒤여서 신립의 군사는 탄금대彈琴臺에서 배수진을 치고 전투를 기다렸다. 그러나 전세는 조선군에게 모든 것이 불리하였다. 간밤에 내린 비로 기병들의 작전이 용이하지 못하고 조총 소리에 군졸들은 이미 기가 질려 실의에 빠진 듯 하였다. 군병들은 필사적으로 분투하였지만 별다른 전과 없이 장열히 전사한 자가 많았다. 충주전투에 패한 신립장군은 강물에 몸을 던져 자결하였다. 끝내 조선군은 큰 싸움 한번 치르지 못하고 흩어져, 왕은 피난길을 떠나게 되었다. 도대체 '조총'이 무엇이길래 조선 군졸들이 전쟁터에서 위압만 당하고 기를 펴지 못 하였을까. 당시 조선이 조총에 대하여 기록한 내용을 살펴보자. 점화방법이 우리의 지화식指火式에 비하여 화승식火繩式이고 치사율이나 명중률이 우리 창에 비해 10배가 넘었다고 한다. 그리고 상대가 기병인 경우 치명타는 50m 범위를 넘었다고 한다. 아무튼 '나는 새도 능히 맞칠 수가 있다'는 뜻에서 조총의 이름이 유래되었고, 선조는 '천하의 신기神器'라고 경탄했다. 또 이순신은 조총은 승자총통을 압도하는 화기로 인식하였다. 승자총통은 왜란 중 우리의 대표적인 소총이라고 이순신은 일기에 기록하고 권율權慄의 행주산성 전투에도 사용되었다. 이 전투에 동원된 화약 병기는 지자地字총통, 승자총통, 화차 그리고 진천뢰震天雷 등이었는데 승자총통이 크게 효력을 발휘했다. 왜군은 전체 병력 중에서 20%의 병사가 조총수였기에 행주산성

전투에 동원된 조총만도 6천정에 이르고 조선군이 보유한 승자총통 수는 잘 모르지만 수백자루로 추산된다. 승자총통의 발사법은 지화식 으로, 한 손으로 총을 잡고 다른 손으로는 불씨를 약선藥線 구멍에 갖다 대어서 화약에 점화시키는 방식이었기에 명중률이 크게 떨어졌다. 반 면 조총은 화승을 S자형 금속기구에 끼워 이를 방아쇠로 당김으로써 화승을 약선 구멍에 대어 화약을 점화 시키는 점화방식으로 사격하였 다. 뿐만 아니라 사전에 화승을 불씨 역할을 하는 분말화약에 접속시 켜서 쏘기 때문에 순간적으로 입상粒狀의 화약이 발화하여 총알을 멀리 밀어내게 하였다.[2] 말하자면 사정거리가 길어질 수 있었다. 이 화승식 은 지화식에 비해 사격하는 동안 두 손으로 화기를 잡을 수 있어서 조 준이 정확하여 명중률을 크게 향상시킬 수 있었다.

전투 도중 조선군의 가장 애로사항은 화기용 화약량이 제대로 준비 되지 못한 점이었다. 전쟁이 일어나 서울의 화약고 재고량 2만7천 여 근은 난민의 방화로 소실되고 말았다. 이 사건으로 선조는 임진왜란 이후 화약병기 조달에 시종일관하여 관심을 보였으며『선조실록』권 39에서 전쟁 승패를 화기의 사용 여부로 인식하였다. 왜군이 육전에 서 연전연승한 것은 화기 사용에 있었던 것이며, 조선군의 약점은 화 기를 제대로 사용하지 못한데 있다고 보았다.

세종대 이래 승자총통과 천자총통天字銃筒등에 관한 병기의 성능개선 의 노력은 필요할 때 마다 계속되었다.『선조실록』권53, 54, 56에는 왜란 중 조총을 둘러싼 여러 가지 견해와 문제가 기록 되었다. 조총에 관한 경탄과 우수성을 시작으로 조총 제조의 독려 그리고 조총의 정교 함까지도 기록돼 있다. 왜란이 일어난 다음 해인 선조 26년 2월에 접 반사接伴使 이덕형李德馨과 평안감사 이원식은 조총 제조에 몇 가지 문제가 있다고 난색을 표명하고 같은 해 12월 비변사에서는 조총의 제조법이 교묘하여 세심하고 정교한 기술 없이는 제조가 불가능함을 지적하였다. 선조 27년 3월 비변사에서 포수 훈련용 총의 부족을 건의하는 등 소총의 수요가 증가하여 훈련도감은 소총 제조를 위하여 장인을 양성하고 황해도 은율殷慄등지에 철점을 독려하여 철, 동철 조달에 힘썼다. 그렇지만 은율에서 선조 29년에는 8개월 동안 군기 372점을 제조하였는데 조총은 불과 38자루 뿐이었다. 총통제조의 성능개선에 관한 노력은 왜란 중은 물론 그 후 까지도 지속되었는데 포로가 된 왜인을 골라서 종사하도록 하고 제주도에 표착한 네덜란드인 박연(朴淵)과 하멜(Hammel)을 활용하기도 하였다. 조선에 상륙한 왜군 가운데 특이한 사람이 있었는데 왜란이 시작하자 부산에 나타난 가등청정加藤淸正 휘하의 장수 사야가沙也可가 바로 그였다. 그는 인의仁義의 나라를 동경하고 조선 민중을 살육하는 것을 포기했을 뿐만 아니라 자기의 상관 도요토미히데요시에게 등을 돌리고 조선으로 귀순했다. 그는 또 귀순 이유를 "평소 중화中華의 문화를 사모했는데 조선에 건너와서 그 자취를 찾았기 때문"이라고 말했다. 그는 전투에서 일본군과 싸워 혁혁한 공을 세웠기에 조선 조정은 그 공로를 인정하여 김해 김씨 성을 내려주어 그 이름이 김충선金忠善으로 되었다. 그는 조총과 화약 다루는 기술을 가르쳐 주었으니 조선군이 조총에 밀려 패전을 거듭했던 당시 그의 존재는 구세주나 다름이 없었다. 박연은 훈련도감에서 병기의 제작법과 조정법을 교육시켰다. 그들에게는 조총은 직업상 하나의 상용 비품이었으므로 관련 지식을 조선 군병에 능히 전습케 하였다고 전해진다.

베일에 숨은 조총 50년 세월[3]   1543년 중국으로 향한 포루투

칼 사람이 탄 범선이 일본 규슈九州 남방 다네가지마種子島에 표류하여 우연히 도착하였다. 이 배는 심한 폭풍우로 인하여 항로를 이탈하였던 것이다. 이것이 유럽사람이 일본에 온 최초의 일이다. 다네가지마의 도주島主는 그가 갖고 있는 소총의 사용법과 제작법을 집안사람들에게 전하여 배우도록 하였다. 1550년 교토 근처에서는 일찍부터 전투에 소총을 사용한 소문이 돌았다. 그래서 성벽을 쌓을 때는 소총을 염두에 두고 방어 시설을 고안한 축성방법이 사용되었다. 그러므로 일본 전역의 여러 곳에서 싸움이 일어났을 때 소총이 보급되고 오사카에 인접한 사카이(堺) 등 여러 곳에서 총을 만들게 된 것이다. 이 소총은 그때만 해도 많은 다이묘大名들이 갖고 싶어 했던 신 병기였다. 1562년 구매다久米田 전투에 대량의 소총이 사용되었고 상대방의 용맹스러운 무사들이 전사한 일이 자주 있었다. 일본에 잘 알려져 있는 나가시노 전투長篠戰鬪에서 오다노부나가織田信長 연합군은 3천 자루의 소총부대가 동원되어 막강한 1만5천명이나 되는 다께다武田군에 대승한 일이 있다. 다께다군의 검이나 활, 그리고 기마대는 소총부대에 무릎을 꿇게 되어 그 후 소총을 도입한 다이묘는 점차 그 힘을 과시하게 되었다 .소총제

조총 역사의 현장 나가하마시에 도착한 필자(2001. 6. 8)

작에는 여러 가지 기술이 필요하였는데, 이는 전투 중에 총신이 화력에 견딜 수 있는 강도를 유지하고 초석硝石에서 화약을 만들어 내는 제작기술이다. 왜란 이전 당시 조선국은 일본 측에서 볼 때 선진국으로 알고 있었다. 그런 점에서 조선에 온 일본 사절은 가장 관심꺼리가 화약을 보고 싶어 하였는데『조선왕조실록』의 기록이 이를 뒤받침하고

구니모토 자료관에 보존된 조총

있다. 조선은 일본에 앞서 화약을 알고 있을 뿐 이를 알리지 않으려고 애를 썼다. 이는 일본을 공격하려는 목적이 없었고, 어디까지나 자국 방위용으로 사용하였다. 중국에 소총이 전래한 시기는 일본보다 28년 전인 것으로 알려져 있다. 일본은 소총 재료인 철이 많았고, 이미 총의 제작기술에도 단야법鍛冶法 활용이 가능했다. 다량의 소총 생산은 전투방식의 변화를 가져왔고, 탄환의 위력에는 종래의 투구나 갑옷은 감당하기 어려웠다. 따라서 철판을 겹겹이 싸서 보강하는 방법으로 변했다. 오다노부나가와 도쿠가와 이에야스 연합군은 나가시노 전쟁을 승리로 이끌었는데 소총이 전래된지 32년 후였다. 이 무렵 소총의 제조기술은 전국戰國시대에 영향을 주어 급속히 확산되고 30만 자루의 소총이 만들어졌다. 결국 소총의 출현은 일본의 전투양식에 커다란 변화를 가져왔고 임진왜란으로 비약하게 된 셈이었다. 그 후 소총 제조와 과련 된 기술 집단은 전국적으로 확산되어 하나의 번藩 또는 몇 개의 번 단위로 조직되기 시작하였다. 주목되는 것은 총을 재빠르게 만들 수 있는 제철기술, 일본인의 호기심에 가득찬 정신 뿐만 아니라 소총을 생산하는데 그 기술을 곧바로

익혀 자기 것으로 소화 흡수한 능력이 있었다. 지금도 오사카 사카이堺와 시가켄滋賀縣의 구니토모國友에 가면 옛 단야공鍛冶工들의 후예가 집단으로 모여 사는 동리가 남아 있다.

<성능비교표>

항 목	조총	승 자 총 통
총신길이	140cm	50~70cm
살상거리	100m	30m
발사회수(1분당)	2~3정도	1회정도
가늠자, 가늠쇠	유	무
점화방법	화승식(자동)	지화식(수동)

모조한 조총 성능의 문제들　무신 보다 문신 상위의 조정은 정통한 화기정책 수립과 집행에 무능하여 임진왜란 발생까지 10 여 년이 지나도 승자총통의 획기적인 성능제고를 못 이루고 전쟁을 맞는 운명에 처하고 말았으니 안타까운 일이다. 주조기술, 열처리, 총신의 혈穴크기, 조성照星, 찬혈鑽穴, 약실 등 사정거리, 명중률, 총신의 내구성의 적합성을 추구하는데 어떻게 설계하였는지 수수께끼가 아닐 수 없다. 선조 30년(1597) 투항한 왜병을 조총제조에 참여시킬 것을 상소했으나 선조는 우리에는 우수한 공인이 있다면서 받아들이지 않았다. 이것으로 보아 당시 어느 정도 조총 제조에 관한 기술이 정립된 것으로 보아진다. 그렇지만 총기의 성능 발휘는 생각대로 순탄하지 못하였던지 승자총통이 처음에는 주철로 만들어져 쉽게 파열하고 간혹 인명손상을 범하였다. 광해군 시대 1615년 후 정철 사용과 찬혈조성鑽穴照星 등 조총의 제법이 적극적으로 도입되고 '거의 손색없는 새로운 이기로

발전 될 수 있었다' 라고 하는 기록에서 선조 대에는 여전히 조총 성능에 문제가 있었던 점을 알 수 있다. 조선시대 야철기술은 용광로와 풀무를 장비하고 철광석을 넣고 목탄을 연료로 하였다. 용선로 안에 고온환원高溫還元과 용융 침탄侵炭이 수반하여 진행되면서 용탕이 만들어지는 것으로 보는데 금속조직상 회주철로 알려져 있다. 주조공정에 있어서 아무리 용해완료가 성공됐다 하더라도 주조물에 대한 열처리 과정은 매우 중요하다. 따라서 주조된 총신의 내부결함으로 아연 등 기타성분 덩어리, 주조응력, 핀홀 그리고 국부적 경연부동硬軟不同이(열에 의한 총신 전체 표면에 걸친 재료의 연하고 단단한 정도의 격차) 생기므로 단조할 경우와 비교하면 기계적 성질이 떨어진다. 문헌에서 알려진 당시 문제가 된 조총의 결함이 상세하지 못하지만 총신파열, 명중률 저조, 사정거리 부족 그리고 화약의 과다 투입 등이 기록에 남아있다.[4]

첫째, 조선 8도에 산재한 철 생산지(주조소가 설치되어 있음)에서 조총을 활당량 만큼 제조해 냈으니 통일된 표준공법을 기대 할 수 없었다고 믿어진다. 그 시대에 조야에서 알려진 '神器'는 확실히 첨단기술이 었을것이다.

둘째, 총신의 내구성은 포신이 받는 부하의 크기, 화약의 폭발력, 열응력, 총신의 환상육후環狀肉厚 그리고 주조물의 금속조직 사이의 상관성에 좌우된다. 또 귀열과 파열에는 연성파괴와 취성파괴가 진행되어 빈도가 어느 정도 였는지 모르지만 군문철점軍門鐵店에는 상당량의 각종 기물의 수리복원 건수가 만만치 않았던 것으로 보아 조총제조 수요와 함께 불실한 품질을 대변해주고 있다.

세째, 조준과 명중률인데 이의 개선을 좌우하는 조문照門·조성照星의 설계 그리고 총신의 진직도(심공부위深孔部位 진직도)가 지배적이다.

따라서 문헌에서 제기되었던 문제점은 정성적인 면에서 받아짐으로 조선의 조총 성능은 가히 미흡하였던 것으로 짐작이 된다. 조선시대의 기술용어 해석의 한계로 인하여 조총 제조법에 간혹 단조법이 시도된 흔적이 보이는데 당대의 화기제조는 주조법이 압도적이었다. 그 증거로써 국내 박물관이 소장한 유물을 보면 눈으로도 판독 할 수가 있다.『화기도감의궤』 내용의 '…以正鐵打造略倣鳥銃制鑽穴照星…' 라는 문구와『五洲衍文長箋散稿』에 '…薪鐵一斤打鍊正鐵劣者四兩…' 의 구절을 보면 임진왜란과 병자호란을 겪으면서 조총 제조에 주조위주로 부터 단조공법이 병행되어 도입되었던 것으로 짐작 할 수가 있다. 오늘날 조총의 유물을 보아 총신이 길어진 것은 조성과 더불어 성능상 좋은 영향을 준 뚜렷했던 증거라고 볼 수 있다.

수수께끼로 남은 제조공정　　조선왕조실록을 보면 병기개발을 둘러싼 단편적이 내용이 수 없이 나온다. 그러나 화기 개발은 조선말 대원군 집정기까지 후진성을 면하지 못하였다. 운현궁에서 직접 지휘하여 주조한, 병인·신미 두 번의 양요와 운양호사건 때 동원된 화포는 일본의 것에 비교하면 기능과 성능이 떨어졌다. 이와같이 조선시대를 통한 총기류 성능개발은 간헐적인 노력이 있었으나, 성능제고에는 한계가 있었다.

찬란했던 삼국시대의 단야鍛冶기술은 고려와 조선시대에 와서 그 맥이 끊어진 것 같다.『삼국사기』에 백년강百年鋼이라는 말이 나오는데 백

번 두들겨서 만든 강철이라는 뜻이다. 고구려 벽화에 나오는 야철 신을 보아도 그 당시 야철 장인이 사회적으로 우대 받고 있었음을 짐작할 수 있다. 백제시대에 일본은 백제왕으로 부터 철정鐵鋌을 하사 받으면서 크게 기뻐하였다고 한다. 여기서 주목할 것은 백년강은 세계적으로 알려져 있는 유명한 닛뽄토日本刀 단련에 쓰여졌다. 조선 전래의 승자총통과 일본의 뎃뽀(조총)는 근본적으로 설계에서 서로 다르고 사용된 재료와 공법의 차이가 성능의 우열을 가려준다. 그러므로 임진왜란이 시작된 후 조선은 조총을 그대로 모조하는데 혼신의 노력을 기울였고 심지어 포로로 잡힌 왜인과 표착한 네덜란드인까지 동원하여 조총을 제조하였다고 한다. 결국 이 사실에서 별다른 성과를 얻어낼 수 없었는데, 당시 기술지도에 참여한 외국인이 과연 어느 정도의 조총 기술을 보유했나하는 문제에 귀착하게 된다. 필자가 일본 본고장의 제조공법 자료와 비교해 볼 때, 그들이 얼마나 제조법을 사카이 또는 구니토모의 전문장인만큼 기술을 체득하고 있었는지 모르지만, 현재 믿기 어려운 숙제가 되고 있다. 일본은 1543년 서양소총이 전래되고 얼마 안 되어 조총을 제조한 사실은, 닛뽄토日本刀의 단야기술이 발달되었고, 때 마침 일본국내에 제철산업이 꿈틀거리고 있던 시기였기 때문에 가능하였다. 조총은 이미 보유했던 단야기술을 설계(공작도면)에 맞추어 장대한 강편을 축봉에 둘둘 감아 총신 모양을 갖추고 단조하여 방아쇠 조성 등 부속을 붙여 완성하였다고 생각한다. 결국 일본식 조총 제작에는 20여 설비 공구가 필요하나 임진왜란 중 줄곧 외인의 자문으로만 국산화는 그 주장이 국산화 하였다는 주장에는 신빙성이 없다. 다만 제작공정, 공구류 자료가 전무하여 사료를 찾아 볼 수 없으니 수수께끼가 아닐 수 없다.

1) 박재광,「임진왜란기 조·일 양국의 무기체계에 대한 일고찰」,『한일관계사연구』, 전쟁기념관
2) 화약전문가 김응수 교수 증언
3) 국내 주요박물관에는 왜의 조총에 관한 기술자료가 없다. 필자는 옛 일본에서 대표적 조총제조의 발상지, 나가하마에 있는 시립역사박물관을 2001년 6월 3일 방문하여 구니토모뎁뽀 현물을 감별해 보고, 조총의 제작공정과 성능을 탐문하였다.
4) 黑田日出男,「鐵砲傳來 と陶磁」,『日本の歷史』,朝日新聞, 1986, 36쪽
필자는 정성적定性的으로 소재, 온도, 화약폭발력 등을 파괴역학적으로 구명해 보았음.

3. 전통사회 방아와 수차에 담은 이야기

조 명 제

방아는 농경사회의 필수적인 용구로 생활의 전부다. 그 중 물방아와 연자방아는 대표적인 상징이다. 방앗간은 남존여비시대 억압받은 동네부녀자들의 할말 못할말 정보 교환의 장소이기도 했다. 지금 생각하면 시냇가의 쿵덕쿵 방아 찧는 소리는 목가적인 풍속도요 서사시다. 특히 연자방아는 해마다 봄이 오면 마을 전체가 돌로된 방앗면의 날 세우기로 연장소리가 온 마을을 메아리 쳐 잔치 치르는 큰 행사로 요란했다.

우리는 수차 · 방아를 얼마나 알고 있나   지구에 수차와 방아가 탄생한지 수 천년이 된다. 영국 산업혁명 이전 유럽의 수차는 곡물 제분부터 양수 · 기계가공에 이르기까지 광범위하게 인류생활에 기여하였다. 이미 서양은 메뉴펙춰(manufacture)의 기초가 확립되어 용도에 알맞게 수차에 부속품을 추가시켰다. 우리의 수차는 양수와 제분에 목적을 두고 옛날부터 계승하여왔다. 우리 농촌에서 대개 50년 전만해도 농촌에서 볼 수 있었다.

전통농경사회에서 살아온 우리 민족은 수차와 방아를 생활필수의 제일가는 살림 밑천으로 손꼽았다. 농사를 짓고, 방아를 찧어 밥을 지어먹는다는 것이 생활의 기본이었기 때문이다. 우리나라의 경우 중국이나 일본과 비교하면 장구한 세월이 흘렀지만, 조선시대를 보아도 기술이 가장 뒤떨어졌었다. 구체적이고 자세한 이야기는 전문 학술지에 더러 발표되고 있다. 조선시대 이래 양수기는 드레, 길고, 답차踏車가, 방아로는 목매 디딜방아 연자방아 물방아 등이 계승되어 왔다. 동력에는 인력, 수력 그리고 축력畜力으로 장치가 움직여 작업이 진행되는데 중국 문헌에는 『농정전서』『천공개물』이 있고 조선의 문헌에는 농서 『심기도설』『임원경제지』등이 있다. 오늘날에는 이색적인 종류가 우리의 주변에서 사라졌는데, 물 푸는 양수용으로 용골차龍骨車와 용미차龍尾車가, 방아에는 수전水轉이 조선대에 그 모습이 있었다. 기록에 의하면 옛날 세검정에 물의 힘으로 지름이 2m나 되는 대형 맷돌을 돌렸던 '수전水轉'이 있었다. 소학생 시절 세검정에 소풍 간 추억에서 짐작한다면, 40년 전의 서울시 외곽 개발로 그 수려秀麗했던 하천 주위는 복계되어 볼 수 없지만, 북악산 산세로 보아 계곡에서 유입된 수원이 풍부하여 수세가 거세었다. 오늘날 서울 사는 80세를 넘긴 노인들도 이 사실을 모르고 있을 것이다. 전통문화 속에서 수차와 방아가 찧어내는 낟알 하나에도 선조의 혼이 담겨있었다. 따라서 현대문명으로 농경문화의 몰락은 그저 전통적인 민속의 상실만을 뜻하는 것이 아니다. 수천년을 간직해온 방아 유적에 대한 고마워할 줄 아는 그 마음이 실종된다는 자체가 진짜 안타까운 일이다.

조선시대 수차와 방아 이야기　30년 전만해도 물을 논에 퍼 대는 길고와 드레를 볼 수가 있었는데 작업능률이 낮고 가장 유치한 양수법이다. 우리 조상들은 물이 풍부한 냇가에서 물을 퍼 올리는 능률

좋은 밀체 물레방아 (하사식 수차)를 왜 만들지 못했나가 궁금하다. 세종대에 통신사 박서생朴瑞生이 일본에 갔을 때 자전수차自轉水車를 보고 느낀 바가 있어서 학생 김신金慎으로 하여금 살펴서 제작토록 명을 내려 시도하였으나 뜻대로 돌아가지 못 하였다는 기록이 있다. 그 이유는 그에 의한 설계제작방법이 제시 되었어도 공인工人들이 시방서示方書를 준수하지 않고 자기 생각대로 만들었으니 성공률이 저조하였고, 수차가 둔탁하여 발로서 밟아 돌리게 되었다하니까 인력만 낭비하는 사례가 많았다고 전해진다.

그 후 세종대부터 약 2백년 뒤, 통신사 조엄, 조명채는 두 번에 걸쳐 일본사행에서 요도성 물가에 돌고 있는 자전수차에 비상한 관심을 갖었다. 물푸는 것을 보고 우리나라에 이용한다면 농사의 물대기에 유리하겠다고 느끼면서 허규, 변박을 시켜 자세히 그 모양과 제도를 보게 했다.

세종실록, 성종실록, 북학의, 영조실록 등 고전에 의하면 통차筒車, 용골차龍骨車와 용미차龍尾車에 관하여 권장책이 수없이 언급되어 있는데 중국에 왕래했던 사신들이 그 모형을 만들어 실험을 하였으나 끝내 보급부진으로 맥이 끊겼다.

용골차는 번차라고도 하는데 이미 삼한시대에 발명된 것으로 우리나라에 전파되었다. 이것은 아래에 있는 물에서 나무통을 위로

정조시대 실용화에 못 미친 용골차(양수기)의 모형

걸쳐놓고 나무통 속으로 네모난 목판을 연결하여 만든 용골판을 무한 궤도식無限軌道式으로 돌려 물을 위로 퍼 올리게 한 것이다. 용미차(일명 알키메데스의 수차)는 서양에서 중국에 전래되었다. 조선후기 실학자 박제가, 정약용, 박지원 등은 이 용미차를 농사 수리에 보급하고자 많은 노력을 하였으나 나라의 사정으로 개혁의 의욕이 좌절되고 말았다. 18세기는 그래도 가장 진지하게 수리水체에 양수기술의 중요성이 강조됐던 시대였다. 선비 이희경은 "우리나라 농기구는 완전하지 못한 것이 많다. 수차만 하더라도 처음부터 깨우쳐 안 사람이 없었다. 무릇 물의 성질은 아래로만 내려가는 것임으로, 한 뼘 밖에 안되는 높이라도 올라가게 할 수는 없다. 고로, 오늘날 수리를 말하는 자는 보湺를 만들고 밭으로 물을 댄다. 그러다가 폭우가 와서 막은 것이 터지면 누구나 울부짓게 된다"라고 하면서 그는 농기구의 과학적 이용을 항상 관심 깊게 생각했다. 여러 차례 수차(용미차)를 사용하고 실패 했지만 공인들 사이에 제조법에 관한 갑론을박이 있었다. 박지원이 용미차에 국한시키지 않고 용골차나 통차를 제작, 보급시키려는 주장이나, 이희경 스스로가 수차제작에 앞장서 이용후생을 시범했던 일은 그나마 조선시대 수차 기술의 개발의지를 엿볼 수 있다. 그러나 이희경은 끝내 용미차에 관해 "장欌과 위圍(원통과 소용돌이 형체)에 문제가 있다"라고 시인하면서 솜씨가 거칠고 정교하지 못한 농민들에게 이처럼 정밀한 수차를 이용하도록 하는 것은 그에게 상당히 어려운 것으로 생각되었다.

수차의 보급 부진 요인을 요약하면 다음과 같다

- 중국은 토질이 해면성海綿性이고 강우량이 적어 양수의 필요성이 높고, 일본은 국토 지형상 하천의 유출률流出率이 매우 높아 역시

양수 필요성이 큰 이유로 수차를 개발하고 보급시켰다고 본다. 반면 우리는 비교적 보洑와 저수지의 물에만 의존하여도 무방하였던지 양수 목적, 수차의 절박한 수요가 없었지 않았나 추리해 본다.

- 전문 장인의 부재로 수차 구성부재의 제원諸元 부족과 제조기술의 조악은 내구성은 물론 성능미달이 불가피 하였다.
- 문인 관료의 정치사회에서 책임을 질 수 있는 실무관료를 기대 할 수 없었다.
- 중국과 일본을 드나든 조선 관료(문신)의 견문만으로 기술이전을 기대 할 수 없다.

이와 같이 정책이《건의-상소-조차·시험-반포-중단》의 산발적인 반복으로 시종일관 되었을 뿐이었다.

조선시대 마을 냇가에 가설된 물레방아 모습(1980년대에도 산간 오지 마을에 2~3기가 돌아갔었다)

19세기 전후의 수차와 방아

물레방아는 수차에 의한 방아로써 농촌부락 어디서나 연중 물이 풍부하고 보를 만들어 어느 정도 낙차가 있는 곳이면 볼 수가 있었다. 보통 직경 3m이상 폭 80~120cm이고 살 수는 8~10개로 재료는 상수리나무이다. 하루 정미용량은 약 30가마로 전해진다. 회전력을 공급하는 물살의 입구방향에 따라 동체방아와 밀체방아로 구분하는데 전자는 지세에 따라 물의 낙차가 있는 곳에, 후자는 물이 풍부하고 물살이 센 곳에 설치되었다. 수차 원둘레의 모양은 전자는 흐르는 물을 잘 모아 담도록 하고 후자는 무살의 충동력을 충분히 받도록 만들어졌다. 수차효율은 낮아서 15%를 밑돌고 평균 10마력으로 1분당 회전수는 20회정도 밑돌았다고 추정한다. 곡류 도정 이외에도 일반 농촌은 물론 산간농촌 마을에까지도 고추나 떡방아에 물레방아가 이용되고 솜틀작업에도 동력으로 이용된 일이 있었다.

디딜방아 품삯은 하루 백미 2~3되(升승)가 보통이고, 아침부터 저녁까지 작업하는데 3인이 1조가 되기 때문에 품앗이가 필요했다. 연자방아는 부락이 비교적 부유한 농가에 비치되고 쌀이나 보리 정백에 쓰이는데 자기 집 방아도 찧지만 타인이 임대하여 방아를 찧는다. 방아 작업에는 적어도 3인이 소요되는데 소몰이하는 사람, 방아확 보는 사람, 뒤에서 키질하는 사람이다. 타인이 빌려 사용할 때의 방아 삯으로 낟곡 1섬(1석) 찧는데 낟곡으로 1말(1두)을 받는다. 하루 종일 사람과 소가 능률있게 작업하게 되면 낟곡 5석을 도정하게 된다.

매일 같이 돌아가는 연자방아는 1년에 한번 날을 잡아 보수작업을 하게 되므로 어떻게 보면 나라의 정기적인 행사로서 온 동네가 마을사람으로 잔칫날처럼 붐볐을 것이다.

소가 끄는 연자방아는 부락의 유지만이 소유했다. 1960년대 까지도 농촌에 쓰였다.

41

작업이 시작되면 마모된 표면의 날 세우기에 석공石工들 연장소리가 온 마을에 메아리 쳤다고 한다. 연자방아를 설치할 때 운반 작업은 하나의 행사처럼 치루어 졌다. 윗돌과 밑받침돌의 크기가 직경이 150~170cm에 두께가 40~50cm나 되는 중량급 석재(화강암)를 이동하는데 동아줄, 썰매 틀, 받침나무를 준비하여 인력만 해도 30명이 동원 됐다고 한다.

농촌의 디딜방아, 연자방아 그리고 수차(동체방아, 밀체방아, 통방아)의 설치분포를 보면, 대략 50호 부락을 기준으로 할 때 대략 디딜방아가 3~4대, 연자방아가 2대 그리고 물방아가 1~2대 정도로 전해진다.

방아에 관한 민속

* 방아 고사

방아에 관련한 행사에는 고사를 지낸다. 재수음식祭需飮食을 준비하고 촛불을 밝혀 주인이 절을 한 후, 여자주인이 절하고 두 손을 모아 집안의 재수복덕財數福德을 달라고 토지신土地神과 목신木神에게 축원을 한다.

* 디딜방아에 관한 속담이 많이 있는데,

'터진 방아공이 터진 듯 찧는 듯 했다'

'그놈 방아공이만 하구나'

'방앗간에서 울어도 조상은 조상이지' … 대략 30가지가 있다고 전해 진다.

* 디딜방아에 대한 민요를 예로 들면, 두 부녀가 작업하면서 주고받는 노래인데 갑은 선창하고 을은 후창한다.

갑 ; 덜커덩 쿵더쿵 찧는 방아

을 ; 언제 다 찧고 마실 가나, 마실은 가서 무엇 하나, 님 보러 가지 님 보러가지, 방아마다 임자 있네, 덜커덩 쿵더쿵 찧는 방아…

 * 액을 막아주는 방아

부락에 장질부사, 천연두 같은 전염병이 돌면 부락 입구 부근 장승이 서있는 곳에 여자 속옷을 씌운 디딜방아 몸체를 꺼꾸로 세우고 금승禁繩을 쳤다고 한다. 동네 할머니는 "귀신을 못오게 한 것이지 애야 큰일나지, 그런데 가면 못쓴다"하면서 정세를 몰랐던 아이에게 가르쳤다. 일종의 전염병 예방조치로 민속자료에 나오지만 외방사람의 마을 통행을 일시적으로 말려서 예방하는 효과를 얻었었다. 방아를 도적당한 집은 충분히 서로가 이해하고 불문율不文律로 끝났다.

4. 망국의 비운은 우리민족의 탓

조 명 제

중화사상에 사로잡힌 조선은 빈번했던 연경사행(燕京使行)과 조선통신사행에도 불구하고, 사림파간의 정치적 갈등과 100년간의 외척정치로 인하여, 유비무환은 생각할 여유가 없고 완고한 수구세력의 득세로 '개화'는 물 건너갔다. 결국 조선이 잠자는 동안에 청나라와 일본은 서기(西器)를 앞서 받아들였다.

엇갈린 19세기 초, 우리의 실상　전통적으로 조선은 중화사상에 젖어 중국을 존중하여왔다. 중국에 사신파견이 빈번하였는데 그때마다 간접적으로 서양의 소식을 접하고 있었다. 병자호란을 겪으면서 숱한 국가적 수모를 받아오던 중에 서학과 마주치게 되었다. 성호 이익李瀷은 그의 저서 『성호새설星湖僿說』을 중심으로 많은 문하생을 배출하면서 18세기 후반기 사상계에 많은 영향을 주었다. 조선후기 이승훈(李承薰,1756~1801)을 필두로 소현세자의 뚜렷했던 서학관과 천주교에 대한 긍정적인 비판, 그리고 수용의지가 실학자 사이에 맴돌고 있었다. 소현세자와 이익의 극진했던 선각자적인 사상은 일본에 버금갈 만한 근대적인 표상에 도달했다고 본다.

　실학사상은 19세기 전반까지 박지원, 이규경, 서유거, 최한기 등 여

44

러 학자들에게 계승되어 이들은 농사직설, 과농소초, 오주연문장전상고, 임원경제지, 심기도설, 육해법 등 시대에 앞선 많은 서적을 펴냈다. 그렇지만 자세하게 구명해 보면 대부분이 중국의 영향을 받은 소개에 불과하고 독창적인 편찬이 아니었던 것으로 생각된다. 특히 소개된 기구 · 기계류 분야는 우리장인들에게 이해하기가 어려운 장치여서 실용가능하지 못했다. 일찌기 중국에서 화약과 병기 기술을 도입하여 총포를 만들었지만 인중기 · 연마기, 용골차 · 용미차 · 통차 등은 시작試作에도 못 미치고 그 만큼 위정자들의 관심 밖의 일로서 기술인(장인)의 사회적 신분천시가 결정적인 요인이었음을 아무도 부인 못 할 것이다. 어쨌던 이규경과 최한기는 19세기 서양의 과학기술을 간접적으로나마 국내에서 편찬 집대성하고 널리 소개함으로써 과학기술사의 보고寶庫를 남겨둔 인물들이라고는 말 할 수 있다.

광의의 근대사를 이해하려면 전 세계에 과학기술(서학)이 어떻게 전파하고 역사 속에서 어떻게 작용했나를 추적해 나가야한다. 그런데 우리는 빗장을 굳게 잠그고 나라 안에서 일어나는 일만 가지고 1960년경까지 근대사를 서술하였음으로 기형적인 역사 안에서 살았다고 해도 과언이 아니다. 19세기에 들어서면서 조선이 서양을 보는 관념이 너무나 늦었다. 근대화란 단적으로 말하면, 서양적 사상을 도입하고 정치적 개혁을 단행하여, 과학과 기술을 흡수하여 근대적 공업을 일으켜 스스로 나라를 지키는 부국강병을 확보하는데 있다고 본다.

필자는 조선의 자화상을 중국이나 일본과 비교하여 본다면 몇 가지 문제를 제기하지 않을 수 없다. 쇄국정책 하에 우선 서양기술을 직접 수용 할 수 없었다. 따라서 서양서적의 직접 입수가 불가하여, 중국의 출판물인 『천공개물』이나 『농정전서』의 대부분을 실학자들이 옮겨 실은 출판물이나 중국에서 입수한 서양기술을 한역한 도서였기에, 직역한 것이 아니어서 해석하는 데는 한계가 있기 마련이다. 그리하여 중국과 일본이 이미 서양과 교섭하고 있을 때, 중국 사신을 통해 입수한 『해국도지』, 『중서견문록』 등을, 개화파 인사 중에 이해한 자가 극히 드물었다는 이야기는 필자 생각에도 설득력이 있어 보인다. 우리가 직접 접한 유길준의 『서유견문』 역시 일반적으로 보급된 책이 아닌듯 하다. 서양의 정보를 국내 관리는 물론 일반인에게 파급시켜 '서학부재'의 공백을 급속히 메꾸는 일만이 해결책이었다. 더구나 거센 수구세력 때문에 소수의 개화사상이 빛을 못 보고 사라져 백성들의 호응에는 역부족했다고 본다.

조선 · 중국 · 일본의 서양수용 차이와 번역문화　서양과학 수용과 천주교 포교 역사를 보면 조선은 선교사에 의한 것이 아니고, 중국에서 전래한 한역 서양서적을 통하여 일부 선비들이 그 교리나 과학에 심취하고, 북경에 파견된 사절이 체재 중 경험했던 것에서 얻어 낸 형식에서 시작되었다. 1783년말에 이승훈이 연경사행燕京使行을 따라 북경에 가게 되었는데, 조선 최초로 천주교 세례를 받고 1784년 3월 귀국하였다. 일본은 1549년 예수회의 유명한 선교사 사비엘(Francisco de Xavier)이 가고시마에 상륙하면서 천주교가 일본 국내에 전파되었고 중국은 1583년 마테오리치(Matteo Ricci)가 광동성에 들어오면서 처음으로 전도의 기반을 잡았다. 앞에서 이미 언급했듯이 중국학자들은 열심히 서양과학 서적을 번역 간행하였다. 예를 들면 태서수법 · 기하원론 · 측량법의 · 혼개통헌도설 · 간평의설 · 직방외기가 있고 이들 중 어떤 것은 먼저 조선에 전해지고 그 후 일본에 건너갔다. 이들은 서양의 과학서적으로 천문, 수학에 관한 것들이다.

성호학파 학자들의 천주교 접근은 처음은 서양 과학서적이나 의기류儀器類를 입수해서 이해하고자하는 학문적 호기심이 도화선이 되어 '기물완호奇物玩好'에 초점을 둔 듯했다. 조사한 바에 의하면 정약전丁若銓(정약용의 실형)은 1783년 과거에 급제하여 진사가 되고 이어 대과에 급제하면 관료의 길을 걷게 되어있었다. 그러나 그는 대과의 시험준비를 포기하고 서양역법과 수학에 관심을 갖고 공부했으며, 그 중에서도 『기하원론』내용 안의 유크릿트 기하학에 정통하게 되었다. 어느새 서학에 대한 학문적 관심은 신앙적 관심으로 전환되어 버렸는데 1785년 천주교 문제가 명문의 선비집안 일가에 누가 된다고 이동욱李東郁은 서양서적을 불태우고 의기류를 부셔버리고 한걸음 나아가 천주교를 이단시하고 배척의 뜻을 밝힌 일이 있었다. 그런데 정조의 신임을 받아왔던 실학자 정약용도 한역 서양서적을 구하여 심취하고 있던 터여서 그는 임금에게 그 사실관계를 변명하면서 상소를 내기도 한 일이 있었다. 이런 와중에 그는 1784년 이후 5년 동안 천문역서, 농정수리서, 측량추험서에 심취해왔으나 1791년부터 천주교에 대한 금지령이 엄하여 단념할 수밖에 없었다. 선교사가 조선 땅에 들어 온 것은 뒤늦은 1836년경인데 그때 들어 온 프랑스 신부와 많은 신도들이 기해박해로 인하여 모두 잡혀 처형당하고 말았다.

그런데 일본의 천주교 탄압도 조선과 공통적이며 오히려 긴 세월을 겪어왔지만, 1639년 쇄국정책 이후로도 260년 동안 종교와 과학을 분리하고, 제한된 구역인 '화란상관'에서 화란학和蘭學만을 수용한 것이 '근대화의 문턱'에 섰던 단서라고 본다. 그렇다고 그 동안 입수된 중국의 한역 서양서적을, 어느 시기까지 이용했으면 했지 중단한 것은 아니다. 중국은 마테오리치 입국 이래 강희제康熙帝와 옹정제雍正帝시대까지 근 120년 동안 서학수용에 무리없이 관심을 보여왔다. 그러나 1722년 옹정제시대에는 금교정책이 내려져 예수회도 해산되고 말았다. 중국은 '중체서용中體西用'사상이 뿌리 깊어 고급인 '중체'의 학문은 중국인 사족이 맡고, 저급의 '서용'학문은 고용한 외국인에 맡긴다는 중화사상이 지배적이어서 오히려 자신들의 서양학 정착의 장애 요인이 되었다고 사학자는 말한다. 이와 같은 사상은 아편전쟁 이후도 당분간 지속되고 있었다. 중국의 자부심을 다음과 같은 중국기술서적 출판역사에서 충분히 짐작하여 볼 수 있다.

중국 과학기술 뿌리를 기원전으로 거슬어 올라가서부터 찾을수 있는데 관개, 수리, 농사 등 농업, 천문 · 역법, 수학, 인쇄, 화약, 제지, 도기, 건축, 기계 등에 관한 고전이 일찍부터 간행되고 있었다. 반서의 『농서』는 BC 206년부터 출간되어 23년까지 100권이 편찬된 것을 출발하여, 『범승지서』『제민요술』 등 한나라, 원나라 시대에 지어낸 많은 서적부터 16세기 이후 서광계의 『농정전서』, 송응성의 『천공개물』 등 오랜 세월의 출판문화가 찬란하였다. 특히 1637년에 펴낸 『천공개물』은 중국의 대표적인 산업기술서적으로 조선은

물론 일본 뿐만 아니라 프랑스, 영국, 독일 그리고 미국에서 여러 차례 관련 내용을 인용하여 논문이나 서적 발간에 활용한 사실은 주목할만하다.

나가사키 대지마에 자리 잡은 화란상관. 연안에 네덜란드 국기와 증기선이 보인다

일본은 조선에서 이어받은 고대 제철기술을 토대로 기술혁신이 단야·주조기술에 영향을 주고 급성장하여 농부들의 여러 가지 농구는 물론 닛뽄토日本刀를 시작으로 소총제작기술이 발전되어갔다. 조선으로부터 건너간 기술은 제철이외에도 도자기, 인쇄기술 등 여러 가지가 있다. 화란상관 설립은 일본과 네덜란드간의 무역통상이 주된 목적이었고 쇄국정책 하에서도 일본은 조선, 중국, 화란하고만 교역의 길을 터 논 상항이었다. 그리하여 조선통신사 왕래도 그 맥을 같이하고 있었다.

일본의 역사를 바꾸어 놓은 사건은 당초 네덜란드어(화란어)를 연수하는 업무가 서서히 열리면서였다. 그 과정에서 화란학은 서양의 과학기술을 수용할 수 있었던 번역사업으로 이어져나갔다. 당시 유명한 란학자는 창시자 아오키(青木昆陽,1698~1769)에 이어 마에노前野良澤 스기타杉田玄白가 초기 화란학자였다. 스기타는 1785년 화란어 번역 지침서인『오란다야쿠센和蘭譯筌』을 펴냈고, 그 후 에도에 화란어 연수 사립학교를 세웠다. 여기서 많은 교과서, 문법, 사전류가 출판되었다. 1838년 오사카에 세운 란학숙蘭學塾에는 화란학과 서양학을 배우는 학생이 수천 명에 달했다. 서양학의 내용은 의학을 시작으로 생리학, 화학, 물리, 박물학, 천문학, 항해술, 군사과학, 기계학, 토목, 회화(미술) 등 다양했다.1856년 반쇼시라베쇼蕃書調所가 설립되어 바쿠후의 번역소로 활기를 띄게 되었다.

도쿄대학 사학자 사가도오

네덜란드 교사와 화란학 학생 일행 모습

루芳賀徹 교수는 "1770년대 중반 일본인의 의식사고방식, 그리고 세계 관인식에 큰 변화가 생겼다"고 했다. 큰 변화 중에도 결정적인 변화의 상징은 스기타겐파쿠杉田玄白의 어느 노파의 시체에서였다. 그가 해부한 시체 내장의 배열을 관찰한 결과 네덜란드어로 된 해부서적이 아주 정확하고 중국의 의학서가 얼마나 틀렸는지를 확인한 것이다. 그는 곧 네덜란드어로 된 의서를 일본어로 번역하고 출판(책 이름은 『해체신서』)함으로써 서양 과학서적 번역시대의 막이 오르게 된 것이다.

이를 계기로 일본인의 전통적인 세계관에 변화가 오고, 긴 세월 동안 중·일 간에 유대관계를 먼저 살펴 볼 필요가 있다는 식자들의 말이 돌았다.

화란학숙에서 습득한 항해·조함술로 직접 견미사절 차 1860년 2월 10일 간린마루 咸臨丸를 타고 태평양을 횡단 하여 37일만에 샌프란시스코에 닻을 내렸다는 것은 일대 장거였다. 여기에는 후일 명치정부에 중견 자문역을 맡은 가츠카이슈勝海舟와 게이오대학 설립자 후쿠자와 유키치福澤諭吉도 끼어 있었다.

흉내 낸 우리 근대화의 한계　　조선은 1876년 개국이 되었지만 조야에서는 서양의 신지식을 어떻게 수용하는 것이 좋겠느냐는 문제에 대해서 답을 얻지 못한 것이 당시의 지식층이었다. 개국 직후 수신사 일행은 일본에 갔을 때 난생 처음으로 기선을 타보고, 또는 기차를 타보고 양식을 먹고, 서양문명에 깊은 감명을 받았다. 병인양요 참패이후 대원군은 조선의 무력함을 실감하고 군비를 강화하는데 강력한 정책을 펴나갔다. 운현궁 안에서도 주조소를 설치하고 병기를 만들었다. 1844년에 사신 권대긍權大肯이 중국에서 들어 온 『해국도지』는

1860년대 후반 이후 박규수, 오경식 등 개화사상가 또는 지식인들 사이에 관심이 고조되고 있었다. 신미양요 이후 군사력 증강을 위해서 무기생산과 개발을 위한 투자가 활발했다. 철갑선을 건조하여 한강에 진수시켰다고 하여, 성능 좋은 화포제조에 더욱 힘썼다한다. 국왕은 만들어진 전함에 대해서 "아주 튼튼하면서도 가벼워, 적을 방어하는 데는 이보다 나을 것이 없겠다"라고 극찬하였다고 한다. 『근세조선정감』에 이와 같은 철갑선 건조설이 나오는데, 오늘날 세계선박기관역사를 견주어 보더라도 억지궤변에 불과하다. 김윤식이 주도한 기기창 건립과 기술자 양성은 성과가 없었다. 아마도 그들은 대부분 듣지도 보지도 못한 물건이나 교육내용에 당혹하고 기절했을 듯한 광경을 짐작할 수 있다. 조선시대 공장工匠수는 3천 명이 좀 못되고 그 중 거의 절반이 군기시와 상의원에 소속하고 있었다. 근대기술을 이어받을 알맞는 직종과 장인 수가 터무니없던 상황이었다. 전근대식 병기에 관련된 장인은 근대화 바람에 나갈 길을 못 찾고, 왕실이나 고관대작을 위해 생활용품을 만드는 고급사치품 분야, 이른바 주로 공예품 관련 장인들만은 자리를 지켜나갔다고 본다. 두 번의 양요를 겪고 문호개방이 후 10년도 못 되어 근대기술을 몇 달 동안에 제대로 흡수한다는 기대는 욕심이고 커다란 착각이다. 이 무렵 전투의 기본인 소총은 구·미·일 등(미국, 일본, 청나라 등에서 래밍튼, 무라다 등 약 5만 자루)에서 마구 수입하고 결국 기기창의 가동이 잠시일 뿐 기능을 잃었던 것으로 볼 때 얼마 안 가서 아마 고철로 변모하고 말았다고 사료된다. 미국 유학에서 돌아온 유 길준의 『서유견문』에서 특히 부강지술은 기계류에 대한 공부와 실용에 직결되고 있다고 하였다. 구체적으로 "기계학은 각종 기계의 구조와 그 사용 방법 등을 배우는…오늘날 세계는 기계의 홍수시대…수 만종의 기계가 있어도 그것을 움직이는 증기나 전기 등…" 그는 1890년대의 조선은 기계는 많이 들여왔으나 다룰 줄 아는 인재의 양성이 없다고 했다. 1883년 개화인사가 처음으로 원산학사元山學舍를 세웠는데 산수, 기계기술, 채광, 양잠 등을 가르쳤다한다. 그렇지만 조선인만으로 운용했다는 것으로 미루어 볼 때 그 효과와 실적은 미지수이다. 이 무렵은 시기적으로 양학접촉 기회가 전무하여 설득력이 없다고 보아야 할 것이다.

조선시대 전통과학기술에서 역사적 전개 과정을 볼 때 자주 불분명한 내용을 찾아보게 되었다.『조선왕조실록』,『승정원일기』,『근세조선정감』 등에서 우리는 화기, 시계, 선박, 수차, 기중·인중기 등에 관한 기록이 나오는데 한결같이 구체성 있는 내용이 없어도 국사학자들은 이들을 아무 평가 없이 인습적으로 수용, 답습해 온 경향이 지배적이다. 그런가하면 혹자는 과학적으로 납득할만한 근거 제시 없이 지나친 추측으로 판단하여 왔다.

화기기술을 생각하면 불랑기가 박물관에 전시되었다하여 혹자는 조선이 불랑기를 주조, 제조하였지 않나 추측한다. 어느 사학자는 "임진왜란 당시 1593년(선조26년) 조·명연합군이 평양성을 탈환할 때 얻은 불랑기와 왜군에서 얻은 조총의 제조법을 전습하고 기술을 익혀 제조에 성공했다"고 한다. 당대 불랑기와 조총은 최신첨단무기라고해도 과언이 아니다. 임진왜란 이전부터 자주 발생한 병기의 결함, 이를테면 총 포신 파열이나 명중률 등은 설계, 소재부터 주·단야 및 가공기술까지 기술 미흡에서 요인을 찾을 수 있다. 그 상황은 선조, 광해군대 자료를 보더라도 입증된다. 병인양요에 혼쭐이 난 조선은 증기기관을 탑재한 철갑선을 대원군 참관하에 한강에서 진수시킨 얘기가 있다. 그 배가 꼼짝하지 않고 서있는 모습에 구경꾼들은 실망하여 비웃음을 자아냈다고 사료에 나온다.

다소 과장된 이야기지만 옛날로 거슬러 올라가 『근세조선정감』에서 셔먼호 사건에 혼이 났던 대원군이 김기두金箕斗를 시켜 증기철갑선을 만들게 명하였으나 실패한 사례로 보아 그들이 얼마나 선박 건조에 대하여 열성을 갖고 있었나를 상상할 수가 있다. 훗날 「황성신문」1903년 6월25일자에, 민간인이「…機械輪船一隻을 新發明製造…云云」의 기사에서도 짐작이 간다. 이 기사가 알려짐으로 외국인은 물론 백성들을 깜짝 놀라게 했던 사건임이 틀림없다. 그런데 당시 얼마나 소유에 대한 갈망이 컸던지 변변치 않던 공구와 시설로서 기관과 선체를 제작하려고 시도하였던 것 같다. 과연 화륜선火輪船을 건조해 냈을까. 현장을 지나가던 서양인은 적절한 공구 하나 없이 배를 만들 수 있나하고 비웃었다는 신문기사를 볼 수 있으니 가관이다.

사회가 근대화 물결에 변화되는 과정이면 간혹 낯선 새 용어로, 이를테면 위의 황성신문 일부기사는 100년 사이에 옛날 사람과 오늘의 사람이 어떻게 이해하는가를 잘 해석해야한다. 이렇게 오해되기 쉬운 오류를 특히 과학기술사 연구에서 필자는 종종 접했다.

근대화 지각의 결정타는 유교교육　　1884년 미국과의 수호통상조약이 체결된 후 왕립양학교王立洋學校로서 육영공원育英公院이 설립되어 선교사가 주선한 기독교계 학교가 출현하였다. 그러나 도시, 농촌을 불문하고 기본적으로 유교방식 일변도의 교육이었다. 겨우 교육의 근대화에 착수가 시동된 것은 1895년 2월 2일 고종이 교육입국을 선포한 칙령勅令 이후였다. 여기서 고종은 종래의 이름 뿐인 헛된 교육과 결

서당교육을 받는 아동(1899년)

별하고 덕 · 체 · 지의 가르침을 하나로 묶는 '실용'적 교육으로의 전환을 선포했다. 그렇지만 그 중에서도 농촌을 위시하여 서당의 유교교육이 주류를 이루었다. 전근대적 대중교육의 장소로서 서당은 일본의 데라고야寺小屋가 맡은 역할과 분포와는 공통성이 있다고 볼 수 있다. 그러나 교육내용이 근본적으로 차이가 컸다.

　서당에서는 우선 한문의 읽기, 쓰기를 배우는 『천자문』에서 시작하여 『동몽선습』 『통감』 또는 『명심보감』 『소학』에서 『사서』로 올라가는데 유교윤리가 중심이다. 특히, 한문 일색으로 탈락자가 제법 많아 문맹자도 많다. 이에 비하면 일본의 데라고야는 교육내용이 독서, 습자말고도 계수(주판)를 가르친다. 교과서 내용에는 지리, 역사, 산업, 이수 등으로 유교적 색깔이 없고 내용이 다양하여 모두가 실생활과 가업에 필요한 '실용'적인 교육이다. 이런 배경에서 메이지 초기 일본은구 교육에서 신교육으로의 전환이 원활하였던 것 같다. 다시 말해서 유교 본위가 아니고 실용 본위라면 서양학을 수용하는데 별로 저항이 생기지 않았다.

1601년 마테오리치가 중국에 입국한 이래 한역된 서양서적이 나오고 중국은 1720년까지 동아시아에서 서학연구의 최 선진국이었다. 또 일본의 양학은 일찍부터 네덜란드를 통한 것도 있지만 중국의 한역 서양서적에 의지하였던 것을 간과해서는 안 된다. 조선, 중국, 일본은 동아시아의 유교문화권의 세 나라였다. 그러나 서학수용은 그 과정에서 세 나라가 각각 달리했다. 이것이 또한 근대화로 가는 코스의 길잡이이기도 하였다. 개항된 지 20년이 지나고 1895년 갑오개혁이 이루어 졌는데도 서당교육이 여전함을 앞의 쪽 사진에서 눈여겨 볼 수 있다.

5. 일본의 근대화를 왜 몰랐던가

조 명 제

1842년 아편전쟁에 이어 영불연합군이 북경을 공격하였다. 쇄국치하에서도 일본의 도쿠가와 바쿠후는 오랫 동안 대외정책을 네덜란드로 바꾸고 서양과학기술을 번역하면서 근대화의 공고한 기반을 구축했다. 조선이 모르는 사이에 1860년대 초 무사들은 밀항까지 하면서 서양의 기계문명에 감탄하고 받은 충격이 일본 근대화에 촉매가 된 것이다. 해외사절단 일행은 일찌기 구미를 방문하였는데 1860년 3월18일 미국 브케난 대통령을 알현했다. 같은 시기에 조선정부는 무엇을 했나. 해외정세에 어둡고 세도정치로 민생은 도탄에 빠져있었다. 일본과 조선의 세계관은 부끄럽지만 어른과 갓 태어난 애기였다.

외부 세상을 몰랐던 조선　　지금부터 200년 전 조선왕조 순조 ~철종에 이르는 60여 년 간 외척세도정치가 계속되어 조정의 기강이 극도로 문란해 졌는데, 홍경래란 진주민란 등이 빈번히 일어나 사회가 매우 어지러웠다. 조정의 학정으로 탐관오리와 부정부패 그리고 서민 수탈이 만행하고 설상가상으로 가뭄이 이어져 민초생활이 궁핍에 빠졌다. 조선왕조 중 이 기간은 유사 이래 가장 무능과 악정으로 얼룩진 시대였다. 때는 외국 선교사들의 포교와 이에 대한 조정의 박해가 계속되고 철종이 사망하고 대원군이 집정하자 구미의 조선에 대한 문호

개방 요구가 거세게 나타나기 시작하였다. 이미 1842년 중국은 아편 전쟁으로 패하여 문호가 개방되고, 일본에는 미국 페리함대가 수차례 에도만江戶灣에 나타나 포성으로 위협했다.

1842년 아편전쟁으로 중국 쟝크 선박이 수난 당했다.위협하면서 강요하던 통상조약에 중국은 굴복하고 개항을 하였다. 그렇지만 이와 같은 일련의 인접 나라가 입은 외환을 조선은 그저 청을 드나든 사신 의 역관을 통하여 겨우 소문으로 만 그것도 극히 일부분 입수했으며 해방대책海防對策은 생각조차 못하고 있었다. 1840~50년대는 청과 일 본이 서양세력에 압박 받아 '근대화' 의 새바람을 타고 국부國富와 자강 自强을 절감하면서 서양문물을 속속 수용하고 있었다. 이러한 동북아 정세 하에서 1866년 제너럴셔먼호가 대동강을 거슬러 평양을 침공하 게 되어, 온 나라가 이양선 소동에 고배를 맞는다. 뒤 이어 병인, 신미 양요와 운양호사건이 일어나 조선의 국정과 민심이 걷잡을 수 없는 위

1842년 아편전쟁으로 중국 쟝크 선박이 수난 당했다

기에 놓였다. 그동안 청나라를 드나들면서 견문한 서양사정에 정통한 개화의 비조鼻祖 역관 오경석을 정점으로 하여, 때늦게 개화운동이 조선에 일기 시작하게 된 것이다. 1876년 운양호사건으로 개항된 직후 수신사 일행이 일본 사정을 시찰하고 『일동기요日東紀要』에 담은 그들의 심정은 얼마나 분통하였을까. 그 동안 근대화된 눈부신 서양문명을 적극 도입한, 천지가 개벽한 일본의 여러 모습에 틀림없이 경탄하였을 것이다.

영국연합군의 북경 입성 모습을(1860) 1880년 청국 공사로부터 급변하는 세계정세를 듣고 온 김홍집은 고종에게 보고하였다. 그때서야 쇄국정책을 계속한다면 이 험난한 정세에 대처할 수 없다고 생각했다. 문제는 당시 배타적이고 폐쇄적인 유생들의 사고방식을 바꾸는 일이 무엇보다 필요했다. 유생들은 이 기미를 알아차리고 벌떼처럼 일어났다. 서양을 금수로, 예수교를 사학邪學으로 보던 유생들은 "임금님이 실성을 했는가?"하고 반발을 하였던 정도로 개화에 매우 거세게 대항했다.

조선왕조 말기는 쇄국 속에서도 간간이 출입했던 서양 사람들의 견문기가 남긴 인상과 평가한 글이 많다. 예를 들면 1893년 조선을 방문한 영국의 정치인 커즌(George C Curson)은 한국이 제대로 발전하지 못한 근본 원인은 "무능하고 부패한 정부… 지배층의 무능, 부패 그리고 착취… 관리들의 습관적인 횡령과 수탈… 가장 잘못 통치되고 있는 나라…" 라고 혹평하였다.[1]

그러나 조선은 외부 세상을 전혀 몰랐던 것은 아니다. 이미 18세기 후반에 민간 상인의 해외무역을 주장한 데 이어 이규경李圭景은 세도정권이 영국 상선 앰허스트호의 교역 요청을 거절한 사실을 비판하면서

"다른 나라와 서로 교역하고 물품을 교환하는 것이 왜 해가 되느냐" 하고 탄식하면서 "유독 우리나라만이 외국과의 통상을 기피하여 빈약하고 가난한 나라가 되었다"하였다. 서양 선박(이양선)이 15세기 이래 여러 번 표착하거나 연안에 상륙했고, 중국에 왕래했던 사신들에 의해서 서양 소식과 문물을 견문하고 있었다. 다만 위정자들이 무사안일하게 관심 밖으로 경시하고 오직 중국 중화사상에서 헤어나지 못하고 있었다.

막번幕藩의 멸망과 명치유신　일본은 16세기를 전후하여 세계에 눈을 뜨고, 스스로 후진국임을 통감하여 어떻게 하면 구미열강에 대적할 수 있을까 하면서 일찌기 부국강병을 나라 지표로 삼았다. 이미 4백년 전부터 일본과 네덜란드 사이의 교류가 시작되었는데, 나가사키에 자리잡은 화란상관和蘭商館의 영향을 받아 무역 거래, 과학기술의 전수, 조함操艦 및 조선기술 습득 그리고 선진 서양기술서의 번역·보급에 주력했다. 18세기는 국학자 사이에 종전의 전통을 깨고 일본주의를 적극 긍정하면서 중국 및 유교를 부정하는 것을 정당화하고 있었다. 때 마침 1770년대 중반 세계관에 결정적인 변화가 생기게 되었다. 일본의 의식, 사고방식, 바깥 세상에 대한 인식에 아주 큰 변화가 생겨났다. 난학자蘭學者인 의사 스기타杉田玄白는 네덜란드 원서를 번역한 『해부학신서解剖學新書』에 있는 그림에서 본 동양인과 서양인의 인체구조가 다르다는 속설이 틀렸다는 것을 알게 되었고, 중국의 문화적 전통 자체를 통열하게 비판하는 책이 나오게 되었다[2]. 도쿠가와 바쿠후 말은 막-번체제가 흔들리면서 온 나라가 불안했다.

연안에 정박한 패리함대의 모습(1853.5.26)

패리함대사령관 모습

요코하마에 상륙한 패리함대 사령관

    1853년 미국함대 페리제독 내항은 커다란 충격과 고통을 주었는데 후일 일본 정계에 미증유의 변혁을 초래케 하였다. 1863년은 번藩과 영·불간의 분규가 발생하였는데 드디어 죠슈번~프랑스 사이와 사쓰마번~영국사이의 전쟁이 일어났다. 이러한 사정은 일본이 대내외적으로 격동의 시대를 만나 구국의 대책이 절실하였다. 일본은 연달아 그들과 통상화친조약을 맺었지만 호시탐탐한 미·영·불을 견제하고 부국강병책을 적극 추진했다. 막번 사이의 양이攘夷냐 존왕尊王이냐 국론이 분열되고 국난이 절정에 치솟았다. 1867년 막부가 무너졌을 때에는 일본 정부의 제6차 사절단이 해외체류 중이었다. 세력이 강했던 번도 이미 비밀리에 유학생을 해외에 보내고 있었다. 막부 자체에서도 마지막 쇼군이 사임할 무렵에 막 귀국한 유학생에게 일종의 헌법을 기초할 것을 명령하였다. 결국 쿠테타가 일어나 무진전쟁戊辰戰爭 결과 바쿠후제 폐지·왕정복고王政復古의 결행은 명치유신의 변혁을 가능케 하였다. 페리 내항에서 왕정복고까지 불과 15년이지만 일본 역사상 이와 같은 유례가 없다. 250년이나 존속했던 도쿠가와 바쿠후가 힘없이 붕괴하고 말았다.

근대교육을 지향한 대대적인 개혁　　후꾸자와福澤諭吉는 방미사절에서 귀국 후 1868년 게이오의숙을 개설하기 1년 전 『서양사정西洋事情』을 펴냈는데 정부의 개명정책에 그대로 영합된 것이다. 이 책 속의「문명개화」는 간단히 「문명」또는 「개화」라고도 했는데 영어 civilization을 이와 같이 번역한 것이다. 또 그의 유명한 『學問ノススメ』는 1872년부터 17편을 출판하였는데 총 발행부수가 80만 부에 달하였다. 이 책은 「하늘은 사람 위에 사람을 만들지 않고, 사람 아래 사람을 만들지 않는다」로 시작하여 문명개화론의 성전聖典 역할을 다 했다. 당시의 '베스트셀러'가 수 10만 부라도 독서인구 비례로 보면 오늘날 도저히 추종이 불가능했다.[3]

일편단심 문명개화론과 부국강병책을 지향한 정부는 시초부터 근대식 학교교육에 커다란 노력을 기울였다. 이와 같이 교육개혁으로 이

개설된 동경대학 모습(1877)

어져 인재양성과 신학제의 발포를 촉진시켜 1870년 소학교가 동경을 시점으로 개교하였다. 초기 4년간은 의무교육이 시행되어 취학률이 1878년 40%를 넘었었다. 이 무렵 북해도는 개척의 열기가 한참이었는데 삿포로 농학교에 부임한 미국 암스트대학에서 부임한 Clark교수의 "Boys, Be Ambitious!"는 당시 너무도 유명하여 교육계에 커다란 파문을 던졌다. 바쿠후 말의 고등교육기관인 창평학교昌平學校와 개성학교開成學校)를 모체로 한 동경대학이 1877년에 개교했다. 이 대학은 법학부·이학부·문학부·의학부를 둔 일본 최초의 종합대학으로 창립되었는데 후에 공부대학(工部大學, 전 공학료)을 병합했다. 이 대학은 근대공업기술교육을 목적으로 설립되었다. 한때 바쿠후 말기 대학 창립시 학신學神을 공자냐 천황이냐 하면서, 유학자와 국학자 사이에 싸움이 벌어진 일이 있었다. 벌써부터 창평학교의 교육과 연구는 서양에서 이미 발달한 근대 과학을 이해하고, 수용할 만큼의 수준에 도달했다. 정부는 서양을 견본으로 배우고자 수뇌부 절반 이상을 하나의 사절단으로 조직하여 1년 반이나 서양에 파견시키기도 하였다. 그 후 1862년부터 바쿠후를 비롯하여 번 마다의 유학생 서양파견이 붐을 일으켰다. 사쓰마 번에서 1865년 바쿠후의 금지령을 위반하여 고다이五代友厚 등 19명을 영국과 프랑스에 유학 보냈다. 1869~70년 사이에 황실, 정부, 막번, 민간의 유학생이 174명이었는데 다음해 천황은 상류층에도 외유를 격려하고 가능하면 처와 딸을 동행시켜 서양 부녀자의 생활과 육아방법을 배우는 게 좋겠다고 말했다. 1873년 구미 유학생은 관선과 민선 합해서 373명인데 교육부 1년 예산의 18%에 달했다한다. 유학생 중에 황후가 추천한 5명의 소녀가 포함되었는데 성인이 되어 문명개화의 가정을 만들도록 발상한 이상주의자였다. 한편 정부는 외국인 교사·기술자·고문을 고용하였는데 동경대학이 창립 당시 교수 39명중 27명이 외국인이었다. 또 각 분야에 교사, 기술자, 업무관리자, 숙련노동자 등을 고용했다. 이를 뒷받쳐준 것은 우선 교육정책이고 시민의식의 결속으로 볼 수가 있겠다.

산업기술의 총력화　　개항이후 1860년대 초반의 서양과의 무역은 요코하마 항을 중심으로 활발하였다. 무역 개시는 농업생산과 공입생산에 여러 가지 영향을 주었다. 수출은 원료, 반가공품, 차, 해산물, 질기 등인데 생사가 가장 중요한 것이었다. 수입한 주요한 품목은 면사, 면직물, 모직물, 철기류, 설탕인데 눈에 띄는 것으로 군함, 기선, 대포, 소총 등의 군사관계 품목이 적지 않았다. 당시 세계의 공장이자 자본주의가 앞선 영국과의 교역이 80% 정도에 달하고 있었고, 다음이 미국과 네덜란드였다. 무역의 급격한 발전은 일본 경제계에 굉장한 영향을 미쳤다, 이 와중에 존양파尊攘派의 지사志士 중에는 일본의 귀한 '부'가 수탈된다고 격분하고 금화유출을 강하게 비판했다. 봉건경제와 자본주의경제가 충돌 할 때 이러한 현상이 나타난 것 같다.

1870년대 전후 정치·경제·사회분야에 미증유의 대 개혁과 건설의 바람이 불어 여기에 걸맞는 문화상의 개혁과 새로운 사상 그리고 학문이 생겨나고, 풍속과 생활양식의 변화도 개항지를 중심으로 점차 지방으로 파급되었다. 이와 같이 새로운 의식은 관민 모두에게 빠르게 확산되어 갔다. 이러한 추세에서도 수구파의 일부에서는 '양등망국론洋燈亡國論' 말하자면 서양 것은 기독교. 공화주의는 물론 램프 등 일용품까지도 배척한다는 완고한 양이주의攘夷主義도 팽배했지만 사회전체의 대세에 굴복하지 않을 수 없었다.

바쿠후말기 페리 내항으로 쇄국주의가 일본의 존립을 저해한다고 해금조치를 풀고 네덜란드의 도움으로 군함을 구입하고 해군전습소를 개설하여 유럽에 사관과 기관사를 파견하였는데, 후일 태평양횡단에서 그동안에 습득한 기술을 실습시켜 항해술에 자신을 갖게 했다. 그리고 당시 선박의 대명사 노릇을 한 화륜선火輪船을 사쓰마 번 소관 철공장에서 처음으로 건조하고 세상을 놀라게 하였다. 그 후 무기 공장이 생김으로서 소총과 대포를 자력생산 하였다. 이러한 배경은 후일 1898년 6천 톤급의 대형 외항선을 건조하고 자국내외의 주목을 받았다.

사쓰마 번은 1867년 영국에서 기계를 구입하고 기술자를 초빙하여 최초의 근대식 방적공장을 설립하였다. 이 기계들은 1865년 바쿠후의 허가 없이 영국에 유학 간 고다이五代友厚 등이 방적기계 28대, 역직기 1백대 등을 구입해 온 것이다. 이것이 가고시마 방적소로서 일본 방적기의 선구이다.

한편 영국의 자금, 자재 그리고 기술에 의하여 1872년에 도쿄~요코하마 간에 철도가 최초로 개통하여 뒤이어 오사카, 교토 등지에도 개통하였다.

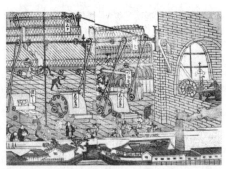

1870년 사카이에 최초로 방적공장이 설립되었는데 고장이 자주 있었지만 견학차 관람객은 쇄도했다.

일본 산업혁명의 출발은 1882년 오사카 방적회사 설립부터로 본다. 왜냐하면 기계가 수입되고 그 후 그것을 모델로 하여 근대적 방적공장을 짓는 회사가 속출함으로써 일본이 대대적인 자

본주의체제로 이어져갔다. 이 기간은 구미 자본주의 국가 생산력 수준
에 육박하고 부랴부랴 자본주의적 체제를 갖추려 하던 과정이다.(우리
의 산업혁명 시기를 1965~1978년으로 본다면 무려 1백년의 격차가
있음)

파리 · 런던 산업박람회를 통한 국제교류

1851년 세계박람회
가 처음으로 열린 곳은 영국 런던이다. 그 곳에 전체 건물이 유리로 지
은 수정궁水晶宮이 있어서 화제였다. 일본최초의 신문『パタビア』창간호
에 런던 만국박람회가 소개되면서 박람회 유행시대가 시작한 것이다.
이미 파리 만국박람회 이전부터 런던 · 파리는 '위험과 모험을 무릅쓰
고라도 한번은 꼭 두 눈을 부릅뜨고 보고 말겠다' 하던 열광적인 젊은
이가 동경했던 곳이었다. 첫 번은 1863년 죠슈長州번 소총구입 자금의
공금을 지참하여 이토伊藤博文, 이노우에井上馨, 엔도遠藤 등 3명이 밀항한
데 이어 2년 후에는 고다이 등 15명의 영국 밀항이 있었는데, 그 후 우
후죽순으로 바쿠후뿐만 아니라 여러 번에서도 유학생을 파견했었다.
1867년 시부자와澁澤榮一
는 파리 만국박람회 사
절에 쇼군의 동생 13세
의 도쿠가와아키다케德川
昭武를 호위하여 프랑스
에 갔다.[5]

일본인이 최초로 관
람한 비엔나 세계박람
회(1873.5), 파리박람회

일본인이 최초로 관람한 비엔나 세계박람회(1873.5)

에는 사가佐賀번이 다섯 명의 대표단을 보냈다. 오오쿠마가 이 대표단에 끼어들겠다고 모든 수단을 동원했는데 마침 뜻을 이루고 눈물을 흘리면서 분통해 했던 이야기는 당시 주위의 화제가 되었다. 사쓰마 번도 아홉 명을 파견하였고, 죠슈, 도사, 히젠 등 여러 번의 파견생 뿐만 아니라 바쿠후의 에다모토 등도 있었다. 그들은 시부자와에 못지않게 열정적으로 서구를 관망하고, 압도되어 충격과 넋을 잃고 관람한 것을 즉시로 일본에 가서 만들어 볼 충동을 받았다. 이처럼 일본의 공업화, 근대화 사업은 이 시기의 유럽 체류자·유학생들의 몫이 되어, 그들이 직접 받은 문명의 충격에 감동되어 결속되어졌다. 이들은 '가는데 마다 보는 기계류의 정교함은 여지껏 그 정도인 줄 몰랐지만 실제로 보니까 감탄과 탄식으로 압도된다' 하였다. 또 '행인들은 길거리에 누군가 분실한 것을 줏지도 않고…거리를 지나는 동안 앞서가는 보행인에게 결례가 안 되도록 양보한다는, 파리에 오기 전에 듣던 이야기가 실감된다' 하였다. 이어 '물과 불의 사용이 매우 편리한데 관(파이프)을 통하여 공급된다, 불은 가스라는 형태가 보이지 않는데 훨훨 타오른다' 등 이채로운 견문담을 털어놓았다. 이 시기에는 유럽에 가보고 돌아 온 유학생이나 관계자의 지대한 관심사이며, 그들이 받은 문명의 충격과 맥을 같이 하였다. 시부자와 파리에서 고국에 편지를 보낸 내용에는「쿄토를 출발하여 간간히 우편을 보냈는데 소식이 없어…반년이나 이국땅에 머무니 마치 외딴섬에 귀양살이…극히 평범한 부인이라도 박람회 안내원으로 온 중국이나 자국 여성과는 비교가 안되어 양귀비도 저리 가라 할 정도…」이다. 그곳에 참가한 일본인은 누구나, 당시 부설을 막 끝낸 철도망이나 대도시, 항만이지만 수백 년 전부터 엄연히 존재한 서양문명인양 경탄했다.

영국의 저술가著術家가 James watt 등 영국 산업혁명의 발명가 전기傳記를 연구하고 출판한 "Self-help"가 1870년『서국입지론西國立志論』으로 번역되었다. 이 책이 폭발적으로 팔려 많은 젊은이들에게 책이름 그대로 인생입지에 영향을 주었다. 이것은 명치초기 유명한 사회적 한가지 사건으로 알려졌다. 개인의 근면, 각고, 노력만이 부와 사회적 명성이란 자립에 기초를 둔 것이다.

귀국한 유학생들은 근대공업 건설에 정열을 바쳤으며, 유럽에 체재 중, 이미 귀국 후 철도·신문·은행·주식회사를 반드시 만들려고 결심하고 있었다. 전신電信의 건설을 건의하고 공학교육의 제도인 공학요 工學寮 건설의 책임을 맡았다. 일본 최초 방적공장에 설치할 기계도 고 다이가 교섭하여 사들였다. 이 무렵 그는 홍콩에 폐쇄된 홍콩 조폐창 설비 일절을 매입하여 그대로 오사카에 옮겨와서 오사카 조폐창에 설치하고 명치초년의 공업화와 근대화의 여러 가지 사업에 기여했다.

서양문화와의 만남　　일본 최초의 해외파견인 견미사절단 77명 은 1860년 센프란시스코, 뉴욕 그리고 워싱턴 등지를 시찰하고 미국 부케난 대통령을 알현했다. 하카마를 입고 촌마게를 튼 머리차림을 한 사절단 일행은 공장, 학교, 국회의사당, 박물관, 기타 시설의 견학, 활동사진 그리고 연회장 등 눈동자가 휘도는 바쁜 일정을 보냈다. 가는 곳 마다 미국시민들은 대환영 속에 모여들고 일본인의 복장과 체구, 그리고 생김새에 관심과 흥미를 자아냈다. 사절단은 자리가 부족한 곳 에서는 여성에 양보하고, 음료가 필요할 때 남자가 시중하는 등 여성 우대사회를 경험했다. 또 만찬회장에 초대되기도 하여 얼음 넣은 양주 를 그들 나름대로 시음도하고 무도회(댄스파티)에 초청받았다.

문명개화는 부국강병을 지향하는 정치·경제·사회적 대개혁임과 동시에 서양풍의 생활양식과 풍속의 수용이기도 했다. 1872년에는 두 발의 모양이 단발되고 종래의 '쫀마게'는 비문명非文明, 비개화非開化의 상징으로 보이고, 서양풍의 상고머리로 이발하도록 장려되었다. 양복은 상시 착용하는 복장으로 하고 관청마다 신을 신은 채 입실토록 했으며, 높은 의자에 앉아 사무를 보게 되었다. 가옥은 '견고히 짓도록 하라' 하였다. 식사는 우유를 마시고 돼지고기를 먹는 게 문명시 되어 도쿄, 오사카 등 대도시에 식육요리점이 생겨났다. 이어 소고기요리에는 맥주나 가능하면 브랜디를 마시고 서투른 영어 몇마다를 지꺼리며 구세대를 비웃었다. 예를 들면 철도의 신속성, 편리성을 말하는 등, 이것이 문명개화인의 한 모습이었다. 물론 이런 생활은 대도시, 그것도 번화가 얘기이고 당시 도쿄의 '긴자' 문명개화를 논하면서 명치 초년의 일본을 상상할 수는 없다. 당시 일본 인구의 7할을 차지한 농민은 마을 공동체 전통 하에 자급자족을 기본으로 살아왔기에, 정부의 "단발해라, 모자 써라, 맨발은 안된다…"하는 외부로부터의 권력강요에 대응하여 반발을 받았다. 그렇지만 이러한 풍조는 조만간에 살아져버렸다.

---

1) 박지향, 『이그러진 근대』, 푸른역사, 2003.
2) THE HISTORICAL RELATION BETWEEN JAPAN AND THE NETHERLANDS,
   Royal Netherlands Embassy, Tokyo, 1970, 6쪽.
3) 日本歷史20, 中公文庫, 昭和60年, 256쪽.
4) 日本工業技術史, 新泉社, 1994, 106~108쪽.
5) 朝日百科, 日本歷史-近代, 朝日新聞社, 昭和63年, 196쪽.

둘째

수구와 개혁의 다툼

6. 청나라 유학생과 기기창 수난

조 명 제

강화도조약 이후 사전 준비 없는 선진기술수용은 성공을 기대 할 수 없었다. 청나라에 파견된 연수생들은 모두가 생전 상상도 못한 실습용 설비에 당혹하고 심리적 갈등으로 중도탈락자가 속출한 것이다. 더구나 재정이 바닥나서 청나라 차관에 의존한 연수생 훈련비와 기기창 건설은 막대한 빚 덩어리에 시달렸다. 만신창이로 설립한 기기창 내 공작기계류는 곧바로 고철화 되고 말았다는 후문이 있다.

군계학조軍械學造의 준비 군계학조는 '군사 기기의 조작 방법과 제조법을 배운다' 라는 말이다. 조선의 무기 제조는 1884년 기무국이 생길 때까지 군기시가 맡고 있었다. 군기시에 소속된 경공장京工匠은 전체 경공장의 23%인 644명, 공장 종류는 129개 중 16종으로 최다의 관영 장인집단으로 구성되었다.[1] 당시 조총과 불랑기가 조선군의 대표적인 무기였지만 서양의 총포기술과는 비교가 안됐다. 1841년 아편전쟁 중에 영국군이 중국의 어느 포대에서 17세기에 만든 중국제 포를 목격하고 그 열악성에 놀랐다는 일화가 있다. 조선은 열강의 신예 군비인 이양선과 서양포의 가공할 위력 앞에 쇄국에서 개국이라는 역사적 진통을 겪었다. 당시 이에 대항했던 주무기는 범선과 사정거리

71

400보에 지나지 않았던 대완구포大碗口砲와 800보의 총통이었다. 대원군은 1866년 양이침범洋夷侵犯 이후 서양의 신무기를 짧은 기일 안에 독자적으로 제조하려 노력했다. 그런데 당시 병기개발의 유일한 참고서인『해국도지』가 선각자 사이에 알려졌지만 군비강화에 실패했다.[2] 소문만 무성했던 서양의 관심은 개항 후 문명에서 앞선 청·일에 자극받아 서양의 근대식 기계기술을 배우기 위한 정책을 세워 영선사행領選使行과 신사유람단紳士遊覽團을 파견하였다. 전자는 무기제조기술을 배워오기 위해 청나라에 파견했고, 후자는 시찰을 목적으로 일본에 보냈다. 정부는 고종17년(1880년12월) 근대화 작업을 전담할 새로운 기구인 통리기무아문統理機務衙門을 설치했는데 기계기술 육성에 직접 관련되는 부서는 군물사軍物司, 기계사機械司, 선함사船艦司이다. 이와 같이 당시 군수품, 기계류 그리고 군함 등 무기에 소요된 기자재가 얼마나 중요시 되었나를 대변해 준다.

일본의 경우 네덜란드와의 교류에서 과학기술을 배웠는데 1855년 해군사관훈련소를 세워 총포와 군함 건조 기술을 익혔다. 1867년에 도야마(戶山)육군사관학교를 세워 근대식 군사훈련을 실시하고 있었다.

유학생의 천진기기창 배치[3]   중국은 1842년 아편전쟁이후 여러 곳에 무기, 군선 등 병기창을 세웠다. 일찍부터 서양기술과 접촉하고 당시 정밀기술로 판단되는 기계식 시계를 비롯하여 기계요소 제조기술을 보유했다.[4] 반면 일본은 네덜란드와 260년이란 오랜 교섭을 통하여 서양기술 뿐만 아니라 서구식 제도까지 도입·모방하여 외형적이기는 하지만 근대적인 모습을 갖추기 시작하였다. 조선은 1880년 9월16일 천진(天津)에서 조·청간에 '무비자강' 문제에 관한 청나라의 자문과 지원이 거론되었다.

파견될 유학생 선발인원은 38명이고, 파견일자는 1881년9월26일로 결정하였다. 신분별로 볼 때 중인층에서도 많이 선발되고 양반 급이 과반수로서 각각 공장工匠(주로 중인 출신)이 15명, 학도(學徒:주로 양반 출신)가 23명이다. 그러나 정확한 구성비는 분명하지 않은데 중인이 대부분이고 그 이하의 계층에서 선발했을 것이라는 학설도 있다. 이들의 나이는 16세부터 40세까지인데 청의 교관 말에 의하면 방만하여 학습 도중 탈락자가 많았고 성적이 부진하였다고 한다. 1881년12월6일 영선사 김윤식金允植이 인솔한 유학생 일행은 천진에 도착하였다. 영선사의 청나라 파견은 서양의 과학기술을 처음으로 조선에 이식하는 결과를 가져왔고 군계학조軍械學造에 이어 다시 근대적 병기공장의 설치가 추가되었다.

이들은 때마침 방학이었고 우리 유학생들의 적성 심사문제가 늦어져 다음 해 3월 달에 가서야 천진기기창天津機器廠 동국東局과 남국南局에 분야별로 배치가 끝나게 되었다. 이들이 소속된 부서는 수사학당水師學堂, 수뢰학당(水雷學堂:수뢰에 관한 설계부터 구조,제작법을 배우는 학교), 동모창(銅冒廠:각종 화약류 뇌관을 만드는 공장), 강수창(镪水廠:화기,도금 .수뢰, 염색 등을 하는데 쓰이는 강산류), 기계창機械廠, 수양창(水樣廠:주물을 뜨는 여러 가지 목형을 만드는 공장), 화약창火藥廠, 화학창化學廠, 전기창電氣廠, 화도창(畵圖廠 : 견취도, 제도, 설계 등을 하는 공장), 번사창(飜沙廠:주물을 만드는 공장), 기기창器機廠, 화기창火器廠 등이며 여기서 역사적인 신식 기술교육을 받았다. 수사학당은 천문, 수학, 지리, 측량 등 수군에 필요한 이론교육 기관이다. 아마도 그들은 대부분 세상에서 듣지도 보지도 못한 물건이나 교육내용이라서 당혹스러웠을 것이다. 그들은 청나라에 오기 전에 절삭切削이나 천공穿孔하는 서양의 공작기계를 본 적도 없고, 기계작동이 신기하게도 빙빙 돌아가면서 형용색색의 물체를 만들어 내니 말이다. 더우기 전동기에 스위치를 넣고 소재와 절삭공구를 장착하고 작업조건을 정하여 온 정신을 쏟아 두 손으로 손놀림하면서 훈련을 받아야 하니 그들이 경험한 노고를 실감하고도 남는다. 뿐만 아니라 기관汽罐에서 나오는 증기 압력으로 엔진을 작동시킴으로써 동력이 생겨나 기계를 운전시켰다. 실로 조선의 전통사회가 천지개벽을 맞는 근대식 기계공장의 모습과 만나는 효시이이자 첫 출발이었다.이 때 현장에서 엄청난 굉음과 기관에서 내뿜는 검은 연기와 용솟음 쳐 나오는 증기를 목격했던 그들은 얼마나 공포 속에 경탄했을까. 러시아 공사 김득연 등 고관대작도 '전기' 하면 도깨비 불로 오인하여 겁을 냈던 시대였고, 왕실에 전등이 도입되던 시기가 기기창 운전개시부터 약 10년 후인 1899년이었기 때문이다. 기기창機器廠은 무기제작과 수리를 교습하는 곳으로 각창에서 습득한 기술은 종합되어 병기류를 분해하고 조립하였다. 기기창 건설은 1883년에 착공하여, 갑신정변으로 1887년에 준공하였다. 당초 10개월 간 유학기간이 예정된 것으로 알려졌는데 학습도중 조기에 귀국한 유학생이 과반수이며 그 사유가 질병이나 자질부족인 것으로 전해진다. 결국 5월초에 귀국한 26명을 제외하고 끝까지 잔류한 12명은 미흡하기는 하나 서양의 근대식 기계기술을 배우게 된 것이 다행이다. 여러 교육기관 중에서도 기계창, 기기창 그리고 동모창은 무기기술과 깊이 관련되는데 이곳에 끝까지 연수한 공장들은 초보적인 제작과 수리기술을 어느 정도 습득한 것으로 생각된다. 세월이 흘러 1895년 발간된 유길준의 『서유견문』에서도 그는 기계학器械學을 문명의 으뜸이 되는 학문이라고 역설했다.

청나라 교육 담당자 말에 따르면 유학생에 대한 학습 평가를 "유학생들은 우수한 듯 하나 의지가 부족하고 인내심이 모자라 너무 서두른다"라고 혹평 하였듯이 어느 정도 올바른 평가로 받아드리고 싶다. 김윤식金允植은 화도창에 관하여 "제도는 여러 공장에 비치된 기계를 분해하고 조립하여 구성 부품 간에 묘한 이치를 이해하는 것이 관건이고 서양문자(숫자,alphabet)를 이해해야 어려움이 풀린다. 재주 있는 사람도 5년 간 공부해야 완전히 성취 할 수 있다"고 전하였다.이 와중에 청이 지정한 병기 제조에 필수적 기계류가 도입되고 있었다. 한편 기기창이 완공되기까지는 4년5개월의 기간이 소요되었다.여기서 기계들은 흑색화약 등 뇌관을 만들고, 금속 소재를 녹이고, 깎고, 구멍 뚫고, 자르고, 연마하고, 두들기고, 펴고, 돌리고, 나르는 수동기계부터 동력기기까지 다양했다. 분야별로 보면 각창에는 동모제조기, 탄환제조기, 소총제조기, 찬혈기(鑽穴機 : 드릴링머신), 조포기(粗砲機 : 그라인딩머신), 세포기細砲機 그리고 증기기관 등이 설치되었다. 기계류 구입 과정은 기기국의 담당관 김명균 등이 1883년을 기점으로하여 수차례 청을 왕래 하면서 도입하였는데 그때마다 청의 기술자를 고용하여 기계를 설치하고 시운전하여, 공장들은 기계 조작법을 익혔다.

파견된 유학생의 공과　　유학생 파견사업은 1882년 당 해에 끝 났는데, 그 사유에는 다음과 같은 몇 가지가 있었다. 첫째, 정부재정의 어려움이다. 유학생을 파견하고 충분한 비용을 감당하지 못하여 그들이 고통을 받고 있어 정부 문의관問議官 어윤중이 현지에 도착하여 딱한 사정을 본국에 보고하였는데, 청나라 현지에서 경비를 차용할 지경에 이르렀다. 그 부채는 늘어나 귀국시 은 1만 량이 1만 6천량이 되었다. 둘째로, 도중 유학 탈락자가 과반수를 훨씬 넘어 정부로서 실망이 컸다. 이들은 적성에 맞지 않는 자와 능력이 부족한 자, 그리고 질병에 걸린 자다. 필경 유학생들은 천진 기기창에 입소한 당일부터 모두가 낯선 환경과 예측조차 못한 학습내용에 당황하여 중도 퇴출하려는 심정에까지 이르렀다고 짐작한다. '전통'과 '근대'의 대립에 그들은 희생되었다고나 할까. 영선사행 인원구성을 보면 유학생 38명을 위한 관원이 31명인데 우수꽝스럽게도 유학생에 따른 개인 종이 14명이나 되었다한다. 셋째, 정부가 계획한 기기창 설치는 같은 해 6월 임오군란이 발생하여 예정된 계획에 차질이 생겼다. 따라서 가뜩이나 속수무책인 청나라에 파견한 유학생은 더 이상 지속할 수 없었다. 이와 같이 영선사행은 결국 실패에 끝나고 그렇게 될 수밖에 없는 조선정부의 실정이 노출되었다.

6월9일 임오군란 발생으로 유학생을 파견한 내각이 무너지고 척사·수구내각이 수립됨으로써 한때 학습이 중단되고, 유학생의 학습분위기가 어수선해지고 동요가 일어난 것 같다.잔류 유학생의 28,250량이란 차관 빚더미 속에서도 꾸준히 기술 습득에 정진하여 어떤 자는 후일 근대병기공장의 기술요원 또는 간부요원으로 등장하게 되었다. 특히 전기기술을 단시일에 학습한 상운尙澐, 동모제조의 1급 기능원이 되어 청의 칭찬을 받고 1883년 다시 천진기기국에 유학한 송경화宋景和는 수뢰포의 1급 숙련공이 됐다. 상운은 후에 기기국위원, 전보국위원으로 발탁되었고, 고영철과 진상언은 통리기무아문의 주사로 임용되었다. 귀국시 일행이 구입하거나 얻은 한역된 서양기술서에는 기기필이汽機必以, 수사조련水師操練, 금석식별金石識別, 화학감원化學鑑原, 방해신편防海新編, 제화약법製火藥法, 현절대수표弦切對數表, 삼각수리三角數理, 정광공정井鑛工程, 평도지구도平圖地球圖 등 기계, 화학, 물리, 지리, 광물에 관한 책이 많았다. 기기창은 당초 목표인 무기제작기술 습득을 달성치 못하고 1894년 갑오경장 중에 문을 닫고 말았다. 과연 기기창의 준공 이후 무기를 만들어냈는지 지금까지 전해온 자료가 없다. 단지 조선에 온 서양인의 견문기에 따르면 간단한 소총 수리 정도에 머물있던 것 같다. 또한가지 예측되는 증거로 그 무렵 급박했던 국내정세로 인하여 영, 미, 불, 일 등에서 무분별하게 소총을 수입했다는 것이다. 군비증강 정책은 갑신정변 이후 소규모 병기공장의 신속한 건설보다 외국으로부터의 무기수입에 의존했다. 여기에는 대포, 기관포, 소총, 기타 많은 것 등이 있는데, 서양 교관에게 기관총 조작을 배우는 대한제국 군인, 수입상과 부패관료가 합작된 방만한 무기수입이 직접적인 원인이다.[5] 조선 말기 '무비자강' 이라는 국론에 조금이나마 기여한 상운, 송경화들은 침울했던 세간에서도 부러움을 받는 화제의 인물이 되었으니, 기쁜 소식을 안겨준 셈이다. 비록 무분별한 파견생 선발, 국가재정 궁핍, 기기창 설치 계획의 차질 그리고 격동기 정치 동태로 인하여 당초 계획이 용두사미로 끝났지만 여러가지로 시사함이 많았다. 결국 유학생 파견사업으로 구한말 조야에서는 대원군시기에 경험한 병기개발의 중요성을 통감하였다. 그 후 청나라와 일본의 근대화 진입에 자극받아 절실하게 '기술입국이야 말로 근대화의 입국이다' 라고 각성한 것 같다. 대원군 시대에 서양세력과의 충돌에서 느낀 병기개발의 중요성, 실학의 사상적 영향, 서양문물의 유입으로 인한 개화사상의 성장, 그리고 근대화 과정에 있는 청나라와 일본의 자극과 자각이 이와 같은 자강을 육성하는 원동력이 되었다고 본다.

　중국이 병기기술을 도입한 역사는 조선 보다 불과 20~30년 앞서
있었다. 두 차례의 영국과 프랑스와의 전쟁으로 양무운동洋務運動이 진
행되고 있었는데 1860년대에 이미 천진기기국을 위시한 8개소의 군
수공장을 세워 총포, 탄약, 어뢰, 군함, 화약, 기계를 생산했다. 조선
은 수많은 종류의 서양 기술서를 독파하고 이해했던 인재가 있었다고
는 찾아보기 힘든다.

---

1) 결국 조선시대 장인제도는 왕실과 고관대작을 위한 사치품과 생활용품제조 및 조
　달에 중점을 두었다. 이 때문에 무기개발의 실적은 조선 초기 이래 별로 향상된
　것이 없고 구태의연했다고 본다.
2) 1860년대 후반 개화파 인사들 사이에서 바이블처럼 알려진 유일무이한 서양무기
　해설 서적인『해국도지』에 관심이 고조되었는데, 권 93「공선수뢰도기(하)」에 기
　선, 대포, 수뢰차의 제작법이 그림과 함께 소개되어있다. 조선군이 병인 · 신미양
　요 실전에 사용해본 기록도 없지만 아마도 이러한 신예무기를 담당할 기술에는
　한계가 있었다고 본다.
3) 권석봉, "영선사행에 대한 일 고찰",『역사학보』제17 · 제18집
4) 일본시계역사를 검토해 보면 이미 1600년경까지 100여명의 시계기술자가 배출
　되었는데 신학계 초중등학교가 설립되고, 여기서 교습 받은 것으로 알려져 있다.
　일본 자료에 따르면 1690년에 시계공이 시계 톱니바퀴를 만드는 그림이 나온다.
　따라서 이미 다양한 서양식 기계시계를 만들어냈다. KBS TV가〈역사스페셜〉에
　서 2001년 '조선은 시계 왕국이다'를 방영했는데 필자는 그 일부 내용이 동양(중
　국, 일본 그리고 조선의 상관성) 중심의 시계역사에 대한 과장임을 지적한다.
5) 당시 기기창의 능력(기술, 인재, 예산)과 급박했던 정변 불안으로 악덕 조선의 상
　인이 판을 쳤지만 외국에서 병기를 수입하는 쪽이 유리했다고 본다.

7. 서둘렀던 고종의 신식교육과 전말

—숙달치 못했던 양반집 자식 가마타고 등교

조 명 제

갓 쓰고 도포입고 담뱃대 들린 종을 대동한 양반집 자식이 육영공원에서 영어를 배우는 모습. 이화학당을 기피한 양반집 딸들. 부국강병을 지원한다는 상공학교의 늦장 개교. 고종의 격앙된 문구文句 섞인 공업교육에 관한 칙어공포. 열강의 간섭아래 통감부 시기까지 격동 20년은 그야말로 나라가 비운에 빠졌다.「교육은 100년 대계」의 뿌리가 흔들렸다.

서양문명과의 만남　　조선에서는 관리양성을 위한 과거시험 준비 목표로 고등교육기관만 존재하였는데 조선중기 이후는 서당(속칭 글방 또는 책방)이라고 불리었던 초등교육기관이 보편화되고 있었다. 개항 후 근대적 보통학교가 설립되고 있었지만 서당교육은 일제초기에도 유지되어왔다. 서당의 주요교육 내용은 『천자문』『사서삼경』 등에서 시작하는 강독講讀, 시문詩文을 연습하는 제술製述 그리고 습자習字로 나누어진다. 이들 교재에서 공통적으로 중요한 내용이 성리학에 입각한 유교사상인 인간의 도리에 있었다. 19세기 중엽부터 서기동점西器東漸의 여세로 천주교를 탄압한 기해박해己亥迫害와 두 가지 양요洋擾로 온

79

나라가 북새통 속에 휘말렸는데 강화도사건으로 조선은 문호를 개방하고 서구문명을 받아들여 개화기를 맞았다. 1876년 개국이 되었지만 조야에서는 서양의 신지식을 어떻게 받아 들여야 좋겠느냐는 문제에 대해서는 대답을 얻지 못한 것이 당시의 지식층이었다. 개국직후 수신사 김기수金綺秀 일행은 1877년 일본에 갔을 때 난생 처음 기선과 기차를 타보고 양식을 먹고 서양문명에 깊은 감명을 받았다.

외국어학교, 농상공학교, 소학교, 사범학교, 중학교의 개교

1881년에 외국과의 교섭 등을 담당할 기관으로 통리기무아문統理機務衙門이 신설되고, 제도와 기술을 배우기 위해 신사유람단과 영선사를 일본과 중국에 각각 파견하는 등 정부가 혁신적인 정책을 수행하게 되었다. 개화와 자강自强은 일반 지식인들에 의하여 즐겨 사용된 용어였다. 우리는『승정원일기』의 1881년9월9일자 내용에서 이 사실을 알 수가 있다. 그 다음 해 일어난 임오군란으로 복잡한 나라 일을 처리하기 위해서 기무처機務處를 설치하고 여러 가지 문제를 의논하여 결정하는 제도를 도입하였다. 그 해 12월24일 청나라 이홍장의 추천으로 독일인 뫼렌도르프가 정치외교 고문으로 초빙되었는데 후일 우리나라 외교사에 적지 않은 영향을 끼쳤다. 한편 정부에서는『한성순보』를 발간하고 국내 소식과 아울러 외국의 사건을 번역하여 소개하고 있었는데, 세계 각국의 정치 · 경제 · 과학 · 기술 · 물가 등을 실어 그 실정을 밝히도록 노력하였다. 그 밖에 매호마다 계몽을 위한 기사가 몇 면에 걸쳐 실렸다. 예를 들면 아메리카亞米利加 등을 설명하는『지구전도』『지구도해』와 같은 지구에 관한 책과 회사설립을 권장하는『회사설』이다. 김옥균은 근대과학기술을 진흥시켜서 철도 · 선박 · 전력 · 산업 그리고

영어를 배우는 육영공원 학생들

토지개간에 대한 회사를 설립하고 '부강지 기초'를 주장하였고, 유길
준은 기간산업·사회 간접사업 육성을 역설하면서 '금일의 천하는 기
계가 성행하는 시대'라고 갈파했다. 또 그는 주식회사로써 기계기술
공업을 일으켜야 된다고 말하였다. 이와 같이 급변하는 정세 하에 무
엇보다 신지식을 가진 인재를 양성하고자 근대교육을 시작하였다.

정부는 근대적 관학官學으로 통변학교通辯學校를 세웠는데 이는 일종의
통역관 양성소라고 볼 수 있다. 1886년 배재학당, 이화학당 그리고 육
영공원育英公院이 설립되었는데 교육사상 획기적인 해라고 볼 수 있다.
육영공원의 설립 이전에 제일 먼저 해야 할 일은 교사의 초빙이었다.
고종은 미국인 교사를 구하여 주기를 미국공사에게 부탁을 하였다. 그
런데 학생들에게 무엇을 가르칠 것인가에 대해서는 교사가 부임한 뒤
에 협의하여 결정하기로 되어 있었다. 입학자격은 모두가 양반출신의
고관의 자제 또는 고관이 추천한 젊은 선비인데, 중학과 대학의 교육·
과정으로 편성되고 있었다. 학생들은 도포를 입고 갓을 쓰고 다녔던
것 같다.기숙사에서 교실에 갈 때에도 책을 손에 드는 법이 없었고, 모
두가 하인을 시켰다. 집에서 통학하는 학생들은 장독교(사방에 휘장을

개화기 최초의 소학교 지리 교과서
(1902)

친 가마)를 타고, 하인을 시켜 담뱃대를 들리고 다녔다 한다. 학교 당국은 얼마나 기대가 컸으면 공원 설치 1년이 되어 첫 여름방학을 맞이하자 학생들이 그동안 배운 영어 단어가 3천 단어에 달하였음으로, 혹시나 방학 중에 잊어버릴 것을 염려하여 이 기간에도 5일마다 교실에서 시험을 치르도록 했다는 것이다. 따라서 이와 같은 조치는 국왕까지도 알게 되었으니, 그가 얼마나 큰 관심을 가졌던가를 짐작 할 수 있다. 불행하게도 시일이 지나면서 학생들은 전통적인 생활양식에서 벗어나지 못하여 신식교육에 거부감을 갖게 되고, 지각이나 결석자가 속출하고 심지어 등교하는 자가 거의 없게까지 되었다. 그러나 일부 학생은 매우 열심이었고 출세하기를 바라고 있었다. 결국 실망한 미국교사들의 사퇴로 육영공원 설립 8년 만에 문을 닫았는데 그동안 세 번에 걸쳐 모집한 학생 수는 총 112명이었다. 실제로 교육을 받은 학생이 얼마가 되는지 모르지만 1886년에 입학한 학생 중에는 주불공사를 지낸 민영돈, 주영공사를 지냈던 이한응 그리고 외무·학부대신을 역임하고 후에 총리대신이었던 이완용이 포함되어 있다.

이에 반하여 같은 해 설립한, 사회적 신분에 상관없이 평민까지 입학시킨 배재학당은 새로운 사조思潮와 신식교육을 흡수하는데 과감하

였고, 이 학당 출신들은 후에 조선독립운동에 가담하여 근대화의 선봉에서 활약하였다.[1)]

선교사 스크랜튼 부인은 1885년에 한국 여성을 위한 교육기관을 정동에 세워 곧 학생모집에 나섰으나 여성들은 여전히 집안 깊숙한 곳에서 나오질 않았다. 이 여학교는 1886년 학생 한 명을 상대로 시작한 바로 이화학당이다. 오천석의 저서『한국신교육사』에 따르면 초기 여학생은 정부관리의 첩도 있었고, 집 없고, 불우하고, 버림받은 여아들이 있었다. 정부관리의 첩, 김부인은 3개월 쯤 밖에 나오지 않았는데 그 남편은 영어를 배워 가지고 언젠가 왕후의 통역이 되어보려는 희망을 가지고 있었다. 김여인 보다 한달 쯤 뒤인 1886년6월에 온 여아는, 틀림없이 가난해서 데리고 왔는데 몇일 뒤 그의 어머니는 차라리 가난을 참을지언정 딸을 외인에게 맡길 수는 없다고 아우성쳤다. 얼마 안가서 자기 딸이 음식도 배부르게 먹고 좋은 옷을 입고하여 나쁘지 않으리라 생각했다. 한국인 최초의 여의사가 된 김점동(박에스더)이 문을 두드린 것도 이 무렵이었다.

1894년에 이미 초등교육을 목적으로 한국 최초의 관립학교인 교동소학교가 설립되었다. 뒤이어 1895년 어수동소학교, 장동소학교, 정동소학교 그리고 재동소학교 등이 개교했다. 한편 지방에서는 수원,공주,전주,진주,대구,춘천,해주,평양 등 각 관찰부 소재에 소학교가 한 개 씩 설립되었다. 1905년 을미조약이 체결될 때까지 공립학교가 서울에 10여 개, 지방에 60여 개로 증가되었다. 그러나 새롭게 세운 소학교는 정부의 의지에 부응되지 못하고 국고보조는 여의치 않아 지방유지의 찬조로 가까스로 유지된 곳이 대부분이어서 제대로 초등교육목적을 감당하지 못 하였다. 소학교에 취학할 수 있는 나이는 만 8세부터 15세까지의 8년으로 되어 있고, 실제로 소학교에 다니는 학생들은 서당을 다니다가 오거나 나이 차이가 심하여 교육대상의 폭이 다양하였다.[2] 명치유신 이후 일본의 의무교육을 시행했던 소학교와는 너무나 대조적이다.

한편 개화의 물결 속에 중학교와 사범학교 설립이 활발하게 진행되고 있었는데 대표적인 학교로는 배재학당,이화학당,경신학교,양정의숙,보성학교 등 한일합방 이전에 기독교계 사학私學 39개, 일반 사학 32개였다. 안창호가 언더우드학당을 거쳐 간 경과를 보면 고향 강서江西에서 배우던 한학을 집어치우고 원대한 포부를 갖고 상경하여 그가 세운 학당에 입학한 때부터 이름이 알려지기 시작했다. 영어를 배우고 틈틈이 선생 노릇도 하고 세월을 보냈다. 언더우드 학당은 1902년 서울에 교사를 지었으며 그 후에 경신학교로 개명했다. 언더우드는 초지에 굴하지 않고 1915년 경신학교 안에 전문 학부를 두었는데 이것이 연희전문학교의 시작이 된 것이다.1899년 안창호는 강서로 돌아가 점진漸進학교를 세웠다. 서북지방에서 최초로 민간이 세운 사학인데, 우리나라가 남녀공학을 실시한 첫 번째 소학교이다.[3]

1905년2월에 엄주익嚴柱益은 양정의숙(현 양정중고)을 창설했다. 일

육영공원 학습 모습.단발한 학생으로 미루어 보아 1895년 이후의 장면으로 추정됨

1890년대 개교한 근대식 한성사범학교

본이 서양의 새로운 사조에 접하고 있는것에 크게 감명되어 한말의 급선무는 무엇보다 교육의 보급임을 통감하고 '몽이양정蒙以養正'을 주장하면서 사재를 털었다. 개교 당시 학생 모집 신문광고를 보면 법학통론, 경제원론 등 높은 수준의 교육과정이 포함되어 있음을 알 수 있다. 엄비嚴妃는 1907년 왕실에 소속된 경기도 · 전라도에 있던 토지 200만평을 하사했다. 이어 1905년 보성전문학교(현 고려대학교)가 설립되었다. 당초 법학, 이재학理財學, 농학, 상학, 공학 5개학과를 설치하였으나 법학과와 상경과 2개학과만으로 개강했다. 당시에는 공업, 농업, 상업 등 실업분야의 전문 교수를 찾기가 힘들 뿐만 아니라 사회적 관념으로 보면 실업학과를 지원하는 자가 극히 희소했기 때문으로 전해진다. 교육이념은 철두철미하게 왕실에의 충성과 일본 세력에 대한 저항이었다. '배우는 게 힘이다'의 신념 아래 애국지사들은 학교를 세우기 전에 우선 교육기관으로 학회를 전국에 10여 개나 세웠다. 황해도, 평안도 인사들이 세운 서북학회는 교사 양성이 시급하다고 야학까지 증설하여 역사,지리,산술,법률,물리,교육학,영어,일어,작문을 가르치고 밤 9시까지 수업을 했다.

1906년5월 민영휘閔泳徽는 사재를 털어 휘문의숙을 세웠는데, 휘문은 고종이 지어 준 이름이다. 이용익李容翊은 같은 해 보성중학을 세웠고, 12월에는 중동중학이 개교했다. 1908년 경기, 충청도 인사들이 기호畿湖학교를 만들고, 유길준이 만든 경희학교와 통합하여 중앙학교라 불렀다. 설립 요지는 지방교육이 교사 부족으로 인하여 지방발전을 위해서는 교사양성이 절실했었기 때문이다.

배재, 양정, 휘문, 보성 그리고 중앙은 일제 당시 민족 교육의 산실로 알려져 백성들의 동경의 대상이기도 하였다.

민족 기술교육의 난맥상　1880년대의 개화운동을 외국기술의
도입에 의한 부국강병의 갈망으로 보는데, 1890년대 이후는 국권과
민권의 절규로 치솟았다. 이 시기에 정치·사회 의식이 높아지면서 국
민들 사이에 교육열이 점점 일어나게 되고 소학교, 중학교, 사범학교,
그리고 외국어학교 등 관립학교를 비롯하여 사립학교가 탄생하였다.
그러나 실업교육기관은 1890년대 말까지도 설립이 실현되지 못하였
다. 그렇지만 종래 상공업을 천시했던 풍토 속에서도 점차 과학기술에
대한 자각이 생겨났는데 1900년대 초 서양과학기술에 관한 내용이 애
국개몽단체의 회보에 특집으로 할애되고 있었다. 부국강병론의 주된
흐름을 교육, 그 중에서도 기술교육 진흥에 중점을 두고 실업교육의
진흥도 그 논의의 일부로 활발히 제기 하고 있었다. 그러나 고종은
1899년 상공학교의 필요성을 강조하면서 설립의 칙어勅語를 내렸는데
그 내용에

「…기계가 기묘할수록 더욱 정교한 것을 찾아내는데 …농잠과 공업은 알
지 못한 결과로 민산民産이 나날이 줄고 국계國計가 날로 쇠하여 …상공학교에
이르러서는 더욱 급선무로써 일찍 지나간 해에 칙어를 내렸건만 이제까지 개
설의 의논조차 없으니 이처럼 새어 버리면 무슨 일을 할 수 있으리오. 참으로
개탄 하도다…개진하는 공이 있기를 기할지어다」 라고 하였다.

이와 같이 고종의 절규는 당시 나라사정이 급박했는데도 행정관리
가 무능하고 국가예산이 얼마나 빈약하였는지를 가히 짐작할 수가 있
다.[4] 1904년에는 칙령으로 농상공학교 관제가 반포되어 농업과를 증
설하고 농상공학교로 개명하였다. 상공학교는 우리나라 공업교육기관
의 효시이다. 그러나 1900년부터 운영될 것으로 기대 하였지만 편성된

예산이 갑자기 취소되는 바람에 한동안 이름만 유지된 파행성을 면치 못했다. 비록 관립상공학교의 개교는 이루어지지 못했지만 민간공업계 교육기관이나 관립공업학교 설립을 자극하는 중요한 계기가 되었다.

1900년에 새로 설립된 사립 공업계학교로는 한성직조학교, 직조단포주식회사교습소, 철도운수회사양성학교 등이 있었다. 이들 학교는 이미 운영되고 있던 우무학당郵務學堂, 전무학당電務學堂과 더불어 1년 과정의 속성 기술양성소이었다. 1900년 9월 설립된 광무학교는 3년세로 광업을 교습하는 곳으로 상공학교와 유사한 공업교육의 학교였다. 그동안 개교가 지연되던 상공학교는 1904년 새롭게 관립농상공학교로 확대 개편하여 출범하게 되었다. 농상공학교의 입학은 만 17세 이상 25세의 신체 건강한 자로 국문과 한문의 독서·작문의 시험을 거쳐 선발하였는데, 특히 거주와 신분이 정확한 자의 보증이 필요한 조건이었다. 첫해인 1904년 80명이 선발되었는데 공업과 학생이 50명 정도로 알려지고 있다. 예과에는 이수과목이 역사, 지리, 만국역사, 만국지리, 산술, 화학, 물리, 경제학, 도화 그리고 영어, 일어 등이고 학기 개시는 9월1일로 정해졌다. 근대적 공업교육 기반 구축은 1904년에 시작하게 된 셈이다.

그런데 뜻하지도 못한 비운의 마수가 교육 분야에도 침투하게 되고 말았다. 다름 아니라 1년 뒤인 1905년 소위 을사보호조약이 체결되고 이등박문의 통감부 취임 이후 굴절과 왜곡의 과정을 맞게 되었다. 어느 일본인 교관이 통감부와 내통하여 1905년 당시 추진 중인 경의선 철도 부설공사에 학생들을 동원하여 강제로 사역하게 함으로서 공업과에 입학하는 학생수가 급감하여 15명으로 뚝 떨어졌다. 학생들에게 일본기술자를 보조토록 하였는데, 철도공사에 투입된 조선인 노동자

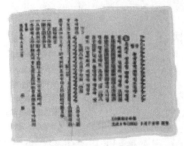
대한매일신보에 실린 상공학교 신입생
모집광고(1904. 4. 7)

들에게 일어를 통역하거나 그들을
감독하는 일들이 맡겨졌다. 이 사건
에 학생들은 반발하여 학교를 중도
퇴학 처분을 당하는 일이 속출하였
다. 통감부는 교육개편의 일부분으
로 관립농상공학교에 일본인 전문
가를 초빙하여, 일본이 한국을 지배
하는데 적절하게 교육내용을 바꾸어 정비하였다. 일제는 사회의 인력
수요에 알맞게 다시 상공학교와 농림학교로 분리하고 교육방식을 실
용성에 초점을 두고 교양과목을 유지하기는 하였지만 주로 실습 위주
로 개편했다. 즉 일제에 당장 요구되던 철도, 도로 등에 관한 과목을
가르쳤다. 1906년 일본에서 공업교육 고문이 내한하여 공업을 따로
담당하는 공업전습소 설립안을 구체화하고 종래의 농상공학교를 끝내
폐교시켰다. 그리고 농업과는 농림학교로 상업과는 상업학교로 1906
년 각각 독립된 학교로 분리시켰다. 뿐만 아니라 1907년에 광무학교
도 폐교되어 마침내 대한제국 정부가 세운 관립공업교육기관은 해체
되고 말았다. 이처럼 근대적 실업학교체제는 정부의 자주성을 잃어버
려 통감부가 구상하는 교육체제 속으로 강제로 흡수, 계승되던 비운으
로 끝났다. 강화도조약 이후 소위 한일합방까지의 35년을 좋게 해석
해서 근대화의 여명기黎明期로 볼 수도 있지만 공업교육은 별다른 성과
가 없었다.[5]

1) 이광린,『한국개화사연구』일조각,1980, 147~151쪽.
2) 정순우,『구한말 교동소학교의 설립과정과 성격』,교동국민학교,1994.
   조연순,『한국근대교육사』,한국정신문화연구원,1995.
3) 손인주,『한국근대교육사』1971, 29~32쪽.
4) 김영호, '한말 서양기술의 수용,'『아세아연구』통권제31호,318쪽을 김의환 저『우
   리나라근대기술교육사연구』에 주석하였음.
   상공학교는 이미 개항되고 관립학교 형태로 문을 열고 있었다. 고종의 칙령으로
   간신히 개교한 교육목표는 상업과 공업에 필요한 실학을 교육시키는 곳으로 상
   업과 공업의 2개 과를 두고 수업 연한은 예과 1년에 본과 3년의 모두 4년이었다.
   학생 모집인원은 각과 10~30명이고 교관은 외국인도 고용할 수 있게 하였다. 정
   부는 후에 관립농상공학교로 확대 개편하였다.
   그렇지만 다음에 기술한 바와 같이 빛을 보지 못하고 일제통감부에 의해 폐교되
   고 말았다.
5) 일제는 한일합방이후 공업전습소로 전락시켜 식민지배식으로 유리한 운영을 하
   였다. 현 서울공업고등학교는 그 뿌리를 구한말에 창설한 관립상공학교에서 찾
   을 수 있는데 공업전습소 시대를 거쳐 명실공히 한국의 공업기술 발전의 산실이
   고 초석이다.

셋째

극복과 시련의 벼랑

8. 한성의 4대문 개방과 전차·기차 나들이

조 명 제

4대문개방과 해고당한 인경치기(줄을 끌어 종을 치는 일) 서리(아전을 말함)의 신세타령, 전차 시승에 둘러싼 진풍경,개통한 경인간 철마 손님끌기 이색광고, 5 강중 애수 속에 사라진 삼개 마포나루, 모두가 개화기 서울의 대표적인 풍물이 되겠다.

한성 사람과 그들의 생활　　보신각 종소리는 이미 멈춘 지 백 여 년이 지났다. 문명의 동이 서서히 트이면서 그래도 봉건시대적 생활이 판을 치고, 상투 틀고 갓쓴 사람이 다니던 거리에 웬 머리 깍고 간혹 모자 쓴 사람이 다닌다. 개항이전 중국을 제외하고 일본과는 부분적인 밀무역이 트였지만 서양과는 교류가 없었다. 그러나 어느새 밀무역이 성행하면서 고관대작과 일부 부호들 사이에는 서양의 사치품이 사용되었다. 19세기말 근대식 조운(배로 물건을 실어 나르는 일) 목적을 시작으로 외항선 광제호光濟號, 이운호利運號가 중국, 일본 항구를 경유하고 인천을 출입하고 있었다. 개항이 되자 초기의 박래품舶來品(서양에서 수입되어 온 물품)은 석유, 성냥 그리고 화장품 등이 주로 눈길을 끌었는데, 즉시 15~38톤급의 용산호 등 화륜선火輪船에 옮겨 실은

93

잡화물은 한강을 역항하여 마포에 닿았다. 조만간에 한성은 물론 산간 마을까지 보부상 등짐에 일용잡품과 섞여서 성냥·구리무(화장크림)가 전국에 전파되었다. 말하자면 쌀과 콩이 수출되고 박래품이 수입되던 세상이 시작된 것이다.

17세기부터, 특히 개항이후 많은 서양인이 이 땅에 드나들었다. 그들의 일기 또는 견문기를 읽으면 매우 다양하고 그 내용에 이따금 공감도 가고 어떤 것은 우리에게 교훈을 주는 내용이 많다. 1894년 서울에 온 영국 지리학자 버드 비숍 여사의 『Korea and Her Neighbours』에는 그녀의 특이한 관찰로써 서울의 실상을 구체적으로 자세히 묘사했다. 구한말 많은 선교사들이 남긴 기록 사진을 서로 비교해 보면 그 외모는 필경 1900년대 초반까지 그대로였던 것이 아닌가 짐작하기에 충분하다.

개항이후 한성의 모습은 갑오경장을 거쳐 서서히 변모하고 있었다. 한성 인구 약 25만, 가옥은 초가가 70%, 기와가 20%를 차지하고 양반층이 가구 대비 1.9%, 기타는 중인, 천민에 속하였다. 직업별로 보면 전국의 농업 가구는 84%인데 양반이 1.9%, 상업이 6.2%, 품팔이가 2.4%였다[1].

비숍여사가 소개한 서민 생활은 한 마디로 궁핍했다고 보는데 다음에 소개한다.

"주택가에 들어서면 지저분하고 냄새가 분분하며, 이층 이상의 집은 찾아볼 수가 없고 모두 소박한 단층집이다. 일반 대중은 모두가 초가나 기와집에 옹기종기 살고 있다. 동네 길은 아무리 넓다해도 소 두 마리가 나란히 지나갈 수 없을 정도로 비좁다. 길가는 악취가 분분한 하수구로 변하고, 배꼽까지 때 투성이의 반나체 아이들과 사납게 짖어대는 개들로 분볐다. 자그마한 들판을 들고 다니는 행상에 가끔 마주치는데 그 속에는 여러 가지가 있지만, 오색가지 물들인 과자를 펴놓고 간혹 지나가는 손님을 기다린다. …집 높이는 낮은데 행랑이 보이며, 벽체는 진흙으로 칠해져 거리라는 미관을 찾을 수 없다. 바닥에서 높이 3~4자 쯤에 종이로 된 창문이 있다. 온돌에서 밖으로 나오는 연기에 벽체, 기둥, 보, 모두가 그을려 지저분하다. 사대문으로 들어오는 수백 마리의 소등에 산더미 처럼 실려 들어온 소나무 땔감이 모두 아궁이에서 태워 없어 진다한다. 조석으로 산보하면 소나무 탄 냄새가 섞인 안개에 사로잡힌다."

종로 네거리에 육의전六矣廛이 있는데 그녀는 아는 상점을 다음과 같이 보았다.

"…한성의 상점은 진열된 상품의 값어치로 말한 규모는 10원 안팎에 불과했다. 큰 가게이라야 종로거리에 모여있는데 진열품은 두손을 벌려서 모두가 손에 잡히는 작은 판매소이다. 어떤 물건이 있나하고 가지 수를 보면 면, 집신, 대나무 삿갓, 사기, 납초, 빗, 염주, 담뱃대, 연초함, 뿔대 안경, 종이, 목침,부채,벼루,안장, 빨래방망이, 곶감, 물들인 과자류, 등잔, 회중 거울 등이 대부분이다. 이 밖에 값진 것으로는 놋그릇. 쇠붙이 상자, 기타 자개칠 그릇, 단사, 자수 놓은 견직물 등이다.…집안에 보통 비치한 물건은 긴 담뱃대와 연초함, 화로, 쌀통, 물통, 성냥곽, 돈궤, 물감함이고 양식으로는 쌀, 조, 옥수수, 콩, 완두콩, 잣 등인데 기타 짚신, 천이나 말털 또는 대나무로 만든 모자, 목화이다"

열거한 물품 가운데 등잔과 성냥곽이 박래품이라는 점이 이채롭다. 뿐만 아니라 비숍은 어느 부잣집 방을 차지하고 있는 벨기에산 카펫,

독일산 거울, 프랑스제 벽시계 등의 외제물건을 눈여겨보았다.

한성에서 사대부는 옥인동,궁정동,계동,가회동,제동,사간동,안국동,팔판동,소격동,삼청동,화동 등(속칭 웃대)에 거주했고 상인은 종로일대(속칭 아랫대)에 살았다. 관직에 오른 출세한 양반은 의식주에서 일반인과 다르고, 같은 양반도 벼슬 못한 가난한 양반과 다르다. 이들은 누상동, 누하동, 남산 골짜기, 진고개 같은 곳에 살았다. 이들 과거급제란 재기의 희망을 갖고 살아갈 뿐, 생계가 어려워 여자들이 살림꾸리기에 내재봉內裁縫이나 술과 떡을 만들어 팔아서 살았다. 체면을 차리려니까 내놓고 장사를 못할 지경이라 골목길을 다니면서 "무드렁사려! 배추 드렁 사려!"하는 호객의 구슬픈 목소리가 사라진지 오래다.[2]

종로 거리를 중심으로 아랫대에는 중인과 상인이 많이 살았다. 관수동 부근에는 조정의 하급직, 관리인, 잡과 출신이 살았는데 역관, 의관, 일관日官, 화공畵工 등에 종사했다. 한성은 거대한 소비도시였기 때문에 상인이 많이 살았다. 지금의 종각에서 동대문 쪽으로 조금 가서 육의전이 있었다. 명주, 비단, 모시와 같은 고급 옷감을 팔고 또 금, 은, 동, 옥 등의 귀금속을 취급하는 상점이 모여 있었다. 종각에서 건너 공평동 쪽에는 유기그릇, 호랑이 · 여우 가죽 등 여러 가지 피혁품을 함께 취급한 만물점이 있었다. 이들 상점주는 거상으로 경제적인 실력자들이다. 궁중 세도가나 부유층을 상대로 장사를 하며 관청과 밀착하여 관원의 보호를 받았던 상인들이다. 신분적으로 비록 중인 계급이지만 서사를 두어 관리를 맡겼다. 이들의 의식주는 보통 양반보다 윤택하게 지냈다.

그런데 개항 이후 서민들의 옷감에 큰 변화가 일어났다. 옥양목玉洋

1910년경 종로의 갓전거리로서 개항 전후의 모습을 잘 보여준
다. 학생모자를 쓴 소년들의 모습에서 개항후의 변화 모습을 엿
볼수 있다

木의 대대적인 인기이다. 질이 좋고 대량으로 생산되는 영국제 양목이
들어오자 옥 같은 서양 옷감이라고 해서 '옥양목' 이라고 부르게 된 것
이다. 옥양목이 수입되자 포목점에서 불티나게 팔려 우리의 전통적 목
화 산업이 마비되었다. 장가드는 총각 바지 · 저고리가 옥양목이면 자
랑거리였다. 더구나 조끼와 두루마기를 입으면 멋쟁이 옥양목 신랑이
된다.

　동대문에 있는 배오개 시장은 남대문시장과 함께 한성에서 서민들
이 이용한 가장 큰 시장이
다. 이곳에는 각 지방에서
동대문을 들어오는 곡물 ·
포목 · 과일 · 산채 등을 위
탁받아 팔기도 하고 숙소제
공과 물건을 중개하는 객주
노릇을 했다. 남대문시장은

중인이 살던 지금의 청계천

위의 물품 이외에 마포에서 올라온 소금·새우젓·조기 등이 모여들었다. 한성 근교에는 채소와 과실을 재배하는 곳이 많았는데 왕십리의 미나리, 안암동, 한남동, 수색의 무·배추, 자하문 밖에서 나는 능금·자두·복숭아·감·배 등인데 채소와 과일은 동대문과 남대문시장에서 도매를 하였고 행상들이 받아 팔았다.

그밖에 특별한 상품으로 악기와 대사 때 쓰이는 그릇을 세 주는 가게, 상여 도구와 재기 그릇 빌려주는 가게, 약초상, 곰쓸개·두더지·뱀 등 약용 동물상, 그밖에 분을 만들고, 금은세공을 하고 쇠붙이장식을 만들었던 공쟁이, 수세공들이 살았다. 행상 중에 대표적인 것이 엿장수다. 오늘도 중년층 이상에서는 '…엿장수 마음대로…'가 드물게 대화에 나온다. 이것은 엿을 팔 때 더 주고 싶은 사람에게 더 주고 인색한 마음이 생길 때면 덜 줄 수 있고 같은 양의 엿이라도 길게 늘어뜨리면 더 많이 주는 것처럼 보인다는데 의미가 담겨있다. 여자행상은 방문장사라고 했다. 이들은 바늘·분·머릿기름·빗·비녀·가락지·노리개·실·옷감 같은 것을 보따리에 싸서 부녀자가 거처하는 안채 깊숙이 들어가 판다. 이들은 대개 40대 중인으로, 중매도 하고 바깥세상 소식도 전하고 했다.

경복궁 향원정에 전등 불 켜지다

1887년 우리나라 최초로 궁중에 점등되었는데 건청궁乾淸宮의 전기 점등은 우리나라 문명의 빛이 왔다는 점에서 역사적 의의가 매우 크다. 전등이 가설되기 이전에는 경복궁의 주요한 전각에 주로 오지등五枝燈 또는 칠지등七枝燈과 같은 촛대에 밀초를사용하였다. 따라서 광력도 약하고 그을음과 냄새가 발생하는 등 불편이 컸다. 그러나 구중궁궐九重宮闕 깊이 위치한 건청궁

우리나라 최초의 전기불이 켜진 향언정

향원정 연못에 가설한 7KW급 발전기 증기 기관임으로 시린더 냉각용으로 갱각수가 필요하다. 연못물의 온도가 변하여 물고기가 죽어가, 별명을 증어어(烝魚)라고 불렀다.

등은 휘황찬란한 불빛으로 밤을 밝혔고, 궁인들은 저마다 깜짝 놀라 야단법석을 떨었다. 설비공사를 위하여 1886년 말에 미국 에디슨 전기회사로부터 발전기를 건청궁 향원정 부근에 가설하고 점등했다. 근래에 와서 그 설비의 규모가 어느 정도인지 몇 가지 설이 있는데 7kW급 증기기관 발전기인 듯 하다.

당시 궁내 사람들은 휘황한 빛에 놀라기보다 오히려 기괴하고 공포심에 사로잡혔고, 증기동력의 용수가 향원정 연못에 환류되면서 물고기들의 떼죽음이 일어났다. 또 시운전시 잦은 고장으로 정전이 됨으로 행등이나 촛대들도 그대로 쓰고 있었는데 석탄 비용이나 수리비용 또는 외국인 보수가 막대함으로 언제부터인지 이를 건달불이라고 부르게 되었고, 물고기 떼죽음을 보고 호화스러운 전등이 증어烝魚를 만들었다고 수군대며 증어는 망국의 징조라는 말까지 돌았다. 그 후 전등이 오래 쓰여 열화되고 창덕궁 전화사업 계획에 따라 240마력의 증기설비와 백열등 16촉짜리 2천개를 켤 수 있는 발전설비를 갖춘 제2전등소가 1894년에 증설되었다. 전근대가 근대를 맞는 과정에는 '…증어…건달불…' 란 일화가 어찌 이 뿐이겠나. 러시아 니코라이 2세 즉위

식에 참석한 민영환 특사를 수행한 김득연金得鍊 1등서기관은 서양의 전기불 등 문화설비를 일찌기 접하고 귀국하였지만 전등불을 도깨비불시하여 한동안 석유등잔을 겸용한 일화도 전해진다. 이렇게 하여 경인철도 개통에 의한 발전소 건설을 시작으로, 고종의 아관파천이후 창덕궁에도 점등하였다. 민간에는 일본인 거류지를 시작으로 종로에 점등되었는데, 서울거리 최초의 점등이다. 비록 점등 촉수는 8~16촉에 불과했지만 시민들은 또 한번 천지개벽을 맞게 되어 종전 보다 전기에 대한 부담감이 줄어든 셈이었다.

우리나라 최초의 전선은 1885년 한성~인천 간에 개통되었는데 시설 관리에 애로가 많았다. 논·밭을 가로 질러 함부로 설치된 전봇대와 전기줄은 성가신 것이었고 전봇대로 쓰일 나무의 공출과 이를 세울 부역은 농민들을 괴롭혔다. 1908년경 백 여 개의 우체국이 불났고 77개의 전신주가 파괴되었다. 초기 전신시설은 문명의 이기로서 보급되기보다 외세침략의 발 노릇을 하면서 미움을 사는 존재가 된 것이다. 전화가 개통한 것은 1902년이지만 한동안 사용을 기피하였다. 어떻게 전화통을 들고 더군다나 양반이 남과 대화를 하겠는가, 어른과 얘기를

1899년 전차가 개통되고 동대문 뒤편에 75Kw급 발전소 굴뚝 연기가 보인다.

하는것은 예의에 어긋난다고 생각했다. 이렇게 하여 갈등을 빚으면서 20여년이 지나서야 상공인을 중심으로 정착되기 시작되었는데 1924년 전화 가입자는 951명이었다.

전화가 우리 생활에 익숙해 질 무렵 라디오가 등장하였다. 1924년 시험 방송이 전파를 타고 나갈 무렵 몰려든 인파가 인산인해를 이루었는데 노인들까지 신통한 조화를 구경하려고 몇 시간씩 기다렸다.[3]

전차와 경인선 기차 개통 1898년 12월 청량리와 서대문 사이의 단선궤도에 전차가 개통하였다. 한성전기(주)는 한성시내 전차부설 설계를 해외에 위촉하여 준공시켰는데 동대문 옆에 직류 75Kw, 600V 발전소를 건설하여 운영했다. 1898년 명성황후 사후, 고종황제는 신하들을 거느리고 청량리 홍릉을 빈번하게 찾는다. 비용도 만만치 않았다. 이때 미국인 사업가 콜브란 등이 고종에게 접근하여 전차를 가설하면 행차비용도 절감되고 백성들도 편리하게 이용하게 될 것이라고 설득한다. 솔깃한 고종은 출자액의 절반을 부담하기로 하고 계약을 체결, 전차 부설을 허락한다.

새로운 문명의 이기로써 역사적 개통식이 다음해 시민들의 이목을 끌기 위하여 석가탄신일인 4월 초8일에 거행되었는데 온 시민들이 운집하여 대혼잡을 이루었다. 식장에는 고관, 귀족, 각국 공사, 영사 그리고 민간유지 등 많은 사람들이 초청 받았고, 아름답게 장식된 8대의 전차가 동대문·서대문간을 동서로 주행되자 시민들의 기쁨과 놀라움의 함성은 형용하기 어려울 만큼 절정에 달했다. 전차를 타보려고 생업도 마다하고 한번 타면 내리지 않고 시발점과 종점 사이를 몇 번이나 반복하여 오가는 사람도 있었다. 더구나 전차 개통의 소문으로 지방 사람들까지 전차 시승에 끼어들었다. 거리에 놀러 나온 아이들은 전차 선로 위를 곡예 하듯 걸어보기도 하면서 정신없이 소리 지르면서 광분하여, 달리는 전차가 자주 급정거하기가 일쑤였다. 어이없게도 당시 전차선로는 시민들에게 목침대용으로 인기가 높았다. 한여름 밤에 모기·파리떼가 들끓는 비좁은 방보다는 선로를 베개 삼아 야외에서 잠자기를 즐겼기 때문이다. 그런데 전차가 개통되고 얼마 안 되어 날마다 이어지는 가뭄에 농민의 원성이 높았다. 원인이 전차가 공중의 수기를 흡수한다는 유언비어가 판을 치고 난무하고 있었다, 그때 파고다공원 근처에서 어린이가 전차에 치어 중상을 입고 사망한 사건이 있었는데 격분한 군중들은 전차에 돌을 던져 석유를 뿌려 불을 질렀고, 발전소까지 습격하겠다는 위기를 맞아 긴장감을 조성하였다.

전차의 정원은 40명인데 전향식 개방차 8대, 귀빈용 1대였고, 운전수는 일본인에 차장은 한인, 요금은 구간과 등급에 따라 1전~5전으로 서대문, 종로, 동대문, 청량리 간을 3구로 하고 한동안 정거장 없이 운행하였다. 1900년 4월에는 종로, 남대문, 용산까지 증설 개통하였다. 이로서 개방객차와 화차를 대폭 증가시켰다.

조선왕조 건국 이래 조석으로 대문을 열고 닫던 행사는 전차 개통과 함께 종지부를 찍게 되었고, 문명의 이기 출현으로 보신각종은 말 없이 멈추었다. 그 자리에는 편리한 '시계'가 대신하여 시민들에게 어디에서나 시간을 알게 하였다. 종전 4대문 교통은 전차나 한성~인천 간의 철도가 개통되기 이전에는 지방에서 올라올 때, 소등에 짐을 싣고 말을 타거나 걸어서 출입하였다. 이른 아침 남대문에 모여든 말은 수 백 마리나 되었고, 아침 개문을 기다리는 군중들은 새벽부터 앞다투어 2시간 전이면 운집하였다. 일단 시간이 되어 사대문을 열게 되면 북새통을 방불케 하고 소, 말, 사람, 화물이 뒤범벅이 되어 밀리고, 끌려 들어갔다. 사대문 개방이 근대와 전근대가 판정의 한판 승패를 경험한 꼴이다. 개통 초기에는 선로가 단선單線이어서 좁은 성문을 전차가 간신히 통과하고 화물차에 짐이 실렸었다. 교통량이 증가하면서 성문에 인접한 성벽이 헐리면서 한성의 관문 소통상태가 크게 좋아졌다.

어느 은퇴한 벼슬아치(인경 치는 책임자)의 감회感懷의 말이다.

"초갱삼점(初更三點)이 될때 세상사람들이 인경을 친다하고 엉망장안에 내왕하던 사람들이 꼼짝달싹을 못하는 사대문을 딱딱거리고 다녀서 나는새, 기는짐승까지도 출입을 마음대로 못하며… 새벽으로 오갱오점(五更三點) 파루(罷漏)를 친다고 사대문이 일시에 열리고 고요한 천지가 별안간 번쩍번쩍하야 천병만마가 들끓으며 각관청의 관리며 각색 장사붙이 시골선배, 서울양반, 별의별 사람이 다 왔다갔다하고 나팔소리, 말소리, 수레소리, 장사꾼소리에 귀가 아팠습니다"

은퇴한 벼슬아치의 실직을 한탄하는 분통의 목소리에 귀가 쏠린다.

이어서 그는 과거를 회상하면서 세월이 무상함을 신세타령 해 본다.

"지금의 서울은 밤낮으로 사대문을 열어 놓고 성까지 다 헐어 버렸기 때문에 세계만국의 어느 나라 삶을 코 큰놈, 꼬리 달린 놈, 찌계바리 놈, 다 저희 마음대로 무상시로 자유출입을 하고 또 오정이면 대포나 기적으로 일반에게 시간을 가르쳐주며, 집집마다 시계가 다 있으니까 나도 별로 필요가 없게 되어서…"≪『별건곤』1929.11≫

경인선 개통 당시의 증기기관차

한성~인천까지 경인선 철도는 1900년 7월5일 난공사難工事의 한강 철교 준공을 끝냈다. 드디어 같은 날 오후 노량진 역두에서 역사적인 개통식을 준비하고 남대문역을 출발하는 특별열차에 정부와 귀빈을 태우고 현지에 참가하였다. 장장 경인간 26마일 거리를 종전 육로 12시간, 수로 8시간 걸리는 한성~인천의 교통을 겨우 1시간으로 단축시켰던 조선의 교통사상 변혁을 일으킨 일대 역사役事이다. 개통당시의 정거장은 경성역 (서대문밖에 있었음), 남대문역을 시작으로 용산, 노량진, 영등포, 오류동, 소사, 부평, 우각동, 뉴현杻峴, 인천 11곳이었다. 기차 여객운임은 1등이 1원50전, 2등이 80전, 3등 40전에 불과했으나 한인들은 여객이나 화물은 종전 습관대로 주운舟運에만 의지하여 열차의 운행이 하루 두번 왕복에 지나지 않았다. 그 후 점차 철도의 편리성이 한강의 동절 결빙, 해빙, 여름의 수해 등을 고려하여 이해가 되기에 철도이용객이 증가하게 된 것이다. 그 옛날 개화의 선각자 Y씨, S씨들이 미국에 가서 처음으로 기차와 전차를 타보고 감탄에 앞서 틀림없이 어리둥절했을 것이다.

외국에 나간 그들은 '…기차가 컴컴한 터널 속을 석탄가루 날리면서, 굉음을 내고… 놀라움과 함성 절규, 그리고 희열의 반복 …수목이 보이는 끝도 없는 광야를 창밖으로 내다보는 풍경…'을 체험하면서 천지개벽 속에서 필경 공포, 흥분, 경악, 감탄 등 뒤섞인 불안 속에서 진땀을 흘렸을 것으로 짐작해본다. 100 여년이 지난 경인선 철도 개통의 시대상도 비슷했음을 다음 글에서 음미해 보자.

"철도는 증기와 기계의 힘으로 여객과 화물을 장차(裝車)하야 육상을 쾌주할것이니 경인철도는 경성과 인천사이 80리간에…경성에서 마포 용산에 가고오는 시간이 있으면 인천에 왕래함이 넉넉하고 그비도 불과 기분(幾分)이니…유리창 바람을 막고 교자는 안좌(安座)에 편하고 대소변까지 별방을…
유유히 안좌하야 사방광경을 보면서 담소지간(談笑之間)에 기도인항(旣到仁
港)하리라.…노량철교 연장삼천척(延長三千尺)맛치 장홍횡공(長虹橫空)이니
가장홍횡대공(駕長虹橫大空)은 인생의 쾌사라. 동작양화(銅雀楊花)의 벽류
(碧流)는… 부평즉(富平則)만경평야는 맥수(麥秀)를 가(歌)할만하고…일일중
상무꼿친 후에 석간승차(夕間乘車)하면 중로에 포심풍광(飽深風光)하고 장안
미주남산청송(長安美酒南山靑松)에 취하고 연이 환가정면(還家靜眠)함이라"

≪『조선철도40년略史』,1940년에서≫

위 글 일부를 풀이 해보면

＊한강철교가 3천자이나 되만큼 길어, 흡사 긴 무지개가 옆으로 누운듯하여
가마타고 무지개에 기대어 허허 공간을 여행하듯 인생의 멋이로다. 동작·양화의
푸른 물의 흐름은……

＊부평 들판의 보리가 풍작이라 절로 즐겨 노래가 나올 듯하고, 하루의 업무
를 마쳐 저녁 귀가하는 기차 안에서, 중간에 군것질로 배불리 먹으면서 창밖 경
치가 황홀해 반한다. ……바로 집에 돌아와 숙면한다네.

이처럼 철도가 개통된 후 얼마 안 되어 당국의 광고문에서 구구 절
절 편리성, 경제성, 신속성 그리고 창밖에 전개된 아름다운 경관까지
선전하고 있다. 그 옛날에 서울~인천 여정은 마포 나루를 배로 건너,
걸어서 보통 12시간 걸렸다. 철도개통 후 기차를 타면 인천에 가 용무
를 보고 저녁이면 서울 집으로 편안히 올 수 있던 하루 생활권이 틀림
없다. 게다가 현대판 호화관광을 외국의 명승지나 즐기는 미사어구이
다. 역사의 시계바늘을 거꾸로 돌린다면 당시 사람들 오감에는 당연했
을 것이다. 필자가 유년기 소사에 살아보아 긍정이 가는 얘기다. 지금
의 부천시는 면 규모의 소사역 부근 인구 5천이 될까 말까했던 복숭아

로 유명하고, 소사면素砂面 남쪽은 끝이 안보이는 광활한 김포평야였다. 이것은 김제 만경평야와 평택평야 다음가는 규모였다. 오류동역 부근은 초가집 몇 채 없던 촌락이고 오릿꼴 청참으로 이름났었다. 아마도 경인간을 매일같이 볼일 보고 여유만만하게 풍류를 즐길 사람이 몇이나 되었을까. 그래서 손님이 없었겠지. 필자가 태어나기 전 30년 얘긴데 그럴 상 싶다.

그 후 경부선은 1905년에, 경의선은 다음해에, 경원선과 호남선은 1914년에 개통하였다. 조선의 철도는 식민지형 사례로, 일본군용과 수탈한 자원을 일본으로 실어 날랐다. 우리나라에 처음으로 자동차가 도입된 것은 1903년 왕궁에 미국에서 1대를 들여오면서 시작되었다. 1910년대 초 민간인이 자동차를 타 볼 생각은 꿈에도 못 하고 일부 부유층에서만 인력거를 갖고 있었는데 서울에 인력거 158대, 자전거 11대가 있었다. 자동차 영업이 막 시작되고 조랑말과 인력거로 구성된 역마차도 시내에 등장하여 시민에게 개방되었다. 당시 포드 T형, 자동차가 인기가 있었고 와이샤쓰에 넥타이를 맨 운전수는 인기가 높았다. 세월이 흘러 20세기 후반 서울은 국제도시로 웅비하면서, 시가지를 '땡땡' 거리던 전차도 '칙칙 폭폭' 우렁찬 기적의 기차도 그 옛 모습이 추억 속에 사라져 갔다. 1968년 11월 29일 70년 세월동안 시민들의 발이고, 시가지의 중추 교통기관이었던 전차는 운행을 종식하고 말았다.

한강 나루의 종식　　조선시대에 한강을 둘러싼 수운水運을 보면 마포·양화·노량·용산·뚝섬 등 여러 곳에 나루가 있었다.(5강이라고 한다) 그 중에서 마포는 세곡미를 운송하는 조운漕運을 중심으로 내륙과 서울의 일용품 교역의 중심지였다. 그 중에 마포나루는 서울의 관문으로 문물의 집산지로 개항이후 철도가 개설되기 이전까지 성시를 이루었다.

이곳에서 공급되는 물품은 전국으로 퍼져나갔다. 상인(특히 경공상인) 들은 서울외곽에 자리 잡고 정부 세곡을 운반하였는데, 그 외에 서울 시전의 판매권을 독점하여 한때 원성을 받게되어 빈민들의 쌀 소동이 일어났다. 마포는 육지에서 생산되는 물건과 바다에서 나오는 물품을 교환하여 판매하였는데 수 백 척의 거룻배가 드나들어 성시를 이루고 있었다. 그래서 이곳은 객주·여각 이외에 보부상이 수시로 수백명이 모여 들어 먹고, 마시고, 숙박도 하였다. 1890년 세곡미는 250여 척의 배로 인천에 집하되어 다시 화륜선이나 한선韓船에 옮겨 실어 마포와 서강 등 창고에 이송되었다. 오랫동안 마포에서 교역된 것은 주로 소금이나 새우젓이 대부분이고 건어물 등이 주류를 이루었다. 김장이나 장을 담구기 위해서는 꼭 필요한 물품임으로 빼놓을 수 없었다. 마포에서 내륙지방으로 향하는 배는 여주, 충주를 거쳐 깊숙이 영월(삼수)까지 거슬러 올라간다. 그곳에서 콩, 보리, 깨, 그 외에 토산물을 싣고 올라 온 뱃길을 다시 내려가 충주를 거쳐 마포(삼개)로 돌아온다. 서해안을 따라 들어온 태돈미(한선의 고유통칭)는 남양 소래의 소금이나 태안 서천의 새우젓을 가득 싣고 삼개에 이른다. 이들 두 배가 삼개에 들어오면 거간꾼들이 우우 모여들

마포의 유래는 삼개고개에서 비롯되었다. 보부상과 객주들의 생활터로 붐볐다.세월이 흘러 그후 마포하면 조깃배와 새우젓의 집하지로 알려졌다.

107

고, 등짐, 봇짐장사들의 눈이 번득해진다. 이렇게 되면 손짓발짓 동원하여 흥정이 이어진다. 단도리(한선의 고유 통칭)는 짐을 가득 싣고 충주에서 짐을 풀고 술과 계집에 흥탕만탕 놀고 종착지 영월(삼소)에 도착한다. 여기서도 한바탕 징이 울려 거간꾼과 등짐꾼들이 모여든다. 새우젓 맛을 찍어먹어 보고 한웅 큼 소금을 집어 빛깔을 본다.

개항이 되면서 서서히 마포에 변화가 나타났다. 교역의 대상에 석유, 옷감 그리고 구리무가 등장했다. 1884년경 인천 앞바다에 수 천 톤급 기선, 이운호, 창용호 등이 입항하고 경인철도가 개통하면서 양품의 수입품, 당시 유행어인 박래품(수입된 양품)이 들어왔는데 그 종류만 해도 수 백 종이나 되었다.거의 전부가 영국, 미국, 독일, 프랑스, 일본 제품으로 화장품, 옥양목, 구두, 모피, 양복, 유성기 등 다양했다. 그 뒤로부터 마포는 시민에게 조기, 새우젓, 소금을 공급하는 작은 포구로 변신되고 말았다. …세월이 흘러 오늘날 서울은 국제적 도시로 비약되어 마포는 전통적인 포구 모습을 상실하고 여의도와 더불어 서울의 역사적 명소로 자리 잡고있다.

---

1) 『개화기의 경제·사회상』통계청,1994,15~17쪽.
2) 가난한 양반은 양반이란 신분과 실제상황이 맞지 않는 상태에서 나름대로의 적응방법을 찾아 애쓴 것 같다. 양반의 상은 의식주 문제에 신경 쓰지 않고 오직 학문만 열심히 닦아야하는데 실제 생활은 수입이 없기 때문에 생활이 어렵다. '두부나 비지 사시오' 라는 존대말도 분명히 하지 않고 반벙어리와 같이 얼버무려 어물어물하게 외쳤다.
3) 정인경, 『100년 동안 어떻게 살았을까』,역사비평사,1998,19~23쪽.

9.상투 자르고, 흑의입고, 권련 피우고

이 현 희

손 병희 선생은 개화·독립 운동가로써 근대화를 위한 계몽·혁신에 적극 참여했다. 단발령 이후 상투를 자르고 흑의(흰옷을 염색한 검은 옷)를 입고 생활간소화에 앞장 서서 실천하였다. 이에 동학교도들도 적극 동참했다. 일찌기 그는 일본에 머물면서 개화문명을 체험하고 후배 양성에도 힘썼다. 1920년대에 들어 염색공장이 전국적으로 확산되면서 여러 가지 색깔의 옷감이 나왔다.

일본에서 느낀 명치유신의 환상　　의암義菴 손병희는 1861년 4월 8일 충청북도 청원에서 손두홍의 서자로 태어났다. 그는 서자였기 때문에 주위로부터 멸시를 당하며 10대를 보내고 22세 때인 1882년 '사람은 모두 하늘처럼 귀하다'라는 동학의 교리에 심취, 동학에 입교후 학문연구에 몰두 3년 만에 교주 최시형 선생을 만나 그의 제자가 되었다. 당시 조선 정부는 부정부패가 극심하고, 사회 또한 혼란하여 국력이 날로 쇠퇴해지고 외세의 침략이 잦아 민중의 원성이 극에 달했다. 그리하여 마침내 1894년 전라도 고부에서 동학 혁명이 일어나자 손병희는 동학군의 총 지휘관이 되었다. 그는 충청도 동학군 10만명을 이끌고 녹두장군으로 잘 알려진 전봉준과 힘을 합쳐 관군과 싸워 크게 이겼다.

동학의 제2세 교조 해월 최시형이 순도한 이후 손병희는 제3세 교조로서 대통을 이어 동학을 재건하고자 진력하였다. 하지만 당시 동학을 혹세무민의 사교로 규정한 정부관헌의 극심한 탄압으로 국내에서의 교세확장은 쉽지 않았다. 이에 의암은 장래 동학의 발전을 꾀하고 세계문명의 흐름을 파악하고자 손병흠, 이용구 등과 함께 미국으로 망명하고자 계획하였다. 그러나 사정이 여의치 못하여 중국에 잠시 머물다가 일본으로 가 체류하였다. 이때 의암은 자신의 이름을 이상헌이라 바꾼 뒤 당시 일본에 망명해 있던 권동진, 오세창, 조희연, 박영효 등과 교유하면서 동학재건을 위한 준비를 추진하는 한편, 일본의 근대화를 직접 목격하고 국내의 상황과 비교하여 근대개혁의 필요성을 절실히 인식하게 되었다. 이에 의암은 동학 교도의 자제 등 청년들을 선발하여 1902년 3월에 24명, 1904년 3월에 40명 등 모두 64명을 일본에 유학시켰다. 그것은 새로운 세대로 하여금 새로운 세계문명을 접하게 하여 동학의 발전과 부강한 자주독립국가의 인적 기반을 마련하기 위함이었다. 그리고 동학 지도자들을 도쿄로 초청하여 지금이 보국안민과 포덕천하, 광제창생의 방책을 세울 적절한 시기임을 강조하면서 다음과 같은 3책의 방략을 제시하였다.

- 대거 혁명을 일으켜 외세를 배격하는 일
- 정부를 과감히 개혁 편제하여 혁신적인 새 정부를 수립하는 일
- 러 · 일전쟁에 관여하여 그 우승을 보아 얻음이 가한 일

이 중 당시 가장 실질적이고 현실적이었던 것은 3항으로 판단하였

다. 그것은 1903년에 이르러 러·일간에 한국침략을 위한 전운이 감돌자 의암은 전쟁이 일어날 것이라 확신하고 동양의 장래를 전망하였다. 만약 한국을 침략할 전쟁이 일어나면 어느 국가가 승리하든지 위기에 처한 한국은 승리하는 측의 침략을 받아 예속될 것이므로 좌시할 수만은 없다고 정세를 분석하였다. 그는 보국안민의 국가적 보위책을 세워 양국간의 침략전쟁에서 승리하는 편을 응시해서 패배하는 국가를 공격, 응징함으로서 전승국의 위치를 차지하여 국가발전의 대계를 세우는 방법이 국제간의 분쟁이나 침략전쟁에서 살아남을 수 있는 첩경이라고 생각하였다. 그는 러일전쟁에서 일본이 승리하고 러시아가 패배할 것이라는 판단하에 러시아에 선전포고하되 일본과 동맹을 체결하여 공동으로 출병하고 전쟁에서 승리한 뒤 강화조약에 참여하려는 계획을 세웠다.

그러나 당시 대한제국 정부에는 친러파가 요직의 대부분을 차지하고 있어 한국이 러시아에 선전포고를 하고 한국의 주체적 입장을 명백히 부각시킨다는 것은 실현성이 적은 것이었다.그리하여 의암은 우선 국내 친러파 정권을 타도하고자 방략을 세웠는데, 동학교도들이 상인으로 가장하여 우리나라 각 항구로 상륙하는 일본군과 합세하여 서울을 공격한다는 것이었다. 그리고 이러한 국내외적인 위기가 겹치고 있을 때일수록 한국이 지혜롭게 살아남을 수 있는 방도는 정부를 개혁하고 기구의 신진대사를 촉진시킴과 동시에 국민의식의 일대혁신과 신생활운동을 통해 자체 실력을 양성하는 한편 국민의식 수준을 향상시키는 것이라 판단하였다. 그러나 1903년 8월 3일 동생인 손병흠이 부산에서 급사하고 의암의 계획에 동조하였던 일본군 참모장 다무라가 동년 8월 5일 원인 모르게 사망함으로서 그의 계획이 수포로 돌아가고 말았다. 이에 의암은 실망을 금치 못하였으나 정부에 다시 국정개혁에 관한 건의서를 보냈다. 1894년 갑오개혁 이래 개화운동을 적극적으로 전개하여 보국안민할 것과 그것을 통한 근대국가로의 발전을 꾀할 것을 제창하고 있었는데, 이것이 바로 의암의 『삼전론』이다. 이는 의암이 일본에서 체류하는 동안 얻은 명치유신의 풍부한 경험과 견문을 토대로 하여 체계화된 개화사상과 일본의 근대화에 자극받은 결과라 하겠다.

그러나 이는 요언이라고 외면당하자 일본에 머무르며 민족적인 숙원이며 국가발전의 지름길이 된다고 믿었던 개혁혁신운동을 구상, 실천에 옮기게 되었다. 하지만 이 개혁구상과 실천은 제대로 알려지지 않았을 뿐 아니라 일부는 친일적인 언행으로까지 오인되기까지 하였다. 또 동학교도가 중심이 된 진보회 회원 다수가 일시에 단발을 단행하고 개화적 분위기를 성숙시켜 가자 이것이 오히려 정부로부터 이단시되어 혁신운동에 대한 긍정적인 반응을 불러 일으키지 못하였다.

그리고 당시 군권이 통치이념과 방법으로 절대시되던 시기에 전국 360여 군에 민회를 설치하고 민권, 민주이념을 전개, 고취시킨 것은 초시대적 선진의식이었기에 원만히 수용되기에는 힘들었다. 이와 함께 1904년 8월말을 전후한 시기는 러·일전쟁이 임박하여 우리나라를 심각하게 위협하고 있었기에 시기적으로 관민이 모두 혁신문제에 관심을 가지기에는 역부족이었다. 더우기 당시 동학교도는 탄압과 박해로 인해 해산위기에 처한 상황에서 혁신운동을 전개하겠다고 주장한 것은 설득력이 약할 수밖에 없었다. 따라서 의암의 선진적 개혁을 의도한 혁신정책의 추진이 긍정적인 의미로 수용되기에는 시대적 여건상 매우 힘들었던 것이다.

인재양성의 실천   의암은 일본에서 5년 여 동안 체류하면서 도쿄를 비롯하여 정치, 경제, 사회, 문화적으로 당시 가장 발전한 도시와 농촌지역을 돌아다니면서 우리나라의 실정과 비교하며 혁신의 방향을 검토 구상하였다.

그가 개화된 일본에 와서 견문한 결과, 무엇보다도 시급하고 절실하다고 판단한 것은 장차 한국의 개화와 혁신운동을 이끌어 나갈 수 있는 중추적 인재를 육성하는 문제였다. 이에 먼저 근대화된 일본으로 한국청년들을 유학시켜 선진적인 문물을 견문, 학습케 하는 인재육성책을 서둘렀다. 이때 유학에 필요한 자금은 동학교도들의 성금으로 충당하였다. 당시 유학생 중에는 이광수, 정광조, 이종경, 김승운, 황석교, 이관영, 최창조, 장경락, 서윤경, 백종합 등이 포함되어 있었다.

의암은 한국도 하루 빨리 급변하는 세계사조에 부응하기 위하여 부강한 독립국가의 기틀을 마련할 대망을 품고 이같은 인재육성책을 몸소 실천에 옮긴 것이다. 그리고 그가 인재육성책과 함께 구상한 것은 구시대의 의식구조 속에서 벗어나지 못하는 대부분의 한국민들에게 보다 선진적인 의식개혁을 실천에 옮길 수 있도록 지도해야 하겠다는

우금치 전적비

의암 손병희 선생

확고한 이상이 있었다. 정신개혁운동을 제창한 것이다.

그는 이러한 국민들의 개화의식 견지를 토대로 자주독립의 기반을 구축하고 외세도전에 효율적으로 응전, 대처케 하려한 것이다. 또한 이를 한국 정부에서도 솔선수범하여 전개해 나갈 것을 권유하기 위하여 1904년 3월 정대신에게 개화를 통한 혁신운동을 주도하도록 간절하게 건의문을 보내기도 하였다. 이러한 건의문은 당시 서구세력의 위협적이고 침략적인 의도에 직면하여 주인노릇을 하지 못하는 역사의 현장을 누구 보다도 정확하게 인식하여 개척하고자 한 그의 애국의지를 극명하게 표출한 것이라 하겠다.

즉 1904년 3월에는 이미 우리나라에서 러시아와 일본이 한국과 동삼성의 침략문제로 전쟁을 일으킨 지 1개월쯤 되었던 때였으므로 침략세력의 전쟁상태로 인해 국내외정세가 너무나 유동적인 시기였다. 이에 한국정부는 침략적 도전에 따른 혼란으로 주체적 입지를 확고히 하지 못한 채 러시아, 일본, 청 등 외세에 밀리거나 끌려다니는 형세를 띠고 있었다.

따라서 이러한 급박한 국내외 정세를 감안하여 우리 민족이 살아남을 수 있는 유일한 길은 우리 스스로가 자강하여 국력을 키움으로 지속적으로 강대국에 대항해 나가는 것이 최선의 방법이라고 믿고 개화혁신운동을 일으켰던 것이다. 이를 위해 의암은 일본에 머물면서 다각적으로 근대 선진문물의 유효성과 당위성을 체득하고자 하였고, 그러한 경험을 토대로 국내의 동학교문을 통하여 1904년 갑진개화혁신운동을 주도적으로 전개토록 하였다. 그가 삼전론이라는 저술을 국내에 보낸 것도 그러한 혁신운동을 전개하기 위한 구체적인 신념의 일단을 보여준 것이라 하겠다. 이는 해외에 유학갈 기회를 얻지 못한 교인들에게 실학의 개념과 현대를 지혜롭게 살아가는 구국적 방안을 선택할 수 있도록 지도, 유도함으로써 당시 개화혁신운동의 필요성과 그 진정한 의미가 무엇인가를 판단하도록 하였다.

단발·흑의 등의 신생활운동 　　의암의 갑진개화혁신운동은 1904년 음력 8월 30일을 기해 진보회를 중심으로 연인원 10여 만명의 동학교도가 참가하여 서울에서부터 전국적으로 일제히 개시되었다. 동학교도 16만명이 하루에 일제히 단발하고 흰옷을 검은 옷으로 염색, 착용함으로써 4대강령의 실천을 단계적으로 촉구, 실천하기에 이르렀다. 이처럼 단발흑의를 통해 혁신의 분위기를 조성한 동학교도들은 전국적으로 일어나 정부의 개혁과 국정쇄신을 절규하며 개화혁신운동을 외부적으로 전개하였다.

각지를 왕래하며 혁신운동의 분위기를 주도하였던 진보회원들은 모두 단발하고, 흑의로 고쳐 입고 자신들이 문명화된 개화인임을 분명하게 밝힘과 동시에 다수 군중 앞에서 계몽연설을 전개하기도 하였다. 이 자리에서 그들은 단발의 장점이 무엇이며, 위생상 이로움이 어떤 것인가를 구체적으로 지적하기도 하였다. 즉 세계의 문명인은 단발과 양복으로 문명의 편리함을 최대한 활용한다고 선전하여 이제까지 고정된 일반민중들의 통속관념을 흔들리게 하였다. 재래의 거추장스럽고 비경제적이며 일상생활에서의 활동에 지장을 주는 흰옷의 한복차림을 간편하게 활동복으로 개량함은 곧 국제화시대에 대처할 현대인의 책무라고 강조하였다. 이에 동학교도들은 경제적인 개량복이나 개화경(안경), 개화장(단장)을 짚고 권련(담배)을 피우기도 하는 등 경향 각지의 벽지, 낙도까지를 돌아다니면서 의식개혁과 실천을 선전하였던 것이다.

그러나 이러한 활동은 당시 유교적인 도덕관념에 따라 저항하는 일이 비일비재하였다. 그리하여 국왕의 권한으로 단발령이 내려졌음에도 불구하고 단발령이 철회되었던 일도 있었다. 그런 점에서 당시 동학교도의 일제 단발과 흑의착용은 매우 놀라운 사실이라 하겠다. 전통적으로 백의민족을 자처해 온 관습에서 갑오개혁 이후부터 법으로 흰옷 입기를 금지시켰지만 다시 소생되는 사회분위기 속에 교도들이 근대화 사조에 호응하여 앞장서서 실천했음은 높이 평가할 대목이다. 사실은 물감을 들여 색의를 입도록 장려하여 왔던 시기지만 교도들의 솔선수범은 그들의 의식개혁에 의한 신앙적 용기라 할 것이다. 어떤 사람은 면내의를 양복 겉옷인 줄 알고 이것만 걸쳐 입고 백주에 활보하였던 일화는 당시 진보회원들의 혁신운동의 열의와 집념, 의지가 어떠했는가 긍정적으로 평가해 볼 수 있는 대목이라 하겠다. 또한 근검절약, 전답매매 혁파, 한 가구 한 예금통장 갖기 등 신생활운동을 제창하였다.

이러한 개화혁신운동은 전국 각지에서 일반 국민에게도 참여할 것을 권유하며 적극적으로 전개되었다. 그러나 이에 대한 소문이 돌자 정부 당국은 당황하였고, 당시 한국에 와 있던 외국 선교사들도 한국민의 의식수준이 개화되지 못하였다고 보았는데, 전국적인 규모로 민회를 열고 민주, 민권, 민족을 주창함과 동시에 동학교도 16만 명이 일시에 단발을 하였다는 사실에 놀라워하였다. 정부가 이러한 혁신운동을 저지하기도 하였으나 의암의 개화혁신운동의 제창과 계획을 철저하게 교단적 차원에서 실천함으로서 100만 동학교도들을 감동시키기도 하였다.

이처럼 의암의 개화혁신운동은 민중적인 선진의식을 통한 개혁을 유도하였으며, 무능함과 우유부단함속에서 무사안일만을 추구하던 당시 정부 당국자들에게 반성하고 비판할 수 있는 계기를 만들어 주었다고 하겠다. 또 당시 유교적인 수구사상에 젖어 있었던 유생선비들에게 새로운 개화문명의식으로의 전환을 가져오게 하는 계기를 마련해 주었으며, 외세의 도전에 어떻게 대처해야 현명한가 하는 과제도 제시해 주었다고 하겠다. 따라서 갑진개화혁신운동은 근대사에 있어 우리의 정신 문화사적인 신기운을 불러일으키고 민족발전의 정통성을 맥락지었다고 평가할 수 있다.

당초 1896년 정부는 '단발령'을 선포하고 고종 스스로 머리를 잘랐다. 갑오개혁의 급속한 바람에 백성은 바로 견디지 못하게 되어서 강원도를 필두로 항의와 불만으로 전국적인 소동이 일어났다. 우선 서울에 상경하여 성문을 출입하는 자는 관원들이 모조리 상투를 자르고, 성문 안에서는 집집마다 찾아다니면서 단발을 단행했다. 대대로 내려온 조상에 대한 유풍이라면서 강력하게 반발한 것은 당연한 것이다. 그로 인해 동대문과 남대문 시장이 한때 손님이 없어 불항을 맞게 되기도 했다. 다행히 갑진개화혁신운동과 당국의 설득으로 단발과 흑의에 대한 소동은 1910년대에 가서야 진정되는 기미를 보였다. 점차 이발소가 늘어났는데 한때는 이발사의 손이 모자랄 정도가 되기도 하였다. 한편 1905~6년에 가서는 시중에 검정색 염료가 대대적으로 신문지상에 선전광고 된 것으로 보아 개화혁신의 계몽이 뿌리내려지기 시작한 것 같다.그리하여 거리에는 양복이나 흑의에 모자 쓴 신사의 활보하는 모습이 자주 보였던 것 같다. 이 무렵 염색소와 이발소는 많은 사람들이 드나들었다.

10. 최초의 해외 첨단과학을 강연하고
절규한 애국 학술대회

조 명 제

한일합방을 앞둔 일제통감부시절 나라장래를 걱정하는 절규와 열망의 목소리가 학술대회 현장을 숙연하게 했다. 나이 갓 스물의 공업전습소 재학생이 발표한 세미나에서이다. 그는 "…동포 여러분! 30년이나 폐쇄된 울타리 안에 외국과 교섭이 없어서…윤선(기선), 철궤(기차)와 전화 같은 각종 서양 기계류를 전혀 보지 못하고 그동안 성냥 한 개비 만드는 자가 없고…" 했다. 이 학생들은 청년 애국 학술단체를 만들고 적극 계몽활동에 나섰다. 그들이 자비로 발간한 잡지 「공업계」에는 비누, 염료 등 제조법에서부터 물질의 원소 이름, 분자·원자의 말이 나온다.

청년학도가 주관한 애국 학술단체「공업연구회」　1908년 9월 7일 관립공업전습소[1] 재학생들이 주축이 되어「공업연구회」라는 학술단체를 창설하였다. 같은 해 10월 18일자 사설의 주제 「공업전습소」에서 "…일반 학생 모두가 불철주야 열심히 수업하여…공업연구회를 조직하고 한 달에 두 번씩 야간에 모여 상호 토론 지식을 교환하고, 일반 방청자까지 강연과 실습을 통하여 공업의 뜻하는 바를 인식시켜 각자 매달 50전을 출연하여 잡지를 발간하고, 일반 국민에게 공업의 지식을 전달케 하기로 의결하였다고 하니…나라 부강의 기초가 공업의 발달임은 말할 것도 없다. 국민 동포여 30~40년이나 폐쇄된 울타리 생활 속에 외국과 교섭이 없어서…윤선輪船 철궤鐵軌와 전선, 전화 그리고 철갑鐵甲거함巨艦과 같은 각종 제조품도 전연 보지 못하여…그동안 성냥 한 개비도 만드는 자가 없고…" 하고 "…금일 공업전습소의 발전은 실업계에 새로운 희망을 주고 있으니 우리 동포는 이와 같은 실상을 절감하고 상상력과 경쟁심을 분발하여 각종 공업의 연구와 진취를…국력을 부강케 하는 목표에 도달하게 되기를 축원하노라" 하였다. 공업연구회 출범은 이와 같은 비상시국 하에 획기적이고 구국적인 응급조치로서 우리나라 역사상 최초의 이공계 연구 단체였다.

제1기 박찬익朴贊翊[2] 제2기, 3기 학생들이 중심이 되어 결성한 공업연구회는 그 취지문에서 "…공학을 연구 토론하고 강연하면서 정보교류는 물론 일반인들에게 공업지식 습득에 일조가 되고자 한다"라고 밝히면서 연구 교류 단체로써의 성격을 분명하게 하였다. 연구 발표는 매달 두 차례 하기로 하고 월 1회 회보「공업계」를 발간하였다. 이 모임의 기초위원은 이용춘, 고희철, 박승익, 최익진 등 금공(기계), 토목, 도기, 응용화학, 염직과 2,3기 재학생들이고 초대회장에 박찬익이 취임했다. 이 모임에 활약했던 사람들은 고작 스무살 정도의 젊은 공학도들이었지만 조국의 현실을 개탄하면서 공업입국의 기치를 내걸고 연구·계몽운동에 앞장서 분발하였다. 본 연구회를 도운 후원회에는 당시 사회 각층의 많은 애국계몽 유지들이 적극적으로 참여하였는데 유길준, 안창호, 장지연, 신채호, 지석영, 이상재, 오세창, 김규식, 최남선, 노백린… 등 160여명이나 되었다. 이처럼 연구회에 대한 사회적 관심은 대단했으며, 그들의 학문에 대한 저력이나 전문지식이 틀림없이 출중 하였을 것이다. 회원들은 『공업계』 발행에 충당할 비용으로 의연금 50전씩 납부하기로 했다.

세미나의 이색적인 발표내용[3]　제1회 학술강연회 주제와 발표자 몇 가지를 소개하면 다음과 같다.

강연주제 : 염직개론, 직물원료의 종류 · 성질 · 제법, 색채의 이론과 염료의 혼합법, 도기개론, 자기제조법. 응용화학개론, 화학총론, 비누총론, 물리학총론, 금공개론, 금공제료, 목공개론, 목제방식법, 토목개론, 측량술의 필요성.

발표자 : 윤정섭, 임항제, 박찬익, 최익진, 김인섭, 이필하, 정해설, 김연필, 박영진, 김원석, 이기호, 박승진, 한석우 등(공업전습소 재학생)

1908년 12월에 창간된 우리나라 최초의 학술지 『공업계』로서 관립상공학교 재학중 사비를 들여 출판한 것임

이들 중 금공과 2학년생 김연필은 구국의 차원에서 우리 기계공업을 걱정하면서도 희망을 갖자고하면서 의욕과 정열적인 내용을 발표했다. 그 중 다음의 구절은 우리를 지금도 감동시킨다.

≪…우리가 만든 금공품이 아시아에서 수려하고 구라파에서 우미하면 사러 올 자가 나날이, 다달이 증가하여 수출품이 년년세세 배가하면 반도강산에 금공나무 가지 꽃이 아시아에 빛나고, 구라파에 붉히니 여러나라에 몰아

내면 금공이 아국에 어떠한 영광이 있을까. 금공공장에 기적소리가 한번 우렁치면 부강의 소리가 치닫고 차륜의 축이 한 번 돌아가면 문명의 기초가 튼튼해 지니 이렇게 보면 금공의 중요함이 다른 이론을 기대하지 않아도 명료하다.…≫

그의 절규는 당시 얼마나 급박했던가 일제 통감부시절의 사회상을 반영하고 있다.

• 응용화학개론

본 주제강연 내용을 간추려 아래에 인용한다.

"우리가 수요로 하는 천태만상의 물품은 천연물질 즉 동식물, 광물 등에 인공을 가하여 유용한 물건을 만드는데 화학기술을 응용치 아니하여 그 범위가 매우 광대하여 하나하나 열거하기 어렵지만 그 대강을 말하면 동물의 지방을 추출하여 비누, 양초 등을 만들고 골질骨質을 취하여 골탄, 아교, 비료 등을 만들고 표피는 제혁製革에 공급함. 식물을 이용하여 목탄, 소오다. 설탕, 전분, 주정, 종이 등을 만들고 광물을 분석하여 여러 가지 금속을 얻어내고…공업의 구분은 여러 가지 있으나 그 중 응용화학이 요소됨을 알 수 있다. 현금 여러 나라가 부강함은 화학발달이 전진함에 있으며 우리가 뒤떨어지고 있음은 화학공업의 견문이 좁고 사리에 어두운 까닭이라고 말할 수 있다. 원래 우리 나라는 각종 공업원료의 풍요함이 타국에 앞서나 화학의 응용이 전무하여 혹 약간의 물건을 만드나 학문의 이치를 이해치 못하여 완전한 물품을 얻을수 없어서 외국으로부터 수입을 전적으로 바라고 있음으로 국산 일용품이 희소하여 한푼의 이익이라도 외국인이 독점해도 국민은 우매하여 이 사실을 모르니 실로 통탄할 지어다…우리나라에 금, 은, 동, 철 등 광물이 풍족하니 이는 국민의 부원富源인 데도 이 부원을 개발하여 나라의 이익을 개발치 못하고 외국인에게 전임하여…그 한 부분도 이용치 못함은 일반국민에 화학 사상이 발달치 못한 결과가 아닌가…나라의 흥망은 공업에 있고, 공업의 진보는 화학 발달에 있으니 부지런히 면학하는 것이다…"

• 화학개론

"물질에 대하여 연구하는 학문에는 우리 주위에 두 가지가 있다. 하나는 표면적 변화요, 그 다음은 실질적 변화이다.가령 높은 곳에 있는 물이 낮은 곳으로 흘러 가든지, 철이나 구리를 용해하든지 또는 이를 망치로 타격하여 연축延縮(신장과 압축 하는 뜻)하는 등 우리가 잘 아는 일인데…외관만 변할 뿐이요 실질은 불변하여 이는 물리적 변화라고 부르며, 목재가 연소하여 회분만 남거나 음식이 부패하여 먹기가 불가한 변화는 …목재가 타버리면 최초와 전혀 다른 성질을 갖는 물질이 생기고 육류가 부패에 이르면 원질을 복생復生하기 어려우니…앞의 물리적 변화와 비교하면 큰 차이가 있으니 이를 화학적 변화라고 부른다.…"

한편 원자, 분자, 원자량, 분자량을 설명하였는데 그 일부를 아래에 소개한다.

"…물은 산소와 수소가 화합한 결과 발생한…물의 분자는 화학작용으로 두 가지로 분화할 수 있으며 분해된 산소와 수소에 대해서는…이를 다시 분해하여 원자라 부른다. 원자는 분자를 조성한 최소의 부분이다. 원자 무게는 만물중 제일 가벼운 수소의 무게를 1로 정하고 이를 표준으로 하여…수소 1릿돌(1리터) 중량은 0,0896크람(그람)이요 산소 1릿돌은 1.43크람이 됨으로 산소는 수소에비하면 그 중량이 16배가 된다. 따라서 산소의 원자량은 16이 되고…"

또 그 밖에 원소의 분류, 주기율표 그리고 금속, 비금속에 대해서도 설명하고 있다. 이하 생략.

• 비누의 총론

비누를 만드는 원료, 원료를 준비하는 전처리 방법, 비누 만드는 법, 그리고 만든 비누의 성능시험법이 공정별로 자세히 나오는데 그 일부를 아래에 소개한다.

"비누는 몸을 깨끗이 씻어주고 옷에 묻은 때를 세탁케 하고 기타 여러 가지 공업에도 쓰인다. 이미 비누는 기원전 79년에 서양사람이 처음으로 우지, 목탄, 석회를 이용하여 제조법을 발명한 이후 남부지방 프랑스에서 상당량을 만들었으나, 근세에 와서 화학적 원리를 발명하였다. 이것은 일종의 염류로서 산류와 염기의 포화물이다. 일종의 산류와 염기가 상호 화합하여 생성한 것이니 이에 대한 화학방정식을 표하면 <염기+산류＝염류+물>……비누는 지방산이라는 일종의 산류와 수산화나트륨이라고 하는 일종의 염기와 화합하여 염류를 생성하니 그 화학방정식을 표기하면, 수산화나트륨+지방산＝지방산나토륨+물…"이다 이하 생략.

• 금공개론

기계학(기계공학)을 당시 금공金工으로 불렀다. 공업발전의 모체가 지배적이었던 19세기 후반은 기계문명의 전성기였다.

다음은 강단에 다시 올라 선 청년학도의 열변 중 일부를 소개한다.

"…금공은 공업의 대부분이니 나라의 발전과 부강함은 금공의 발달과 미발달에 있음이 과언이 아니다…본소 금공과에 입학하여 전문서적에서 배우고 몸과 눈으로 경험하니 비록 그 깊은 이치는 얻지 못했으나 기계 기술자의 수준이 천차만별이다. 대체로 보아서 천산물(天産物─자연산물의 뜻)을 가동하여 수 많은 기물을 제조함은 일반이로되 내국에서 약간은 제조하나 모두가 정밀치 못하여 사용에 불편하고 값이 비싸 외국에서 수입하는 물품은 모두 정미하고 값이 싸니…배우지 않고 연구치 않으니 금공의 개요를 논하면, 기계를 이용하는 고로 근소한 힘으로 거대한 물건을 만들되 정교하고 각각 금속의 성질을 알아야…납, 구리 같은 독성을 품은 금속기물을 만들되 음식에 관계되는 기물은 도금을 하여 …재료를 쓰되 과량을 쓰면 위험의 결점은 없으나 불경제의 결점이 있어…재료의 강약을, 건축용과 제작용을 각각 그 용도에 따라 재료의 경제성, 공작성…각종 재료의 탄성, 역율, 비중, 응력, 조성분량, 기타 성질에 알맞지 않아 편이에 따라…"

다시 이어서 "…망망대양茫茫大洋에 범범기선泛泛汽船이, 평화천리에 철도기차가 금공이 아니면, 해외 교통도 금공이 아니면 능치못하고 그럼으로 운수편이가 불능하다. 우리 공업계에 뜻있는 청년 제군은 금공을 앞서서 서둘러라…"(기계공업만이 해상운송제작의 요체라는 뜻임)

1899~1908년대 이공계 기술인력 얼마나 있었나

1876년 강화도 강제조약으로 조선이 개항되었지만 그 후 갑오경장을 거쳐 10년이 지나서야 비로소 처음으로 신식교육을 위한 외국어학교, 사립중학교, 사범학교 등이 설립되었다. 김옥균, 서재필, 유길준 등 수많은 선각 인사들의 열화와 같은 애국 계몽운동은 완고했던 수구세력에 밀려 좀처럼 난국을 타개하여 나가기에는 역부족하였다. 그들은 해외 선진 문물을 받아들여 산업을 부흥시키고 기술입국(기계문명 도입)을 표방하고 유길준 등이 주장한 부국의 길을 역설했던 『서유견문』은 너무나 유명하여 그 시대상을 우리는 잘 알게 된다. 국고가 바닥이 나고 국가재정이 청과 일본의 차간에 의존하던 와중에도 늦게나마 고종은 드디어 관립상공학교 설립의 칙어를 공포하고 기술교육이야 말로 국가 존립의 관건이라고 역설이었다. 갑오경장 이후인 1895년 일본 관비유학생을 182명이나 파견하고 1898년 이후에는 사비유학생이 많았다. 그렇지만 이들 중에는 이공계의 유학생 수가 적었는데 주로 동경공업학교와 공수학교(工手學校:공업학교 수준의 기술계 학교)가 유학 갔던 학교였다.

당시 국내에는 이공계 기술학교를 손꼽는다면 관립상공학교(그 중 공과분야)가 유일했던 중추적 학교로, 1908년까지 임명된 한국인 교관의 학력이 어느 수준인가를 알아보는 것도 본 주제에 대한 해답을 파악하는데 요체가 될 것 같다. 왜냐하면 상공학교의 교과목(염직, 도기, 금공, 응용화학, 목공)을 담당하려면 소정의 교관 자질이 구비되어야 했을 것이다. 1899년은 우리나라 과학기술 교육의 역사에서 매우 중요한 해였다. 마침 이 무렵 한국인들 중에는 일본에서 과학기술을 전공한 사람이 꽤 생겨나 일부 기술계학교에서 충분히 교육을 담당한 것으로 기대되었다고 본다. 교관들은 앞의 동경공업학교를 비롯한 기술계 분야 양성기관에서 전문학교 수준의 교육을 받은 능력을 갖춘 사람들이었을 것이다. 1907년 관립공업전습소 (일제 통감부시대 관립상

갓 만드는 점방(출처:서울6백년사, 서울사편찬위원회)

황실이 운영하던 직조공 양성소(출처:서울6백년사, 서울시사편찬위원회)

공학교가 강제로 개편된 이름)의 한국인 교관은 안형중, 홍인표, 김택길, 변지상 등인데 이들은 일본에 유학한 전문적인 기술교육을 받은 인사다. 안형중은 1899년 동경공업학교 염직과를 마침으로써 최초의 그 학교 한국인 졸업생으로 귀국후 관립상공학교에 이어 관립공업전습소에서 교관으로 봉직했다. 홍인표는 같은 동경공업학교 응용화학

대장간 작업 모습
출처 : (서울6백년사, 서울
시사편찬위원회)

염색소의 작업장(출처 : 서울6백년사, 서울시사편
찬위원회)

베짜는 부녀자 모습(출처 : 서울6백년사, 서울시사편찬
위원회)

과를 졸업했다. 김택길은 공수工手학교 채광과를 졸업했다.[4] 유일하게

한국사람으로 최초로 이공계대학을 졸업한 상호[5]尙灝는 구한말 정부 요청에 의하여 인천에 공업학교를 세워 염직, 방적, 토목, 건축, 철도, 전기 등 중요한 근대기술교육을 운영할 계획이었으나[6] 일제의 방해로 좌절되고 말았다. 풍전등화를 맞게 되는 한국의 기술입국을 위하여 역사적 사명을 되새겨 궐기한 청년 학도들! 마침내 공업전습소 재학 애국 계몽 청년 학생들은 구국의 차원에서 「공업연구회」를 결성하게 된 것이다.

1) 『서울공고100년사』, 1999, 금성기획, 38~40쪽.
2) 박찬익은 1901년 농상공학교에 진학했는데 다음 해 일본인 교사에 반항하여 퇴학을 당하고 신민회 등에서 항일운동을 하였다. 그는 교육운동과 민족자본의 필요성을 절감하고 공업입국의 의지를 다시 한번 다지게 되었다. 결국 1908년 도산 안창호의 후원으로 관립공업전습소에 다시 진학하여 「공업연구회」라는 학생조직을 결성하고 회장에 취임했다. 그는 공업을 통한 민족중흥의 기치를 들었다. 해방 후 1963년 정부는 그의 공로를 기려 국민장을 수여했다.
3) 「공업계」 1권1호, 1908 간추린 것임.
4) 과학사학자 김근배는 그의 논문 「일제시기 조선인 과학기술인력의 성장」에서 수많은 관련 자료를 발굴하여 심층 분석하고 엄두조차 내기 어려운 방대한 내용을 담았다. 이 보다 앞서 교육학자 이원호와 경제학자 안병직은 일제시대 조선인의 과학기술인력에 관하여 폭 넓게 그의 저서에 실었다. 그러나 필자 견해로는 그들이 이와 같은 연구를 진행하면서 그 당시 중등급 전문기술을 교수해 낼 수 있었던 배경과 분위기(교과목의 내용 및 수준의 검토)를 다각적인 검증을 통하여 도출하지 못한 것이 아쉽다.
5) 「만세보」1906.9.7일자 기사에 상호에 관한 농상공부 초안 글

11. 개항바람에 밀물처럼 들어 온 양품의 홍수

조 명 제

개항된 후 신기한 외래품의 홍수는 걷잡을 수 없었다. 일본 자본주의 시장이 조선을 장악하려는 것이었다. 여기 우려의 목소리가 물산장려운동으로 퍼져나가 박가분, 경방의 면 옷감, 유한양행의 약품류가 출시하였지만 역부족했다. 결국 모자, 구두, 양복, 유성기, 부란디, 미안수 등 외래 수입품이 시장을 석권하고 말았다. 극열 수구파와 식자간의 저항의 목소리는 만만치 않았지만 밀려든 대세에는 방법이 없었다.

밀물처럼 들어 온 외국인과 선박 외래품에 대한 극열 수구파의 거동과 그 후 피해의식은 단순히 새로 들어온 물품이 국내산업을 파탄케 한다는 명목 이상으로 더 심오한 문제를 갖고 있었다. 이미 구한말부터 물질만능 풍조는 몰락하는 조선왕조의 사회분위기와 맞물려 더욱 심화되면서 식자들 사이에는 개탄한 목소리가 분분했다.

매천梅泉의 말을 인용하면

"민적民賊이 되든지 국적國賊이 되든지 오두녹미만 득하면 시대행是大幸이오, 금수禽獸가 되든지 어육魚肉이 되든지 삼품가자三品加資 * 만 득하면 시대망是大望이라"했다. 조국의 장래를 걱정하는 뼈대있는 말이었다. (* 삼품

벼슬의 봉급으로 올려준다는 말)

그런데 1876년 개항이 되자 점차 해외 무역이 폭발적으로 늘어나 인천, 부산, 원산, 진남포, 목포 항구 등에는 수많은 외국적外國籍 범선, 기범선, 화륜선의 입출항이 빈번해졌다. 원래 소규모 조운 위주의 포구가 하루아침에, 검은 연기와 요란스러운 기적 소리를 내면서 상품을 만재한 기선의 하역지로 모습이 바뀌었으니 민초들 시각에는 희기하고 두렵기도하여 천지가 개벽한 세상을 만난 느낌이었을 것이다. 일본 상인의 조선 진출이 날로 심화되고 있었는데 1882년 임오군란 때까지 우리나라에 가져온 일본의 상품은 88%가 유럽 제품이었고, 대표적인 것은 영국의 면제품 등을 싸게 사다가 막대한 이익을 보는 중계무역을 하였다. 청일전쟁이 끝난 후에는 영국 · 미국 · 독일 · 일본 · 중국 · 러시아에서 들여 온 수입품목은 무려 종류가 이백여 개가 넘었다. 그리하여 20세기 초경에 들어서 여러 가지 생활에 편리한 외국제 일용품이 상점에 쏟아져 나왔다.

1906년 외국인 거주자는 87,600명에서 1910년 184,200명으로 불과 4년만에 2배 이상으로 늘어났다. 외국인 거주자의 90%이상이 일본인으로 1890년 7,250명에서 1900년 15,800명, 1910년에는 171,540명으로 급증하여 사회 각층에 침투가 급속히 진행되었다. 이 무렵에는 이렇듯 세계 열강의 여러 종류의 배가 앞 다투어 밀려들었는데 특히 일본이 해운, 수산 분야에서 일찍부터 출입하기 시작했다. 이미 1885년경에 우리 항구에 내항한 선박 척수는 2만5천여 척이 넘었다. 또 수입상품의 규모는 개항 당시 200원에서 1910년의 39,000원으로 무려 200배 이상으로 급팽창하였다.[1]

1900년대에 들어서면서 양품류의 수입이 격증하였는데 주요 수입

개항 후 인천에 들어온 이화, 세창 등 서양, 청나라, 일본 상사 직원들 모습

품들은 생옥양목, 말린옥양목, 능직목면, 자수한 옥양목, 모슬린, 세틴, 백목면, 비단, 철류 (철판, 못, 관), 함석판, 금속제품, 아닐린염료, 염료, 석탄, 코크스, 석유, 성냥, 유리, 시멘트, 석회, 건축재료, 광업용품, 철도재료, 전기전화재료, 구두, 양복, 모자, 카페트, 메리야스, 양산, 연초, 음료, 양주, 설탕, 통조림, 밀감, 화장품, 의약품 등 다양했다. 누구나 처음 볼 때에는 이들은 모두가 눈에 낯선 상품으로 신기할 따름이다. 손으로 만져 봐도 무언가 짐작이 안가는 것들이 많았을 것이다. 그 당시 발행된 「만세보」, 「매일신보」를 시작하여 「조선일보」, 「동아일보」 광고 기사들은 당시의 사회와 서민들의 생활을 가늠할 수 있는 자료를 제공해 준다.

상업광고의 시작　20세기에 들어서 신문광고에 가장 많이 등장한 상품은 유성기를 시작으로 약품, 화장품, 담배, 치약, 구두, 양복, 주류 등이다. 상품에 대한 인지도를 소비자에게 알려서 판매를 촉진시켜 경제적인 이득을 극대화하려는 것이지만, 당시의 사회분위기나 사람들의 가치관에 좌우되기 마련이다.

약효를 강조하는 광고에서는 오늘의 다이어트 광고와 비교하면 정반대로서, 뚱뚱한 몸, 남자의 튀어나온 배는 건강과 사회적 성공의 상징으로 선전했었다. 오늘날의 '풍요'에서 오는 운동부족과 비만, 영양

과잉이 아닌, 원기부족과 정력부족한 사람을 위한 만병통치약 광고가 치열하였다. 특수한 증세에 효능이 있는 약이라면 임질, 매독 등 성병 치료제가 대표적이었다. 이런 약은 그만큼 구하기가 어렵고 수요가 컸기 때문에 당연한 추세였었다고 할 수 있다.

개항 이후 외국산 권련초 수요가 증가하자 이를 기회로 한성에 연초제조회사가 설립되었다. 1910년도 연초제조업은 조선에서 가장 생산량이 많고 규모도 컸다. 화장품 광고는 그 효과를 강조하는데 초점을 맞추고 있었다. 아름다워지는 화장법이 소개되고 검은 얼굴을 희게 해주고 잡티나 화장독 같은 부작용이 없다는 것을 강조하였다. 치약은 미백美白을 앞세워 광고했는데 남성들의 흡연에 의한 치아의 변색 예방을 겨냥하고 있었다.

근대적 상품으로 신사·숙녀가 선호한 양복, 구두, 모자가 자주 광고란에 선을 보였고, 당시 사회분위기에 가장 어울렸던 물품이었다. 이 밖에 조미료, 양주, 맥주, 포도주, 우유 등 식음료까지 상점에서 볼 수 있게 되어 이른바 근대화 생활에 큰 변화를 주었다.

이와 같이 갑작스럽게 밀려든 외래상품은 오히려 서민들 사이에 위화감이 나돌았지만 10여 년이 흘러가면서 점차 서구상품의 소비는 늘어가기만 했다. 그리하여 식민지 생활 속에 잠재된 민족운동 '국산품을 애용하자'는 구호 아래 '물산장려운동'과 같은 계몽사상이 한동안 거세게 맴돌고 있었다. "박가분을 애용하시는 각위에게! 조선물산장려를 축하합내다."의 구호가 1923년 2월 15일 평양, 서울 등 각처에서 시위행군이 있었다. 박가분朴家粉은 당시 조선 여성들에게 잘 알려진 국산품 분으로 물산장려운동의 이념을 내세워 그 효과를 극대화시키고 있었다.

"대표적인 토산품을 쓰고. 박래품을 쓰지 않도록! 이천만 우리 동포는 각성하라! 부인 화장계의 재왕! 박가분을 사랑하시는 제위에게! 조선물산 장려운동을 축하합니다. 경성연지동270번지 박가분 본포"라고 광고했다. 그러나 물산장려운동은 얼마 안 가서 빈번한 일본경찰의 탄압으로 실패되고 일제 식민화로 전락된 조선반도는 아래에서 보듯이 그들의 상품시장이 되고 말았다.

씽거미싱, 유성기, 양복, 모자, 구두, 위스키, 궐련[2]　1901년7월 경부선이 개통되고 임시 역사가 남대문 밖에 생겨나 역사 대합실에 식당을 개업하였다. 이름하여 '에데경성지점京城支店'인데 서양요리, 일본식, 스시 등이 메뉴였다. 음료, 고-히(커피), 홍차, 아이스구리무(아이스크림)도 팔고 있었다. 처음으로 외국 음식이 일반인에게 공개된 사건은 문명의 커다란 충격이 아닐 수 없다.

1907년 3월 23일자 광고에 경성 서소문 밖에 있는 씽거(singer)

재봉기계회사 경성지점에서는 가정용 및 공업용의 미싱을 판매하면서 '기계부속품과 기타 기계바늘, 미싱유, 실 등을 일절 염가로 판매할 것을 알려 드림…' 하고 '씽거-재봉여학교 신설, 생도 모집. 여성들에게 기쁜 소식! 씽거-재봉과(3개월), 씽거-응용양복과(2개월), 씽거-자수과 (1개월). 개교 : 7월

1905년 전후 신문광고에 나온 유성기.
확성기가 이채롭다

25일, 담임교사 : 우노미애꼬 외 1인, 미국씽거-자수계에 이름난 Westman의 수제자, 동경 씽거-재봉여학교 교사' 하면서 대대적인 광고와 일본인과 미국인 강사 소개까지 하였다.

그렇지만 어떤 가정에서 선뜻 최신 문명 이기(그들의 눈에는 기괴했던 흉물)인 씽거를 구입하여 바느질하려고 사 들였을까. 짐작이 안 가는 일이다. 아마도 1920년대에나 가서 몇 10대 팔려나갔을까 말까 생각한다. 지금 상상해 보면 재봉하는데 그 편리함과 기계 돌아가는 소리에 주위에서 몰려 온 구경꾼까지 깜짝 놀라 요절하였을 것 같다. 씽거-미싱은 당시 재봉계의 기린아로서 최첨단 기계임은 두말할 필요가 없으며 8.15 광복 이후에도 집집마다 보물로 간직되었었다.

오늘날의 오디오 유성기(축음기)는 구한말에 선을 보였다. 당시 일본상사가 미국제 유성기를 수입하여 판매하였는데 「만세보」 광무11년 3월 19일자 광고는 다음과 같다.

'폐점은 일본에서 축음기(유성기) 판매하기를 남보다 앞서 처음으로 하여 동경 긴자에 본점이 있고…일본에서는 물론 신사께서 주문하여 주시는 이가 많고 일본 의화궁…또 특사로 오셨던 이 대신각하께서도 폐점에 주문하신 총영龍榮을 …대저 축음기는 가정 오락으로 쉽고…

솔표 석유 광고문
(1903. 9. 25일자 황성신문)

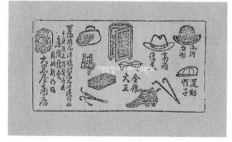
모자,구두,가방,지팡이 등 양품의 광고문
(1906. 5. 17일자 황성신문)

또 일가 단란하는 낙에도 중매가 되며 필요하시면 언제든지 대한악공 大韓樂工 한인오와 관기 최옥매와 그 외 수 명을 특별히 일본에 보내어⋯ 주문하시기를 간절히 청원합니다⋯. 한국총대리점 쯔지야 (유성기를 조선에 팔려고 유명인을 내세운 대대적인 선전문)

이처럼 일본통감부 시기에 들면서 일제는 본격적으로 조선을 자기네 상권 확장에 광분했다. 항간에 관심을 모으려고 충동질하는 기발한 광고문을 실었던 것이다.

또 일본 축음기상회 경성출장소는 '각 권번의 기생의 미성과 동경 유학생의 창가를 집에 앉아서 들을 수가 있습니다. 제일 재미있는 100종 이상의 노래와 창가의 음부를 제작하얏습니다. 일차 목록을 청구하여주시오' 하였다.

유성기의 전성기는 상표 빅터와 코럼비아가 대종을 이루었다. 1920년대 후반에 가서 유성기는, 전국을 휩쓸고 유행하던 '낙화유수'가 까페·요리집에 울려 퍼져 모던보이, 모던걸 들이 운집하여 댄스에 열광한 이후 빠르게 보급하기 시작했다. 1930년대 가정에 있던 유성기는 귀중한 존재로 여겼는데 부품인 집음장치 '사운드복스(Soundbox를 말함)'와 손으로 태엽 감는 'ㄱ'자 봉은 어린 마음에 너무나 신기했었다. 유성기 안에서 노래 소리가 흘러 나왔으니 어린 마음에 진짜 사람이 작은 상자 속에 있다고 착각을 할 정도였다.

특히 양복을 비롯하여 모자, 양산, 외투, 구두 등이 연일 신문광고에 나왔다. 일부 양복점은 '직수입 신품 동복 라사 수십 종⋯근일에 신착 하였는데⋯다시 뵙기를 삼가 기다리고 가격을 저렴히 하여 귀객의 수용을⋯ 모자는 동경에서 숙련공이 제조 하얏사오니⋯' 하였다.

진고개에 있는 일본상점은 부인용 양산(견면), 손수건, 신식구두,

모자 기타 신유행품 잡화가 많이 수입하였다고 특별염가 발매를 선전하였다.

어떤 일본 상점은 「만세보」 1906년 12월 5일자 광고에 '2원이상 구매객에게 경품을(3일간), 혁제(트렁크), 백포도주, 위스키, 부란디, 양주, 비스케트, 가죽장갑, 백모포, 사진첩, 권연초, 속저고리, 부인 목도리…' 연말 빅 세일을 하였다. 이곳은 이미 구미 각국에서 겨울용 양품을 수입하면서 방한모자, 방한 각종 양화, 각종 여행가방, 물부리, 서양연초, 지갑, 각종 향수·비누, 금, 은, 동의 안경태 등을 다량 구비한 것 같다.

비누의 종류는 가오-를 시작하여 돈표, 가테이, 시스터-세니와 등은 얼굴과 피부 살결을 희고 윤택케 한다고 알렸다. 조오지야丁子屋(지금의 미도파 백화점-현재 롯데백화점에 흡수된 상태) 1914년 12월 10일 연말 염가 대 매출의 광고를 내고 다음 날부터 이중돔비 13원, 오바코-트 9원, 장만또 7원을 호가했다. 이 해 9월 26일자 광고는 대구의 박경운 양화점은 가죽, 부속품을 수입하여 노련한 기능공을 고용하고 구두를 만든다고 하였다. 1910년대에 들어서면서 양복점과 양화점은 벌써부터 찾는 손님이 늘어났던지 박덕유 양화점, 종로의 장춘 양화, 송형동의 세창양화, 견지동의 정옥 모자점, 공평동의 영흥상점, 안국동의 대평양복점 등이 개점하고 있었다. 이런 추세로는 틀림없이 신문명에 접한 지식층에게 이목이 끌렸는지 복장계에 새로운 유행이 서서히 스며들고 있었다는 징조가 된다. 의복이 날개라는 말을 실감시켜 준다. 최신 유행을 광고한 모자는 상점마다 첨단과 품질을 자랑하면서 판촉에 나섰는데 도리우찌, 맥고모자, 파나마모자가 대표적이다. 양복이나 구두는 초기의 직수입 판매 형식이, 1910년대 중반에는 점차 한국인 상점에서 수입원료를 구하여 자작하기 시작한 것을 선전 내용을 보면 알 수가 있다.

국내에 판매되던 담배는 종류가 여러 가지였는데 파라다이스, 화이트고스모스, 스왕 등 다양했다. '천하일품 권연초! 미국의 (OLD GOLD-올드 골드), (GOLD FISH-골드 휘시), 영국의 루-라 (RULER) 권연초卷烟草 직수입!' (1907년 4월 12일자 만세보). 옛날 담배가 임진왜란 이후 조선에 전래된 후, 담뱃대와 빨뿌리가 애용되었다. 그런데 박래舶來 권련이 좀처럼 팔리지 않아 담뱃대가 여전히 쓰여져 궐련을 권장 보급시키려고 조선통감부는 생활 간소화라는 명목으로 담뱃대를 못 쓰게 하였다. 그 방편으로 벼슬아치나 부호들 사이에 궐련을 피우는 버릇을 들였다.

화장품, 조미료, 인단, 의약품, 우유, 식품, 염료 등[3] 개화 첫 번째 양품은 뭐니뭐니 해도 석유, 성냥은 물론이고 화장품인데, 구리무(크림)는 여인들의 대단한 호감을 받았다. 마포 나루를 거쳐 소금, 새우젓과 같이 구리무(크림)는 내륙 깊숙이 보부상의 손으로 영월까지도 전파하였다. 아낙네 사이에는 '살 거칠지 아니하는 것. 철저한 화장미를 주고 몸을 아름답도록 하는 크림으로 알려졌다. 치약은 분말과 페이스트의 두 가지가 선 보였다. '신세대의 취미와 경향에 일치한 라이온 치마(齒磨-가루치약)! 신사, 숙녀가 선호하는 라이온 치마! 치아도 아름답게 하세요! 신체도 건강하게 하소서!' 1913년대의 신식광고문이다. 또 다른 선전을 보면 '영국 약학자의 신연구로 된 구라부 치마! 문화인의 유일한 애용 치마! 튜브에 든 세계적 우량 튜브 치마는 특히 편리하고 위생적임!' 당시는 치약의 모양이 페이스트가 아니라 "가루였기 때문에 치마"라고 했다.

향수의 선전은 독특했다. 향수 オリジナル(오리지날)! 한방울의 향수는 보통 것의 30배 효력있고 38종의 성분을 함유한 당신이 좋아하는 그리고 내가 제일 좋아하는 향수지요!

오늘의 조미료 아지노모토(味の素)는 1909년 일본 동경제국대학 이케다 교수가 발명한 「구루다민산나토륨」인데 소맥 중 단백질을 정제한 것으로 오늘도 세계적인 식품조미료이다. 오늘날 우리의 미원이 나오기 전엔 오래 동안 '아지노모토'는 우리 음식의 맛을 맞추었다. 1910년 신문기사에 '천하의 명물! 味の素! 일·영·미·불의 전매 특허품. 풍년이라, 만작이라, 만세의 소리, 환락의 미!'로 대서특필하였다.

1910년경 매약의 광고가 연일 나돌아 주로 건위, 정장 및 소화약이 소개되었는데 팔보단, 소생단, 회생수, 청심보명단, 헤루프, 영신환 등 다양하여 평화당, 천일약당, 제생당, 경천당, 천우당 그리고 됴고약 본포 등 많은 약방이 성업 중인 것을 알 수 있다. 일찌기 시중에는 양약매약, 조제 그리고 의료기를 취급한 상점이 개업했는데 영양·보양제부터 소화제, 두통약, 고약류, 안약, 피부약, 성병약(매독, 임질), 심지어 회충약, 빈대약, 모기약까지 종류가 다양했었다. 눈길을 끄는 것으로 성병 약에는 항생제가 없던 1960년대에도 쓰였던 요도카리환 606호의 광고가 있었다.

인단은 요즘도 우리 주위에서 애용하고 있다. 일찌기 '여행에, 집무에, 승무에, 권태에, 주독소멸에, 인단의 특효성을' 하면서 선전광고하고 있었다. 상품이란 고객의 만족도 품질(효능)이 중요하지만 그로부터 1백년 광고의 위력도 무시 못 한 것 같다. 기억에 남는 인단의 자매품 カオール(가오-루인단)도 비슷하다.

'면학, 집무 시! 위생상 입 냄새를 없애고 심신을 상쾌케 함'이라고 선전했다.

의생활에 단연 필요한 것은 염료였다. 1906년 11월 9일자 광고에 독일의 후와이라데루메-아 화학염료제품제조회사 선전인데 '각색 염분 방매! 이 상품 물감은 품질이 좋고 갑시 적절하며 또 물드리는 법이 간단하며 색깔이 변하지도 아니하고 상등물감이외다… 특색 : 특별제조로 세계에 호평이 유함. 염색이 농후하고 미려하야 영원히 퇴색이 안 되는 최량·경고한 염료임…'이다.

1912년을 전후하여 맥주류 판매가 자주 선전광고에 나왔었는데 일본 상품이 전부를 차지했다. 그 종류는 삿보로, 아사히, 사쿠라, 기린 등으로 사쿠라는 '…신세대의 구미가 소소하고 향기가 지극하고 자양에 부한 사쿠라맥주는 …그 취기가 무엇이라고 비교치못함…' 했다.

선전 광고문은 세월이 갈수록 소비자의 주의를 끌고 그 소비자들을 다시 돌아보게 하고, 반복하여 부르짖음으로써 소유하고픈 욕망으로 구매행동을 일으키는 현대식 마케팅을 방불케 하고 있다.

활동사진, 등사판, 사진관, 자전거[4]　　1935년만해도 무성영화시대였다. 변사 따로 스크린 따로, 연출이다. 무성영화가 보급되기 이전, 최초로 활동사진을 소개하던 일화가 있다.

1907년 6월 26일자 기사는 다음과 같다.

금번에 시작한 활동사진은 프랑스 파리에서 유명한 것이오. 또한 대한국황실大韓國皇室에서 광고효과가 얼마나 되고 몇 명이 모였는지 모르지만, 요즘 같은 세상에는 아무것도 아닌데 당시 프랑스 곡마단을 서울 장안 시민들에게 마술 섞인 쇼와 노래와 서양 춤으로 보여주었으니 정말로 관중들은 기상천외, 요절복통했을 것이다.

등사판 하면 타자기와 함께 신문, 잡지, 서적을 제외한 모든 문서, 학교교재 작성에 긴 세월에 걸쳐 기여하였다. 그 모습이 1980년대 초에 우리 주변에서 사라졌지만 구한말 관공소, 학교 등에는 문명의 이기로 그 역할이 컸다. 1907년 6월 26일자 광고에 '등사판에 1매의 원지를 사화寫畵하면 흑청적색의 1천매를 자유롭게 인쇄가함. 해설서 있음, 인쇄견본 진정' 한다고 했다. [사진 크기를 축소 또는 확대 가능하다는 광고]

1907년도 사진관 개업 광고는 흥미롭다. 낙동에 있는 경성사진관은 '…사진영업을 개시하고 구미각국의 참신한 이화학을 응용하여 만세불변색하는 법으로 사하여 남자와 여자의 사진처소를 별장하야 여자의 사진할 시는 남자의 출입을 금지하오니…물론 남녀하고 같이 촬영하면…개관기념으로 1개월 중에는 정가를 반액함…인연引延, 소본小本으로 대본大本을 보상함…' 하였다.(축소, 확대 인화를 말함) 여기서 그 시대 사람들로서 사진 자체도 신기한데, 그 크기를 임의로 확대 또는 축소한다 하니 얼마나 신통하였을까?

1910년대 자전거는 인기 높은 명물이었다. 엄복동의 자전거는 쏜살같이 달려갔다. 그는 영국제 황실용인 Rudge whitword를 탔다. 어느 상점은 영국에서 Success, Sweet Home 등 각종 자전거를 직수입하여 전국에 판매했다. 엄복동은 보통학교를 졸업하고 자전거상회에 들어가 일하면서 자전거와 인연을 맺었다. 1913년 4월 전 조선 자전거대회 우승을 시작으로 전 일본자전거대회까지 15년간 자전거 선수로 영웅 대접을 받았는데 이를 구경하려고 구름 같은 인파가 몰려들었다고 했다. 그 시대 자전거 여행이나 경주는 현실의 구속에서 벗어

나 혼자 떠나는 낭만의 표상이기도 했다. '떴다 보아라 안창남 비행기/
내려다 보아라 엄복동 자전거'의 노래가 유행하던 시대이다.

일본 운동구점은 미국제 최신식이라는 스케이트를 광고했다.(1917
년 1월 28일자 매일신보) 야마구치 악기점은 오르간, 바이올린, 만도
린, 라켓, 스케이트 등 악기와 운동구를 광고했는데 니켈 도금의 미
국, 독일제를 선보였다.(동아일보,1923년 12월 9일자 광고) 이처럼 악
기와 운동기구는 물론 서양제작품이며 단지 일본상사가 중계무역을
한 것이다.

매일신보 광고란에 따르면 1913년에 전동식 정미기가 일본에서 수
입되고 1915년 조선권농(주)에서 원예용과 잠실용도로 분무기를 제작
판매하였다. 1926년도 발행한 「반도상보」에 의하면 북촌 소재 반다곳불
제조소가 이발기구, 만년필, 모자, 축구화, 안경 등 상품을 광고했다.

※본문 내용에 각종 양품의 표기가 일본식 영어임은 일본의 중계무
역으로 수입한 이유로 일본의 발음을 그대로 따른 것이 많다. 예를 들
면 '고히-'는 커피, '스게도'는 스케이트, '구리무'는 크림의 말이다.

---

1) 『개화기의 경제사회상』통계청,1994년 7월, 20쪽. 한성순보;번역판,1885년 10월
   23일자.
2) 「만세보」1907년판, 211쪽, 236쪽, 470쪽,「매일신보」1914년 7월 24일. 동년12월
   10일자.
3) 「매일신보」1913년 8월 25일자,1916년 5월 16일, 6월 10일자.
4) 「만세보」1907년 6월 26일자, 「매일신보」1913년 7월 13일자.

12. 이래서 이공계 인력 부족했다.

조 명 제

일제교육은 이공계 억제에 주안점을 두었다. 의사, 변호사는 있었지만 과학기술자는 있다고 볼 수 없다. 시종 하급기술인 기능인 양성에 그치고 이공학사 배출은 거의 없었다. 결국 태평양전쟁에 동원할 기술인력의 급박한 수요로 경성제국대학에 이공학부를 추가했으나 광복 당시 졸업한 조선인 학사는 31명에 불과했다.

일제의 한반도 교육정책 일제가 1904년 통감부를 개설하면서 교육정책상에 커다란 변화가 생겨났다. 하루아침에 날벼락을 맞은 것이다. 그 기본은 한국인에 대한 문맹정책과 동시에 사립학교의 통제였다. 좀더 자세히 살펴보면 이래와 같다.

첫째, 우민화愚民化가 그 기본이다.

둘째, 점진적인 동화同化정책의 일환으로 관공립보통학교를 확장 강화하였다.

셋째, 일본어 보급에 중점을 두었다.

대한제국시대 1895년 공포한 소학교령에 의하면 수업연한이 6년이었다. 그런데 통감부는 1906년 종래의 소학교령을 폐지하고 새롭게 보통학교령을 공포하여 4년으로 단축시켰다. 그런 뒤에 관공립보통학교를 확장한 것은 조선인에 대한 민심의 수습과 동화정책을 펴나가기 위한 것이다. 즉 아동들로 하여금 그들의 식민정책에 무조건 복종하는 인간상을 형성하는데 있었다고 말할 수 있다. 예를 들면 1910년 3월 항간에 보성학교가 대학으로 발전하려는 민립대학 설립의 움직임이 있었지만 이를 사전에 방해하여 인가하지 않았다. 한편 관립상공학교를 개악改惡하여 자기네 생활에 필요로 하는 하급직 기술자를 양성하는 등 통감부시대부터 우리 민족교육에 깊숙히 개입하여 식민정책을 노골화하였다. 한일합방 다음해 조선총독부는 일본으로 유학 가는 조선인을 조사 감독하는 이른바 유학생규정을 공포하고 자격과 선발기준을 강화했다.[1]

공업전습소와 직업학교　　일제가 이미 앞에서 언급한 농상공학교의 격을 낮추어 공업전습소[2]로 만든 것은 "당국 지도 하에 적당하다고 인정되는 공산품을 골라 한국사람에게 그 제조법을 전수시키고 또 공업상 필수적인 학술 및 응용의 초보를 가르쳐…"라고 말한대로 그들이 한일합방을 앞두고 필요로 하는 기관 또는 기업체의 하급직 기능공 즉 직공을 다량으로 양성하는데 목적을 두었던 것이다. 이곳에 설치된 학과는 염직, 도기, 금공(주공, 단공, 판금가공), 목공, 응용화학(화학분석, 화학제품) 그리고 토목(측량, 제도) 등인데 수학 연한 2년으로 하고, 특히 공업을 경영하는 조선사람의 자제와 장래 공업에 종사하려는 뜻이 뚜렷한 자를 선발기준으로 하였다. 학생모집 광고가 신문에 실렸는데 1907년 제1회 모집 공고에 응시생 1천여 명에 달한 만큼 폭발적인 관심을 끌었던 것은 당시의 시대상으로 볼 때 그럴만 했다. 6개학과 중 염직과, 금공과 그리고 응용화학과가 지원율이 높게 나타났다고 한다. 이렇게 지망생이 대거 모여든 원인은 먼저 학비면제는 물론이고 실습비로 수당까지 지급되었던 점이 작용하였다. 그런가 하면 전형과정에서 산술 점수에 가장 비중이 컸고 다음은 일본어, 한문의 순서였으며, 반드시 관립소학교 또는 관립고등소학교 출신이라고 유리하였던 것은 아니라고 한다. 그러나 난데없이 친일단체인 일진회—進會 회원 10여명이 합격하여 입학정원 50명을 초과한 일이 있었다. 이와 같은 변태적인 입학을 보더라도, 당시 공업전습소는 그들이 계획한 우민정책이 작용한 것인데 그나마 친일분자에게 우대한 셈이 된다.

원래 공업전습소는 일본에서 운용한 경험이 있고, 이미 1800년대 중기 서양식 기술습득의 제도인 전습생 양성에 그 기원을 두고 있는데, 당시 우리에게 '유일의 고등공업교육기관' 이라고 선전했다. 공업전습소는 한일합방 후 1912년 조선총독부 중앙시험소가 설립되면서 그 산하에 부설 공업전습소로 되었다가 다시 16년 경성공업전문학교가 개교할 때 그 부속 공업전습소로 하고 수업년한이 3년으로 늘었다. 그 후 경성공업전문학교가 1922년 경성고등공업학교로 개편될 때 경성공업학교로 독립하였다.

공업전습소[2]가 경성공업학교로 계승되고 해방을 맞았는데 불행하게도 일제통제하의 공업교육은 솔직히 일정한 기술수준을 넘을 수가 없었다. 돌이켜 보면 전습교육은 철저하게 실습 위주로 진행되었다.

완성된 공산품 실물을 보여주고 제조에 관한 간단한 기계조작법을 가르친 뒤 익숙할 때까지 반복훈련을 시키는 방법으로하여 공장제수공업이 발달하였다. 그후 직인도제제職人徒弟制[3]가 등장하면서 전습소

제도가 거의 없어졌다.(직공을 개인적으로 지도하는 직장職匠이 등장하던 시기. 경성공업학교설립 당시 경으로 본다) 1923년 2월 11일자 조선일보에 「공업전습소 축소안에 대하여」라고 하는 기사가 있는데, 그 골자는 일제가 그나마도 예산긴축의 일환으로 인원을 감축할 작정이어서 실업교육이 위축될 것을 우려했던 내용이다.

한편 실업보습학교가 새롭게 1910년 서울의 수하동, 미동, 어이동 등 3개 보통학교 부설로 설립·운용되었다. 일제의 1차적 실업교육의 초점은 농업기술에 있었고, 실업교육을 주창하면서도 공업교육에는 총독부가 별로 크게 관심이 없던 시기에, 보습학교가 없어지고 이름을 바꾼 간이공업학교로 되어 성장을 거듭했다는 것은 그 만큼 조선인들이 공업교육에 대한 열의가 높았음을 시사해 주고 있다. 보습학교는 일제의 빈번했던 교육 개정령에 의거 학교명칭의 변경과 그때마다 통폐합이 있었다.(실업보습학교 → 간이학교 → 간이공업학교 → 공업보습학교 → 직업학교) 이와 같이 보습학교는 여러 번 개명되면서 20 여 년간 공업계 실업교육기관으로 변화 무쌍하였다. 졸업생에 대한 취직율이 높아서 월급도 당시로서는 꽤 많아 남의 부러움을 샀다. 그간 특기할 만한 일들을 알아보면 어의동간이공업학교는 실습을 거쳐 전람회를 개최하였는데 신선로, 주전자, 은잔, 화병, 화로, 농기구 등 1천여 점 이상이 전시되었다고 한다. 이 무렵 3.1운동으로 졸업한 학생수는 줄어들었다. 그 주요 원인은 일반고등교육을 받고자 타 학교로 진학하는 학생이 늘어났던 것이다. 21년을 전후하여 학생 수의 감소로 문을 닫게 되었다. 조선총독부는 한국민중의 거센 저항을 무마하기 위해 문화정책을 표방하는 유화적 정책을 취하게 되었다. 한때 졸업생 가운데 80원이라는 높은 월급을 받은 자가 많았는데, 당시 어의동간

이공업학교의 교육성과가 우수하다는 언론의 평가였다.[4] 보습학교는 학사學事가 1931년 신설된 경성공립직업학교로 이관됨에 따라 많은 애환 속에 폐교되고 말았다. 생각하면 1930년 세계대공황의 내습이 국내 경제에 직접 파급하여 보습학교 체제의 개편이 불가피하여 학사운용에 큰 변동이 생겨나기도 하였다. 이미 언급하였듯이 공업전습소는 후일 공업학교로 변경되고, 보습학교는 직업학교로 규모가 바뀌었지만 여기서도 줄곧 기능공 양성 수준에 머물렀다.

31년 4월에 예정된 직업학교의 개교가 좀 늦추어져, 5월에 현재 아현동 자리에서 문을 열었다. 이것이 바로 경성공립직업학교의 개교다. 도시에 있는 보통학교 졸업생에게 직업기술을 교습하는 것으로 종전 어의동간이공업학교를 그곳으로 이전하고 목공, 철공 등의 전문기술을 가르치는 이외에 별도로 특과를 개설하여 여러 분야의 요구에 따라 전차운전수, 백화점점원, 관청급사, 전차차장, 철도국원 등 여러 방면의 종업원을 양성하게 되었다. "경성공립직업학교는 유명한 독일 직업학교의 조직을 본 따서 각종 과목을 두었다. 과목의 내용을 보면 건축, 가구, 기계, 전공, 토목, 철도 및 상업 등 7개의 과정이 있었는데 이 과정을 졸업하면 누구든지 자기의 밥벌이를 넉넉히 할만한 전문기술인이 된다…"라고 매일신문 31년 4월 14일자에 실렸다. 학생모집 요강이 발표되면 지원자가 쇄도하여 경쟁율이 평균 11:1에 달했는데 본과 60명 모집 중 기계과 모집 정원은 30명인데 입학지원자는 413명이나 되었다. 한동안 이와 같이 경쟁률이 높았던 것은 매우 이례적인 일이었다. 그렇지만 당시 대공황大恐慌의 여파로 학교마다 중퇴자가 속출하고 실업학교에서도 지원율이 떨어져 추가모집을 하고 있었다.[5]

일제의 평가에 따르면 경성직업학교의 개교는 성공적이었으며, 총

실업교육 실습 모습(목공)　　　　　실업교육 실습모습(이발)

독부가 직업학교를 전국적으로 설치할 것을 고려하도록 자극하였다. 그런 의미에서 서울·경기 지방은 식민지교육의 시범장이기도 하였다. 신문에는 해마다 입시철이면 의례 경성직업학교 학생모집 요강이 실린다. 전수과에 이발, 시계, 자동차과가 증설되면서 35년에는 본과 야간부에 기계, 건축, 토목과가 신설되기도 하였다. 그리고 39년에는 전수과 과정에 기계과와 광산과가 신설되었다. 광산과 신설은 종래 수노동手勞動에 의한 채굴·운반·유지·보수 등과 관련된 부문에서 숙련공과 기술자의 수요가 급속하게 닥쳐왔기 때문이다. 일본인에게는 이 학교가 말 그대로 '직업학교'에 불과 하였지만 우리에게는 공업과 기술에 관한 발전 척도를 가늠할 수 있는 소중한 자산이었던 것이다.

경성직업학교는 매년 가을에 작품전람회를 열었는데 신문에 대서특필로 기사가 실려 있었다. 이 전람회를 통하여 경성시민들에게 염가로 제품을 팔 뿐만 아니라, 시계과 학생들은 거리에서 행인의 시계를 정확한 시분時分으로 교정하는 등 도와주기도 하였다. 매년 3월에 거행되는 졸업식행사도 신문지상에 소개되는데 우등생 명단과 사진까지도 실렸다. 40년 신문기사에 의하면 본과 졸업생 149명, 전수과專修科 졸업생 244명으로 미루어 볼 때 학교의 규모가 상당히 신장되었음을 알 수 있다. 시민의 이목을 끈 것은 높은 취직률인데 최고 80%에까지 달하여 취직의 새로운 등용문이 된 적이 있었다. 1937년 졸업생은 기계과 35명 중 철도국에 17명, 회사에 5명, 상업에 7명이 취직하고 기타가 상급학교 진학에 진출하였다. 당시 이 학교에 대한 인기도를 일간 신문은 "종합기술 분야의 학생이자 직장職匠 !" 으로 대서특필하여 격찬하였다. 일제가 군수산업을 꾸준히 확충하면서 1941년 이른바 대동아전쟁이 발발하였는데, 일본인만으로는 도저히 군수산업에 투입할 소요 기술인력이 부족하였다. 결국 그들은 조선인의 보강된 인력을 필요로 하게 된 것이다. 일제는 1937년 중일전쟁 이전에 이미 군수공장에 보강할 인력을 이와 같이 미리 양성하고 있었다.

연희전문학교, 경성공업전문학교 그리고 광산전문학교

한일합방 이후 일제는 고급과학기술 인력은 전적으로 본국으로부터 공급받도록 하고 조선인은 과학기술 고등교육의 기회를 주지 않는 방향으로 식민지 과학기술 교육정책을 취했다. 그리하여 일제하에서 한동안 대학은 설립되지 못했고, 일본 유학을 통한 이공계 대학의 졸업자 배출도 1920년대 중반까지는 대체로 차단되었다. 1915년에 이르러서야 총독부는 조선인들의 악화된 불만을 완화시키고 대외적인 이미지 개선을 위해서 경성공업전문학교를 설립해주기로 결정했다. 그리하여 1915년 일본인과 조선인의 공학 형태를 띤 경성공업전문학교가 설립되었다.

일찍부터 조선의 지식인 사이에 국제 수준급의 대학 설립이 논의되고 있었다. 3.1운동이 일제의 무력으로 가라앉기는 하였으나 민족의 각성과 단결에 의하여 반일사상은 더욱 고조하였다. 당시 조선의 민족의식은 정치적 독립 뿐 만 아니라 문화, 교육 등 각 방면에 걸쳐서 열화와 같이 표면화하고 있었다. 무엇 보다 민족의 실력배양을 위한 교육진흥 그 중에서도 과학기술진흥은 선각자가 주도하던 개화기 이후 일반대중 속에 깊숙히 민족운동으로 확산되고 가장 중요한 과제로 비화되고 있었다. 이와 같은 전국적인 교육열풍 속에서 우리의 고등교육기관의 설립운동으로 확산하였고 선교사 또는 민간유지에 의해서 연희, 보성전문학교 그리고 세브란스의학전문학교가 처음으로 설립되었다. 여기에 종전까지는 조선총독부가 1916년에 설립한 경성공업전문학교 뿐이었다. 1917년에 신설된 연희전문학교 수리과(수학 및 물리과)에서는 루퍼스, 벡커와 응용화학과 학과장에 임명된 밀러 등 비교적 충실하게 가르칠 수 있는 교수진 덕분에 19년 4명의 첫 졸업생을 배출할 수 있었다. 이들 가운데 이원철李源喆은 북장로교로부터 학비 지원을 받아서 미시간 대학에서 천문학을 공부해서 마침내 1926년 조선인 최초의 이학박사가 되었다. 연희전문의 수리과(후에 수물과라고도 불렀다)에서는 거의가 다 한국인이었고, 비교적 우수한 교수진 덕분에 일제의 방해 공작에도 불구하고 250여명이 넘는 많은 졸업생을 배출해서, 훗날 우리나라의 과학 발전에 좋은 밑거름 역할을 하게 되었다. 그렇지만 선각유지先覺有志들에 의한 조선교육회가 조직되고 23년 민립대학기성화를 조직하여 5개 학부(문리·공·상·농·의)의 민족종합대학 설립을 추진하고 있었다. 이 운동은 전국에 확산되어 유지들이 앞 장 서서 모금운동에 나와 커다란 호응을 받았다. 일제는 물론 조선의 민립대학 설립을 당연히 좌시할 수 없어 결국 그들의 방해로 민립대학설립은 좌절되고 말았다. 마침 3.1운동 후 새로 부임한 일본총독은 소위 문화정치로 조선인을 무마하려고 상급학교 설립방안을 구상하던 중이었기에 조선에 고급기술 인력의 양성기관을 세우지 않을 수가 없었다.

이렇게 하여 후속적으로 총독부가 추진한 경성제국대학이 26년 4월에 설립되었는데 이공학부 없는, 법문학부와 의학부를 개설하고 개교하였다. 종래 경성공업전문학교는 22년 경성고등공업학교로 개칭되었다가 44년 경성공업전문학교로 다시 바뀌어서 해방을 맞게 되는데, 일제 하 대표적인 과학기술 교육기관이었다. 애초에 이 학교는 일본인보다 조선인을 더 많이 뽑는다고 표방되었지만, 조선인을 입학시킨 뒤 중도에 상당수를 탈락시킴으로써 사실상은 일본인이 더 많이 배출하는 학교로 바뀌었다. 설립 초기에 경성공전은 염직과, 요업과, 응용화학과, 토목과, 건축과, 광산과 졸업생을 배출했으며, 일본의 대륙침략이 본격화된 38년에 기계공학과 및 전기공학과가 추가되었다.

불우한 가정에서 태어났던 우장춘은 1919년 동경제국대학 실과를 졸업한 후 줄곧 농사기술에 몰두하여 그의 육종분야 연구를 모교에서 인정받고 1936년 농학박사를 득했다.1950년 정부의 초청을 받고 귀국 후 원예시험에 연구하면서 1952년 중앙원예기술원장에 취임했다.

중일 전쟁 발발 이후 총독부는 조선인들이 공업학교를 설립하는 것에 대한 규제를 좀 완화해주었고, 이에 따라 몇몇 공업전문학교들이 설립되었다. 그중에서도 광업가 이종만을 중심으로 각계의 조선인 후원을 바탕으로 해서, 숭실전문학교가 신사참배를 거부하여 폐교된 것이 인연이

한국최초의 이학박사
이원철 연희전문 교수

되어 38년에 평양에 설립된 대동공업전문학교가 그 대표적인 예라고 할 수 있다. 이 학교에서는 전시의 혼란에도 불구하고 약 300여명의 조선인 채광 야금학 전공자를 배출했다. 한편 39년에는 일본인 광업가의 기부금으로 관립 형태인 경성광산전문학교도 설립되었다.

경성제국대학 이공학부 대륙 침략이 본격화되면서 과학기술인력 공급이 다급해진 일제는 1941년에 와서야 경성제국대학에 이공학부를 신설했다. 경성제국대학 이공학부에서는 물리학, 화학, 토목공학, 기계공학, 전기공학, 응용화학, 채광야금 등 7개 학과가 설치되었고 재직 교수·조교수는 모두 일본인만으로 구성되었는데 한국인 강사로는 최호영, 김종원, 이재병으로 알려져 있다.

이들 각급 학교는 한국인이 일제로부터 제약 받던 고급인력의 산실로서 공업에 관한 전문교육을 실시한 곳으로 재조선在朝鮮 일본인을 위하여 공업발전에 필요한 기술자 또는 경영자를 양성하는 취지였다. 교육강령에는 공업교육의 필요성이 강조되고 새롭게 발전해 나가는 과학을 도입하여 실지로 활용할 기술을 연마하여 산업진흥과 공업발달에 주력토록 하였다.

경성공업전문학교는 식민지배 하에 일제가 설립하고 주로 일본인 교육기관이며 한국인에 대한 문호는 극히 제약을 받았기에 선발이 엄격했었다. 하여간 이 땅에 관립공업전습소 후속으로 설립한 보다 상위의 '공업전문기관'이었다. 수업 연한은 3년이고 염직과, 응용화학과, 요업과, 토목과, 건축과를 두고 입학자격은 고등보통학교를 졸업한 자로 하였다. 초대 학교장은 중앙공업시험소장이 겸임하였다.17년에 광산과가 증설되고 18년에는 제1회 졸업생 18명이 배출되었다. 22년에

동숭동 소재 경성제국대학 정문과 구내 건물(1926년)　41년에 신설한 이공학부는 같
은 구내에서 수업했다. (출처 : '서울六百年史-고등교육'에서)

는 이 학교는 경성공업고등학교로 개편되고 부속된 공업전습소는 이
미 언급했듯이 경성공업학교로 독립시켰다.1938년 4월 공업전문학교
에 기계공학과와 전기공학과를 증설하고 기존의 토목, 건축과를 토목
공학과 건축공학과로 개편하였다. 비로써 이때부터 현대식 전문학과
목이 교과과정에 반영되었는데 예를 들면 기계공학과에는 응용역학,
기구학,기계공작법,기계설계,난방 및 냉동, 열역학, 증기원동기, 수력
학·수력기계, 실험실습 등이다. 한편 경성광산전문학교는 채광학과,
광산기계학과 그리고 야금학과로 구성되고 채광학과의 교과과정은 화
학분석, 공업분석, 광물학, 지질·암석학, 광상학, 채광학, 화약학, 선
광학, 측량학, 광산기계학, 실험실습 등이었다. 그런데 44년 칙령에
의하여 경성고등공업학교(약칭 '고공')는 다시 경성공업전문학교로 개
명되었다. 당시 학과조직, 교과과정이 대폭 개편되었는데 이미 제2차
세계대전도 종전에 가까워 교육을 제대로 수행하기가 어려웠기 때문
이다. 경성공업전문학교는 1916년 개교 이래 1600여명의 졸업생을
배출하였는데 조선인은 겨우 412명이고 기계공학과는 불과 20명이었

다. 이들은 일제치하 시련 속에서 우리나라 전체 고급기술인력 중 인원수로는 가장 큰 비중을 차지하였으며 조국광복 이래 공업건설에 크게 공헌하였다고 본다. 본교에 재직했던 교수로는 안동혁,이균상,나익영,최윤식,박동길,김원택 등 6명이다. 박동길 박사는 고공 졸업 후 다시 일본 동북제국대학을 나왔다. 그는 일정 말 북한 흥남 군수공장에서 지질전문가로 근무한 일이 있다.

8.15 광복 당시의 과학기술 인력은 얼만가

경성제국대학 이공학부는 수업연한 3년이고 동년 4월에 신입생 37명(그 중 13명이 조선인)을 맞아 수업이 시작되었다. 기계공학과의 교과과목은 매우 다양하여 앞에서 기술한 경성공업전문학교에 없던 과목이 있는데 유체역학, 내연기관특론, 자동차공학, 항공기일반, 박용기관, 철도차량, 기중기, 압축기 및 송풍기, 방적기계, 냉동기 및 냉동법 등이다. 1941년 개교하고 마침내 1943년 제1회 이공학부 졸업생을 배출하였는데 조선인 학생은 13명이었다.(국내 최초의 공학사 탄생.) 이중에는 응용화학과이 현재 대한요업총협회장인 남기동南基棟 박사도 포함 되어있다. 그리고 주목할 것은 같은 해 물리학과를 졸업한 정근丁根은 광복 후 북한으로 넘어간 6명 중의 한사람으로 북측의 원자로공학 총책으로 알려져 있다. 제2차세계대전이 막바지에 도달한 45년 4월에 83명이 입학했는데 그중 한국인 학생은 17명이다. 광복 후 9월에 마지막으로 조선인 12명이 졸업했다. 설립 후 1943~1945년간에 3회에 걸쳐 졸업생은 전체 110명중 조선인이 31명뿐이다. 8.15 해방 당시 한국인 재학생은 모두 61명이었다. 이것은 당시의 해외 유학 출신에 비해서도 매우 적은 인원이었다. 해방이 되어 경성제국대학 이공학부와 경성고등공업학교, 경성광산전문학교가 모태가 되어 서울대학교 공과대학이 만들어지게 되었다. 과연 8.15 직후 우리 한국의 과학기술인이 공식적으로 몇 명인지 통계가 없다. 필자는 정확하지 않으나 분산된 현존자료를 모아 이공계 716명과 서울의 광산계를 298 여명으로 추산하여도 1300여명에 불과했다고 집계된다. (내용은 연희전문 273명, 고공 412명, 대동광전 300여명, 경성광전 298명 그리고 경성제국대학 이공학부 31명 총1314명. 해외유학파 미상으로 귀국한자는 몇 사람에 불과했다.)

8.15광복 후 이원철 박사는 우리나라 기상. 천문학자로 기상대장과 인하대학의 초대학장을 지냈다. 이태규 박사는 경성제국대학 이공학부장과 서울대학교 문리과대학장으로써 교육정책 수립에 노력했다. 특히 1946년 그는 안동혁, 이승기와 함께 한국화학회를 창설하고 학문연구의 기반을 구축했다. 그는 다시 도미하여 유타대학 교수로 지내다가 1973년 귀국하여 한국과학원(지금의 KAIST) 명예교수로 재작하면서 70이 넘은 나이로 연구 활동을 계속하고 후학의 학위연구를 지도했다. 한국의 산업기술과 공업의 기초를 다진 화학공학자 안동혁 박사는 우리나라 과학사적 인물로서 산증인으로 손꼽아진다. 고 안동혁 박사는 일찍이 식민지시대에 경성고등공업학교와 일본 큐슈제국대학九州帝國大學에서 응용화학을 전공한 뒤, 조선총독부 중앙시험소 연구원과 모교인 경성고등공업학교의 교수로 재직하며 식민지 시기 고급 산업 기술자로 성장하였다. 그는 해방 직후 한국 현대 과학기술 및 산업의 초석을 닦는 데 큰 기여를 하였다. 과학기술자들을 조직하여, 과총, 대한화학회, 대한요업총협회 등의 단체들의 건설에 기여하였으며, 중앙시험소, 경성공업전문학교 등 식민지 시기 과학기술 기관의 유산

을 접수, 재편하였다. 1950년대 중반 상공부 장관으로 재직하며 전력과 비료, 판유리, 시멘트 등 주요 기간산업의 건설을 추진하여 한국 현대 산업의 초석을 닦았다.

그리고 8.15 광복 당시 국내에서 전문학교와 대학 정규과정을 이수한 이공계 출신 기술인력(연전, 광전, 공전, 제국대학 이공학부 출신자)의 상당수인원은 교원이 부족했던 시절 각급학교 등 교육계에 공헌했다.

그렇지만 이들은 6.25를 전후하여 배출되는 후배인력으로 하여금 조국 근대화에 접목시키게 되었음을 아무도 부인 못한다.

---

1) 본고「서둘렀던 고종의 신식교육개혁과 전말」, '민족기술교육의 난맥상' 절 참조.
2) 앞의「서둘렀던 고종의 교육개혁」장에서 언급했듯이 대한제국이 멋처럼 설립했던 관립상공학교는 1904년 이후 일제에 의해서 공업전습소로 변모하였다.
3) 직인도제제는 주로 소규모 개인 철공업소에서 주인으로부터 기술을 배우기 위하여 일정기간에 무보수 또는 숙식정도로 대우를 받으면서 숙련공이 될 때까지 시키는대로 봉사하는 제도이다. 따라서 주인과 제자의 관계가 자연히 이루어짐으로 주인의 지시대로 보조 작업 을 하는 가운데 단계적으로 숙련된 기술기능을 습득하게 된다.
4) 80원은 당시 물가로 볼 때 1930년 공공기관의 '서기' 급 이상의 급료에 준함. 전체 인구의 70%가 빈민층에 속하고 있는 당시를 회고하면 가히 파격적이다.
5) 당시는 미국의 대공항의 여파로 초등학교는 물론 중학교도 월사금 미납으로 중도 퇴학자가 속출했던 시절이다.

넷째

일그어진 근대의 속성

13. 조만식 선생의 애국 · 계몽운동

조 명 제

안창호, 조만식 등 여러 애국자가 계몽운동을 전개하고 있었다. 3,1의거 이후 민족의 독립은 우선 경제적 자립에서 이루어진다. 민족기업을 온 국민이 보호 육성한다는 조선물산장려운동이 평양을 기점으로 전개되었다. 선전 표어를 내세워 가두 시위행진을 하면서 단 깃발을 들고"우리 것은 우리의 힘으로…"라고 외쳤다. 일본 경찰의제지로 여러 명이 체포당하기도 하였다.

조만식 선생의 청년시절　　3.1운동 후 물산장려운동은 조만식선생이 주축이 되어 그 조직이 전국에 확산되면서, 우리 민족자본에 의한 공업을 장려하고 국산품을 애용하여 새로운 삶을 개척해 나가자는 각성의 표시이다. 일제 강점 하에서 민족주의 계통의 인사들이 중심이 되어 우리 토산품의 생산과 사용을 장려하고 우리의 자본과 기업을 육성하여 민족 독립의 기반을 조성하기 위하여 전국적으로 광범위하게 벌였던 운동이다.

선생은 청소년시절 격에 맞지 않는 몇 가지 일화가 있었던 것 같은데, 『동광』지에는 우리가 믿기도 어려운 특유한 익살이 소개되어 있다. 오기영吳基永은 그로부터 30여 년이 지난 일인데 "평양에 머리에서 발

끝 까지 모양을 잘 내고 다니는 젊은이가 술이 과하여 하늘을 이불 삼아 안면安眠하기 일쑤였다" 하면서 지금처럼 길이 좋지 못한 그때 비가 오면 정강이까지 빠지는 진탕에 온몸이 흙투성이가 되었으리라 짐작했다. 그는 늘 깨끗한 옷과 갖신을 신고 다녔다 한다. 그리고 "물산장려를 하느라고 무명옷에 깜장 버선을 곧잘 신는 선생의 부인은 젊어서 그의 의복세탁에 허리가 아팠을 듯하다. 지금도 수심가愁心歌 한마디를 썩 잘하는 것은 젊은 시절의 남은 산물이다"라고 했다. 그렇지만 그는 그대로 진흙 속에서 주저앉을 사람이 아니었다. 그래서 얼마 안되어 그의 심중에 변화가 생겨 숭실학교 상급반에 입학하게 되었다. 그 후 일본유학을 마치고 온 때부터 그의 민족운동가로써 활동은 꾸준히 계속되었다.

타고 난 강직성과 지조[1]   그는 오산고보, 숭실학교를 거쳐 일본 명치대학 법과를 졸업하였다. 싸리 빗자루 같은 노랑 수염을 턱 아래 달고 무명옷 속에 싸여있는 그에게는 남들이 따르지 못할 온정과 겸손이 배어 있다. 수년 전 일본 어느 대학 법과를 다닌다는 얼치기 학생이 선생을 찾아 와서 법률 강의를 장황하게 할 때 선생은 그저 "예, 예 아하 그래요…"한 것처럼 법률에는 문외한인 듯한 선생의 겸손은 그 학생으로 하여금 선생이 법과 출신인 줄 알고 부끄러워 어쩔 줄 몰랐다. 오산학교장 당시 학생들과 어울려 친히 팽이를 치고 운동장을 수축한 일이 있었는데 그의 온정은 오산고보와 평양숭인교장 시대에 더욱 더 베풀었다. 선생의 물산장려는 의복에서부터 모든 일용품에까지 조선 백지 예를 들면 명함에 쓰고 신발은 고무신에 이따금 비 올 때는 구두에 덧신을 씌어 신는 것을 본 어떤이의 말인데 그것은 일본유학 당시 사서 신던 것이라고 한다. 두루마기는 멋 부리는 여학생 치마 보다 짧다. 그래서 부인의 반대로 여러 번 부부싸움을 거쳐 겨우 선생이 이겨냈다고 한다. 집에는 방이 두개인데 값싼 평양전기회사의 전등도 이 댁에는 한 개 뿐이다. 선생이 기거하는 방에는 호롱불을 켜고 굵은 풍석지적을 깔아서 벽촌 농가의 집과 같았다. 벽에 걸린 20년 전에 유행한 헝겊 가방은 그때도 선생의 애용품이다.

선생은 독특한 유모어가 있어서 결혼식장에 신랑, 신부를 웃기지 않을 때가 없었다고 한다. 이런 줄 몰랐던 오기영씨의 결혼식장에서 신랑은 고사하고 그야말로 첫날밤 색시라는 자기 아내가 주례자 앞에서 웃음을 터뜨리고 말았으니 축사가 진행 중 신랑신부는 하객 앞에서 실수도 한참 범한 것이다. 선생의 일화가 많은데 신랑 오기영은 한바탕 웃음으로 조선 사람의 우울한 생활에 '청량제'로 받아 들였는데 결코 선생은 실없는 사람이나 경우없이 사람을 웃기는 이가 아니라고 했다. 그러면서 '채플린'의 희극 속에서 눈물나는 장면을 늘 보는 것처럼 선생의 웃음 말고라도 몇몇의 일화는 거듭거듭 되새겨 볼 때 조선 사람들의 우울한 현실을 통감한다고 했다. 선생의 허례 폐지 주장은 누구 보다 앞섰다. 엄친상을 당했을 때 일이다. 평양성 안의 사람이라도 그의 가까운 극소수의 사람을 제외하곤 알지 못했다. 일체 부고를 폐지하고 화환의 사절은 물론 친지의 장지 동행까지도 거절하여 그 사상은 평양 뿐 아니라 전 조선인에 모범을 보였다. 딸을 시집 보낼 때에는 「모닝코트」(지금의 '턱시도'를 말함)을 빌리지 않고 조선식 예복을 입고 혼인식을 마쳤다. 그가 YMCA관에 나오면 사람들은 여러 가지 문제를 갖고 찾아 왔다. 억울한 호소, 딱한 의논, 성적이 불량한 학생의 부모 그리고 심지어 가출한 처 문제로 선생을 찾아온 노동자도 있었다고 한다. 그에게는 명예에 대한 욕심이 없다는 것은 서울의 어느 신문사가 사장직으로 선생을 모시려 하자 끝내 거절한 것으로 그의 마음을 가늠 할 수가 있다.

결국 그에게는 없는 것이 많아 재물욕, 명예욕, 야심 그리고 교만이 없기에 가난과 고생이 따랐다. 그는 없는 것이 많은 대신 크고 귀한 것이 많다. 지조志操는 그의 생명보다 귀하고 큰 것이었다.

물산장려운동의 의미[2]　　이 운동은 몇 개의 단계로 전개되었다. 1920년 평양에서 시작하고 1923년에는 서울을 중심으로 전국적으로 확산하였다. 일본 총독부와의 잦은 충돌 속에 구금, 체포에 맞서서 물산장려회의 계몽과 구국운동은 열화와 같았다. 그러나 후일 명맥만 유지하면서 1937~1940년 사이에 해산된 듯 하다. 그 설은 조선물산장려회가 총독부의 명령에 의한 것과 민족 언론기관이던 조선일보·동아일보를 폐간시킬 때에 강제로 해산시킨 것으로 전해진다.

물산장려운동의 사상은 한말의 애국계몽사상 속에 나타나고 있었으나 그 최초의 조직은 3·1운동 직후 서울에서 조직된 「물산장려주식회사」였으며 그것이 하나의 사회운동으로 조직화된 것은 1920년 평양에서 발족한 조선물산장려회였다. 그 후 전국 방방곡곡에 민중의 광범위한 참여 하에 다양하게 전개되었다. 민중의 일상생활과 직결된 토산산업土産産業이나 가내공업의 육성에 중점을 두었던 자족자급과 민족기업의 육성발전에 중점을 두었다. 따라서 토산품장려운동과 금주단연운동禁酒斷煙運動, 일본상품 불매운동 그리고 기술교육운동에 연결되어 있었다. 1920년 8월 23일 조만식은 평양 유지들과 함께 조선물산장려회를 발기하였다며, 여기에 동년 8월 25일자 동아일보에 실린 「조

선물산장려회취지문」중 일부를
소개하면 다음과 같다.

애국지사 고당 조만식 선생

　"우리 조선반도는 천부의 토土
이요 부원富源인 지라 반만년 장구
한 세월에 간단 없이 물자를 공급
하고 사업을 부여하야 종족이 번식
하고 문화가 계발啓發되얏도다…중
략…고구考究컨데 개인이나 단체는
물론하고 경제력의 여유의 유무 즉
부와 빈은 생활상에 고와 락의 차가 유할 뿐 안이라 지식의 우와 열을 기하
고 종하여 세력상의 강과 약을 생하여 강하고 빈자는 열하고 약하여 필경畢竟
우승열패케 되나니, 그러면 시시試思하라 우리 민족은 우승자인가 열패자인가,
강식자인가 약육자인가 오인은 누누히 이를 설명코자 하지 아니하고 다만 우
리의 빈약한 원인이 무엇인가를 말하고저 하노라 이에 대하여 물론 근대에
정치이며 교육이며 제도이며 습관이 부폐하고 해이하야 농공상農工商을 천시
하고 오직 사士만 존숭하며 당쟁을 유일의 정략으로 하고 의문儀文을 최선의
교육으로 하엿으니 이와 같이 한것이 다 빈약의 원인이 될것은 무의無疑할지
라…일대 근인近因이 유함을 간파하얏으니 즉 자급자작치 아니함이라 하노라
환언하면 조선물산을 장려함이오…"

전국을 휩쓸었던 운동의 요약[3]　　첫째, 조선 13도 전역으로서
서울, 평양, 부산, 대구, 광주, 대구, 인천, 신의주, 강릉, 황주, 해주,
함흥, 갑산, 전주, 김제, 통영, 강경, 재령, 혜산진, 김천, 회령, 이원,

함양 기타지역에 확산되었다.

둘째, 1922년 12월 22일 운동의 표어모집 광고에 1200편 응모 중 '내 살림 내 것으로' 등 7건이 채택, 발표되었다. 또 각 지방에 표어 만들기 모임에서 '주의하라, 연 연 증가의 수입품', '내 손으로 지은 것

천도교회관에서 열린 조선물산장려운동 제1회 정기총회

을 먹자', '내 손으로 지은 것을 입자', '내 손으로 만든 것을 쓰자' 라고 지었다. 채택된 것들은 곧바로 다음과 같이 주요 일간지 또는 잡지 선전 광고문에 오랫동안 활용되고 있었다. ≪당시 화장품은 가루로 되어 '분'으로 통용되었다. 박씨 집안이 발명한 화장품 '박가분'이 인기가 있었다.≫

대표적인 토산품 박래물품舶來物品을 쓰지않도록 2천만 우리 동포는 각성하라! 부인 화장계의 제왕! 박가분朴家粉을 사랑하시는 제위에게! 조선물산장려운동을 축하합니다.

경성 연지동 270번지 朴家粉本鋪

1923년 2월 15일 함흥에서 토산품장려선전 행렬이 경찰에 의해 즉

각 금지 당했다. 바로 다음날 평양에서 물산장려 시가행렬이 있었는데 경찰당국은 50명씩 2개조만 제한하라고 지시했지만 평양시내 60개 단체 8천여 명이 이를 무릅쓰고 강행함으로서, 경찰은 불온하다고 경고하고 김성업, 조만식 등 여러 사람이 연행된 사고가 있었다. 이때 선전지에 다음과 같은 글이 쓰여있었다. '우리는 우리의 것을 먹고, 입고, 쓰고, 살림합시다.'. '우리는 우리의 물건을 많이 만들기에 힘씁시다'. '우리는 말로만 하지말고 끝까지 실행합시다.' 시위대는 경찰의 경고에도 불구하고 단기團旗들고 노래 부르면서 선전지를 배포하고 행진하였다. 회원들은 교회에 집합하였는데 참가 인원이 1만여 명이나 되었고 취지 설명, 행렬 설명, 축사 그리고 만세삼창으로 끝났다. 한편 서울에서는 경찰의 철통같은 경고로 일단 간친회와 강연회로 기념하기로 하였다. 이 모임은 시차를 두고 천도교당과 기독청년회관에서 열렸다. 원래 행사 진행계획은 지정된 복장으로 가슴에 휘장을 달고 고악鼓樂으로 편성한 조선악대를 선두에 세워, 팔도연합 여덟 폭 회기會旗 및 각도 특산도기特産道旗를 들고 취지. 헌칙 및 선전문을 살포토록 되어 있었다. 경찰의 행렬 금지 이유는 옥외집회 불허, 외국상품-사치품의 상인과의 충돌 우려 및 사상적 불온사태 우려를 내세웠다. 대전에서는 장날을 이용하여 물산장려운동 행렬에서 '삼천리강산을 보라 내 것이 무엇이 있나', '흙을 파 먹으려 해도 흙도 없다' 라는 선전을 하였는데 경찰은 이를 배타적 불온사상이라며 선전지를 수거하고 관계자를 검색했다. 한편 조만식 선생은 진남포에서 〈오족吾族의 활로와 자작자급〉,라는 선전 강연을 하였다.

1923년 5월 10일 평양예수교 장로회에서 물산장려와 소비절약에 관한 목적 결의를 다음과 같이 하였다. 1) 납채할 때 예물을 반드시 조선 물산으로 하되 간략 검소하게 할 것. 2) 납채할 때 가급적 손님을 초청하는 일이나 부조하는 일을 폐할 것. 3) 옷감은 포목과 비단은 물론이고 전부 조선 물산으로 하되 검소하게 할 것. 4) 남여학생의 교복 당기 등은 할 수 있는 대로 조선 물산으로 할 것. 5) 세초 연하장과 세말 선물을 폐할 것. 또 1931년 4월 7일 1백 여 개 교회가 소비 합리화에 참여 하였는데 1) 견직물 모직 라사류 기타 사치성 의복 또는 제품을 쓰지 말 것. 2) 혼연비는 50원 이내, 상장비는 70원 이내로 빈부 격차 배격 등 여러 가지를 결의하였다.

1929년 4월 16일 조선물산장려회 제7기 대회에서 7개 사항을 결의하였는데 전국에 있는 우리 기술자를 조사하여 일반 경영자에게 소개할 것, 조선인 생산 수량을 정밀 조사하여 우선 조선 내 수급 및 소비 상항의 통계작성을 할 것, 그리고 간이한 사업계획을 발표하여 일반 소자본 경영자에게 참고케 할 것 등이 포함되고 있다.

1930년 2월 13일 물산장려회 집회에 금주단연동맹禁酒斷煙同盟 차가인동맹借家人同盟 등 6천명이 참가하여 조만식의 강연 후 경찰의 엄중한 감시 하에 5만장의 선전지를 뿌리고 공장 생산품을 적재한 마차와 함께 행렬이 있었다. 물산장려회 선전문의 주요내용은

1) 모든 재산가들아, 여러가지의 산업을 전개하자. 2) 모든 학도들아 공업으로, 자연과학으로 많이 돌아가자. 3) 모든 청년 교원들아 그리고 신사 지도자들아 사치하지 말며 조선 것으로 만든 옷을 입어라. 4) 모든 아이들아, 여학생들아, 부녀들아, 우리 손으로 만들지 못한 비단 세루등을 입지 말아라. 5) 모든 예수교인들아, 우리는 당신들을 많이 촉망하고 기대한다. 그 까닭은 30만 대중의 단체 중의 단체요, 또한 상당한 훈련이 있다고 보기 때문이다. 그러면 조선물산장려운동에

솔선하여 좋은 모범이 되어 달라 등이다. 참가인 동맹 선전문에는 1) 보증금제도를 철폐하되 부득이한 경우는 그 금액에 상당한 이식을 부할 것. 2) 가임家賃은 현액의 2할 내지 3할을 감할 것. 3) 가옥수선비는 가주가 필히 일체를 부담할 것. 금주단연동맹 선전문에는 세계는 우리에게 큰 해를 주는 술을 적으로 하며, 대 전쟁을 개시 한지 이미 오래다,…중략…우리 조선은 2년에 1억4천만 원의 술·담배 값을 소비한다. 살기 위하여 마시지 말고, 빨지도 말고, 만들지도 말자. 영원히 박멸하자.

1932년 2월 6일 물산장려회 10주년 기념 선전 행렬에 앞서 기념식을 평양광명학교 교정에서 거행하였는데 악대 주악이 끝나고 개회사, 경과보고, 기념사 그리고 축사가 있었다. 행렬에는 국산물자를 실은 마차 19대, 화물자동차 2대와 이색적인 금주와 금연 모임의 깃발이 선전기 대열 속에 포함되고 있었다. 오후 3시에 경찰 저지로 끝나고 말았다.

물산장려회의 성과   본 운동은 15개년의 공적을 쌓아 왔지만 끝내 1937년 3월 6일로 해체하였다. 일제하의 조선물산장려운동은 식민지 체제 안에서 민족경제를 일으켜 보려고 했던 어려운 운동이었다. 그것은 객관적으로 보아도 성공이 어려운 시도였는지도 모른다. 그러나 성공이 불발로 끝났지만, 운동 그 자체가 자랑스럽고 내포한 의미가 매우 의의가 있다고 본다. 그 운동은 오늘날 우리가 처하고 있는 현실에 역사적 교훈을 주고 있다. 세계화시대에 한국경제가 살아남기 위해서 한국기업이 국내소비자를 외국기업에 뺏기지 않아야 하지만 소비자는 국내기업들을 지켜주어야 할 책임이 있고 동시에 생산자와 소비자가 연대강화 할 시민운동이 절실하다고 본다. 그러나 사회구조와 경제규모가 크게 바뀐 오늘날 우리의 현실 속에서도 그 원류를 이어 본받아야 할 것이다.

---

1) 오기영, 『동광』제17호, 조만식 선생의 이모저모, 1931, 42쪽
2) 조선물산장려운동발기 제73년 기념 학술대회에서 발표된 요지를 인용했음
3) 위와 같음

14. 민족자본 기업인의 형성과 활동

조 명 제

한국 철도 개척자 박기종　　오늘날 우리 철도가 일제에 의하여 건설되었다는 것을 아는 사람은 많아도, 한말에 우리가 철도에 깊은 관심을 갖고 그 부설을 강력히 추진하여왔다는 사실을 아는 이는 극히 드물다. 개항 후 제일 먼저 철도에 눈 뜬 사람은 박기종朴琪淙이다. 그는 빈한하고 정규교육을 받지 못하여 어려서부터 동래를 자주 드나들며 일본인과 접하게 되어 일본어와 상업을 배워 익혔다. 그리하여 한인상인과 일본상인의 거간居間을 맡아 보았으며 이때 재산을 모은 것으로 알려져 있다. 또 부산 앞바다 어장을 장만하여 많은 수익을 얻고 김해 일대의 토지를 사들었다.

　그가 이렇게 동래의 팔상고八商賈를 드나들면서 배우고 얻은 새로운 지식으로 후일 관계에 진출한 기회가 마련된 것이다. 한말에는 서민출신으로서 관계에 진출하여 파격적인 출세를 한 자 중에는 역관들이 많았다. 박기종은 개항 후 1, 2차 수신사를 따라 역관의 자격으로 두 번이나 일본에 건너가 근대적인 문물을 견문하기도 하였다. 이 때 그는 철도 부설과 근대식 학교설립에 전 생애를 바칠 결심을 갖게 된 것이다.

청일전쟁 이후 한국에서 철도부설권을 놓고 열강들이 서로 이권을 얻고자 할 때 박기종은 한국 최초의 철도인 부하철도釜下鐵道회사를 설립하였다. 이것은 하단下端 철도라고 칭하였는데 이 철도의 계획은 경제적으로 보아 당시 긴급하다고 믿었기 때문이다. 부산개항 직후 하단은 부산으로 유입하는 화물의 집산지로 낙동강을 따라 구포, 삼랑진, 왜관 그리고 상주까지 수많은 배가 왕래하고 하단은 해륙생산물의 위탁업을 하는 객주가 여러 곳에 있어 보부상이 집결되고 부산에 있는 일본 정미소에 현미를 팔아서 축재한 사람이 많았다. 그러나 박기종은 철도건설에 많은 사재를 투입하여 부채를 졌을 뿐 일본의 경부선부설이 계획됨에 따라 무의미한 노선이 되고 말았다.

박기종의 철도에 대한 집념은 대단한 것이었다. 그가 주동이 되어 창립했던 대한철도회사의 경의선과 경원선의 부설권은 정부가 서부철도국을 설치하고 이 두 선의 직영안을 계획하고 국왕의 재가를 얻게 되자, 박기종은 다시 시선을 경부선으로 돌렸다. 그러나 경부선은 일본의 강압적인 요구로 체결된 합동 협약에 따라 일본이 조직한 경부철도회사에 그 실권이 넘어갔고, 노일전쟁이 시작되면서 경의선, 경원선도 일본의 독점적 공작으로 부설권을 잃게 되었다. 그러나 이에 앞서 1902년5월8일 이미 한국 정부는 프랑스 기사를 초빙하여 경의선 공사를 착공시켜 경성~개성간 철도의 기공식을 치루었던 일은 참으로 어처구니가 없던 것이다. 그 후 박기종은 여기에 굴복하지 않고 삼랑진과 마산을 연결하는 삼마철도를 착안하고 구상하였다. 마산은 종래 삼남 바다에서 중요한 귀항지였고, 영남과 호남의 물자를 일단 이곳에 모아 육로와 해로로 각지에 수송하였던 곳이다. 그래서 많은 객주, 보부상이 운집되고 있었다. 박기종은 철도에 관심있는 동지를 모아 부설을 정부에 신청한 것이다. 그가 주동이 되어 창립된 철도회사가 삼마철도 부설권을 얻게되자 곧 반응을 일으킨 것은 바로 일본이었다.

일본 기밀문서에 "…실제로 그 부설권을 갖느냐 못 갖느냐는 우리의 군사, 상업상 모든 경영에 지극히 긴요한…"라고 되어 있어 박기종이 삼마철도 부설권을 얻은 것은 일본에게 큰 타격이 되었다.…(생략). 자금과 기술이 부족한 한국정부는 일본에 부설권을 넘겨줄 수밖에 방법이 없었다. 박기종은 평생을 철도건설에 소망을 두었으나 자본력이 없고 국력이 없는 상황에서는 그의 높은 뜻도 사라져 버렸다. 그는 나라의 중흥은 산업개발에 있다고 믿고, 큰아들은 일본의 광산학교에 작은 아들은 철도학교를 각각 유학시켰는데 뜻을 이루지 못하고 허무한 결과만 낳고 말았다.

한말의 서울 거상巨商 백윤수·김윤면·박승직

1890년대부터 합방에 이르기까지 서울의 상가에서 활동한 상인 중 거상으로 보는 사람들은 다음과 같다. 종로를 중심으로 전통적인 시전상인은 백윤주, 김윤면, 김태희 등인데 종로와 광교 일대에서 견직물, 면포 등을 판매했다. 배오개를 중심으로 종로 4, 5가에 진출한 상인들 중에는 박상직, 최인성 등인데 이들은 대체로 객주 출신 상인들이다. 남대문을 중심으로한 상가에는 이덕우, 민홍식 등이다. 마포상인으로는 박성일, 박기범 등인데 이들도 모두 객주 출신이다. 이들 대부분의 상인들은 1905년 공항기를 기하여 도산 또는 폐업하기에 이르렀는데 일제말기까지 가업을 이어간 상인은 극소수로서 백윤수白潤洙, 김윤면金潤冕, 박승직朴承稷은 끝까지 거상으로 존속하였다. 이들은 새로운 풍토 속에서 각자 특색있는 기업활동을 펴나가 식민지하에 민족기업가로서의 유형을 이루었다.

백윤수는 선조 대대로 가업을 이어받은 종로 네거리에서 견직물을 취급하는 시전상인이며, 김윤면은 갑오개혁이후 이곳에 새로 등장한 시전상인(백목진白木廛)이다. 한편 박승직은 농촌 출신으로 지방시장에서 장사를 하다가 서울의 새 시장인 배오개에서 포목상을 하면서 객주업으로 성공을 거둔 상인이다.

백윤수는 일제하에 줄곧 직물제조업을 경영하고 있었다. 언제부터 그의 시전 상호가 백윤수상점으로 칭하였는지 몰라도 필경 합방 전후로 생각된다. 백윤수상점이 1905년 일제에 의한 화폐개혁으로 인한 공황을 극복하게 된 것은, 취급하는 구매물품이 청나라 거상인을 상대로 한 고급비단이라는 것과 고급비단의 수요자는 국내 귀족, 고관 또는 부유층이었기 때문이다. 이렇게 유리한 조건 밑에서 다른 전통적 시전 상인들이 몰락하는 것과는 대조적으로 상점을 존속할 수 있었다. 1916년 자본금 50만원으로 대창무역주식회사를 설립하고 종전의 수입·판매 뿐만 아니라 직물의 가공과 생산까지 견직물, 마포를 대상으로 하였다. 그 후 대창직물주식회사를 세워 청국으로 부터 수입을 대체하여 본격적인 국산견직물을 생산하였다. 이 회사는 백윤수의 뒤를 이어 4형제가 모두 기업을 이어받아 1935년 새로 태창직물공업주식회사를 자본금 1백만원으로 설립하였다. 이 회사는 크게 성장하여 직물업계에 두각을 나타내었다. 해방 후 한때 '태창재벌'로 세칭되었는데 5.16 군사혁명 이후 백씨 일가의 기업군은 몰락되고 주인이 바뀌었다.

김윤면은 원래 시전상인 집안이 아닌 15대째 서울 토박이 중인 계층이다. 장사에 대한 경험은 없었으나 형인 김윤만이 백목진을 맡은 이래 상술이 놀랄만하여 상인으로서의 확고한 신념을 가지고 평생 신조를 지킨 것으로 전해진다. 그의 신조는 친절, 에누리 없는 정가제, 신용이라고 했다. 그가 상대로 하는 고객은 서민들이 찾는 면포였고 천민도 그곳을 찾게 됨으로 소문이 나서 누구나 그 집에 가면 속지 않는다는 평이 났다. 당시 금품을 보관 맡으면 대개 이것을 이용하는 것이 상례였던만큼, 그의 이와같은 고지식한 성품은 주위의 사람들로부터 깊은 신뢰를 받게되었다. 김윤면은 1919년 서울에서 상인들과 합자하여 동양물산주식회사를 창립하고 국내외 물산의 수출입·판매를 목적으로 하였다. 그러나 근대기업가로 진출하는 절호의 기회였지만 시험대로 끝나고 결국 호기를 놓쳐 버렸다. 결국에는 큰 아들을 제외하고 가업의 계승이 단절되었다.

박승직이 지금의 종로4가에서 포목상을 시작한 것은 1898년경이다. 이것은 개항 후 전통적인 시전상가에 대항하여 새롭게 세운 객주상들의 상가였다. '조선인회사대사전'을 보면 "박승직은 적수공권으로 근면히 활동한 결과 금일의 대성이 있게…우리 직포계의 노장이며 입지전중의 한사람이다"라고 평하고 있다. 한말의 송파松坡는 안성과 더불어 서울로 유입되는 화물의 집산지였다. 홍수로 인하여 지금의 송파는 새롭게 옮긴 곳으로 활기찬 송파장의 모습에 매혹된 박승직은 18세 나이로 홀연히 상인을 따라 포목상에 나섰다. 그는 처음에는 이곳에서 물품을 사가지고 내륙에 들어가 행상을 하다가 뒤에는 수입품의 집산지인 제물포에 진출하여 직접 물품을 구입했다. 그리하여 각지방 방방곡곡을 다니면서 수입상품을 팔아 부를 축적할 수 있었다. 서울에 진출한 그는 종로4가에 점포를 두고 포목 도산매를 시작하면서 마포, 목면, 식염 등 점차 종목을 늘여 위탁판매를 하였다. 1905년 일본과 합변合辨회사를 설립하여 일본에서 직접 면사면포를 수입해 들이기로 하였다. 합변회사인 공익사共益社의 비약적인 발전으로 박승직상점은 1910년 거래상 관계로 일본의 오사카 거상 이또쮸伊藤忠兵衛가 여기에 가담하여 주식회사로 개편했다. 그 후 만주 각 도시에 지점을 차려놓고 운영하여 1930년 초 대공항에도 타격을 받지 않고 해방이 될 때까지 사업을 계속해 올 수 있었다. 그는 공익사 외에 광장주식회사 등 각종 기업체에 참가하면서 포목 뿐만 아니라 미곡, 식염 등 기업활동을 하였다. 1934년 소화기린맥주주식회사에도 김양수金亮洙 등과 참가하여 취체역을 역임하고 해방 후 박병직은 이 회사를 인수하여 회사명을 개명하여 동양맥주주식회사를 운영했다.

백화점을 경영한 최남과 박흥식　　일본상인은 통감부가 있던 남산 언덕 밑에 가까운 진고개 일대와 남대문에 이르는 곳에 상가를 이루었다. 이 일대는 나막신(게다)소리가 유난히 요란스러웠던 거리였다. 속칭 이 남촌에 대치하고 있는 곳이 북촌의 한인상가가 광화문~종로, 동대문 일대에 있었다. 남촌상가는 일제의 정치적, 행정적 비호를 받고 있었을 뿐만 아니라, 경제적으로 대자본과 상품생산공장의 배경을 갖고 있었다. 그러나 북촌의 한인상가는 항상 억압의 대상이었고 소자본의 영세상가가 강타를 받게 되었는데 그것은 남촌상가에 대형 백화점이 출현하였기 때문이다. 미쯔코시와 죠지아 백화점이 바로 그것이다.

북촌상가 인사동 입구에 작은 구멍가게 규모의 덕원상점이 있었다. 주인 최남崔楠은 은행에 다니면서 저녁에는 가게를 운영하였는데 남달리 근면성과 진취성의 성품이어서 은행을 그만 두고 장사에 전념했다. 그는 서울태생이고 일찌기 부친을 여의고 가난한 생활을 하였다. 그가

장사에 관심을 둔 것은 은행 근무 당시 동대문 상인과 자주 접하게 되면서부터였다.

　그는 후일 백화점을 차렸지만 소규모 잡화상 덕원을 확장시켜 그 기반을 만들게 된 것은 그만한 경위가 있었다. 그는 진고개의 일인 상점에서 경험이 많은 한국인 점원을 스카우트하여 상권확장에 뜻을 품었다. 먼저 우수한 점원을 일본에 파견하여 상주시켜 일본공장 상품을 직수입하게 되었다. 이렇게 하여 좋은 상품을 값싸게 판다는 소문이 장안에 퍼져나가 덕원상점은 개업한지 몇 해 안되어 이름이 났다. 당시 북촌상가 상점들은 물품 조달이 일본도매상으로부터 거래되었으므로 상품가가 비싸 도저히 경쟁력에서 불리하였다. 그는 당시 경영난에 시달리던 북촌 제일의 동아부인상회를 인수하고 이 무렵부터 백화점 개설의 꿈을 갖게 되었다. 덕원상점의 번창은 평양, 함흥, 대구, 광주, 나주 등 전국 각지에 지점을 열어 급성장하게 되었다. 최남은 마침 1931년 서울 갑부 민규식 소유인 현대식 4층 건물을 임대하여 동아백화점을 개업하게 된 것이다. 그는 남촌의 미쯔코시에 못지않은 백화점을 운영하려고 점원 2백여명을 두어 진열과 장식에 특히 힘쓰고 고객에게 좋은 인상을 보이도록 깨끗한 옷차림과 친절에 정성을 다했다. 그러나 상품이 고객의 눈을 끌지 못하고 친절성 등 서비스면이 부족하여 최남은 바로 이러한 결점을 개혁하려 노력했다. 그러나 조선에 생산공장이 없고, 그의 특유한 텐센쓰 스토아(모조리 품목당 10전 균일로 파는 점포)의 묘안 발휘의 실패가 동아백화점이 불과 수년만에 문을 닫게된 주요인이 되었다.

　동아백화점이 박흥식의 화신상회로 이양되면서 한국 최대의 화신백화점이 되어 북촌상가로서는 나름대로 체면이 유지된 셈이다. 점주

박흥식은 평남 용강 출신으로 인쇄소를 경영하고 서울에서 지물상으로 성공한 것은 20대의 청년시절이었다. 화신이 한국 최대의 백화점으로 성장한 것은 그가 상재에 능하고 북촌상가의 왕자가 되는 웅지를 품고 원래 신태화가 운영하던 화신 금은방을 매수하고 백화점 설립을 계획하였다. 1937년 화신상회 화재를 기회로 그 자리에 동아백화점을 사들여 연건평 2천5백평의 한국 최대의 백화점을 설립했다. 남촌의 미쯔코시, 미나카이, 죠지아백화점 등은 모두 이보다 적은 규모였기 때문이다. 그 후 미국식을 본 따서 전국에 3백 개가 넘는 연쇄점을 차려 1930년대 말 명실 공히 한국백화점의 왕자로 비약했다. 그는 2차 대전 종전 비행기 생산 공장을 안양에 세워 단발기 생산준비에 들어갔다. 해방후 이유는 잘 모르지만 일상과의 결탁으로 치부하여 친일파로 낙인 받게 되었다.

근대기업 경성방직과 김양수　　수당 김양수는 1896년 김경중의 차자로 전북 고창에서 출생하고 1921년 일본 경도제대 경제학과를 나왔다. 그는 근대 기업가적 성격을 지닌 점에서 형인 김성수와는 다른 일면을 갖고 있다. 대학을 졸업하고 고향 고창에 돌아와서 간척사업에 착안하고 삼수사(후에 삼양사로 개명)를 세웠다. 그가 이룩한 이 사업은 농장만해도 4,200정보에 달했다. 1919년 김성수가 창립한 경성방직이 운영에 시달린 것을 인수하여 농토를 투자하여 1년만에 적자운영을 벗어났다. 1935년 그는 자본금 3백만 원을 증자하여 대폭 기계설비를 증설하고 원사原絲를 자급하기 위해 방적기 2만여 추錘를 신설하여 당 해에 제2대 사장으로 취임하였다.

그 후 방적기를 연달아 증설하면서 회사를 증설하고 조면繰綿공장을 남천에, 견직물 제직을 위해 의정부에 1935년 동광제사주식회사를 신설했다. 또 조선 청년들의 장학사업을 시작하면서 유능한 인재를 기르고 1943년평양에 조면공장을 설치하고, 1944년에는 중앙상공(주)를 흡수 합병하여 총 자본금 1천3백만 원으로 증가했다. 영등포 공장은 그동안 방직기를 증설하여 해방 당시

경성방직의 "태극성"표 광목 라벨(1919)

에는 3만 여 추의 직기 1천여 대를 보유하고 있었다.

경방 창립 이후 기억해 둘 사람은 이강현李康賢을 들 수 있다. 그는 1888년 서울 태생으로 일찍부터 동경고등공업학교에서 방직기술 교육을 받고 귀국 후 기술 계몽과 방직업 발전에 이바지했다. 1910년이래 발간된 '상공월보'에 염색론, 공업의 원동력 등 많은 논문을 투고함으로서 상공 지식보급에 힘썼다. 그는 일찍부터 김성수와 친교하여 중앙학교에 교편도 잡고, 경방의 산파역과 더불어 기술지도 뿐만 아니라 경영에도 참여했다.

경방의 창립 동기는 민족주의였고 기업 전개과정에서 전국을 유세하면서 거족적인 동조를 받았다는 것은 개인기업 탄생에 있어서 유례가 없다고 본다. 후진국 민족 기업체는 기술진이나 경영진의 일부까지도 외국인의 참여가 상례였지만 이를 기피했다. 직원 모집에서도 '조선인에 한함'이라고 못 박고 단서로 응시자격을 규제하였다. 또 영업

정책에서도 '조선인은 조선의 광목으로'라는 표어를 걸고 민족기업의 육성을 호소하는 등 1923년 마침 조선물산장려운동이 한참 일 때 여기에도 동조하였다.

원래 1905년 일지기 일본 방직제품이 한국에 진출하고 1917년 설립된 조방(조선방직)이 기존 시장을 기반으로 삼고 있어 경방의 시장 개척은 매우 어려운 상황이었다. 경방은 이런 난관을 돌파하려고 미개척시장을 찾기에 심혈을 기울였다. 우선, 우리민족의 기호에 알맞은 제품 즉 세탁에 대한 내구력과 중량을 고려했다. 농촌 시장을 확보하려고 외형에 앞서 질긴 물건을 만들도록 개량을 하고 제품 선전문에는 "십자 이상을 세탁하여도 본질이 불변하고 내구력이 유하야 외래품을 능가함"이라고 역설하였다. 아무렇게나 방망이로 두들겨 빨래해도 무방하다는 뜻이다. 당시 농촌은 가볍고 우아한 것보다는 둔중하고 오래 쓰는 물건을 선호하였기 때문이다. 그리고 태극성, 농구, 불로초, 산삼 등 사람들이 즐기는 고유의 이름을 상표로 삼았다. 조선방직이 남부를 주로 시장화하였고 경성방직은 경기지방 이북 특히 평안도를 대상으로 하였다. 그 후 1939년 만주지방에 진출하여 남만주방적(주)를 설립하여 해외로 진출하였다. 경영의 지식과 능력을 겸비한 근대기업가의 대표적 인물이지만 일제 하에 불리한 입장에서도 친일을 미끼로 수익성 있는 기업을 육성, 발전 시켰었다

개성 상인과 김정호　　　개성상인은 우리나라 상업역사에 많은 흔적이 남아있다. 개성부기법 開城簿記法 차인제도差人制度 뿐만 아니라 개성상인은 협동정신이 강하고 신용을 최고의 상업윤리로 여겨왔다. 1910년대 개성의 기업은 규모면에서 겨우 4개 뿐인데 김정호金正浩의

개성전기회사, 손봉상孫鳳祥의 개성인삼주식회사 그리고 상품도산매 · 창고업 · 금융업 · 위탁판매를 취급한 회사이다. 1886년 개성 대부호 집에서 태어난 그는 명치대학 법과를 졸업한 개성의 선각자인데 영신회사 취체역을 거쳐 개성전기주식회사를 설립했는데 우리나리 최초의 민족기업이고 유일한 전기회사라는 것이 특별하다. 그는 1918년 영업을 70kW 설비에서 시작하여 1931년에는 1,470kW로 확장하여 전등불을 공급하고 그 후 황해도 강원도 이북까지 송전하여 전등 수요 10만여 호, 동력수용가수 135구좌에 전력을 공급했다. 당시 석유발동기도 희귀했는데, 추수에 절구나 방아로 탈곡 · 정미하던 시절에 편리한 전동기로 '정미소'가 돌아갔으니 농민들은 얼마나 가슴이 뭉클했을까. 일제가 전력사업을 독점하고 전등점화가 부분적으로 가동된 시대에 당시의 김정호에 의한 민족전력사업은 결국 일제의 강압 정책으로 서선전기주식회사에 합병 당했다. 김정호는 이 밖에 다수의 기업체에 참여했는데 송도도기회사, 송도고무회사, 고려인삼회사 그리고 개성양조주식회사이다. 개성 상인 송상松商 상행위는 윤리적으로 투철하여 우리가 자랑하는 전통적인 귀감으로 알려져 있다.

고무신 · 양말 · 메리야스 공업의 개척자들　　한말 개화파 인사들은 가죽 구두와 더불어 고무 구두를 즐겨 신고 다녔다한다. 1890년대 말부터 서구 선교사들이 각급 학교를 세우면서 학생 수가 늘고 있었지만 교복제도가 없어, 바지저고리, 짚신과 버선을 신고 다녔다. 민족자본으로 건립된 공업은 고무신과 양말을 꼽을 수 있는데, 이는 우리나라 최초의 민간 중소기업이 되었다. 물론 가마솥, 농기구를 만드는 전통적 수공업적 철공소는 예부터 존속되어 왔다.

고무 구두를 조선 재래의 신발 모양으로 개량 제조한 것이 고무신인데 이를 서민층이 즐겨 신고 보급된 것은 1920대부터이다. 덕천 산골에서 가난한 집안에 태어난 이병두李丙斗는 교회를 다니면서 신지식에 눈 뜨고 평양에 나와 병원의 잡역을 하면서 일본상인이 수입해 들여 온 고무 단화를 우리식으로 개조, 창안하여 고무신의 개척자, 선구자가 되었다. 그는 거부 최규봉과 알게되어 고무 구두 장사를 하면서, 일본에 건너가 체류하면서 고무화 제조공정과 고무 배합기술을 배웠다. 그 후 고무화 전문점을 개점하고 2년 후 상당한 밑천을 마련하여 본격적으로 고무신 공장을 1919년 평양에 5인 동업으로 세우게 된 것이다. 제품이 나오자 서민들의 커다란 환영을 받고 한국인의 대중적 신발로 자리잡았다. 이 새 모양의 고무신은 옛날 신발과 별로 다르지 않고 내구력이 있어 짚신과는 비교가 안 되고 비가 와도 짚신과는 달리 물이 새지 않고 편함으로 농민들도 서로 다투어 사게 되었다.

1925년까지 우후죽순으로 서울, 평양, 원산, 목포, 부산 등지에 민족계 자본이 다수 참여하여 20개소나 고무신공장이 건립되었는데 종업원 수는 1백명이 넘는 곳은 5곳 뿐이고 모두가 영세공장이다. 서울의 대륙고무는 가장 규모가 크고 사장이 이하영인데 친일계통 기업으로서 2차대전 당시도 별로 고무원료 조달이 어렵지 않았던 편이었다. 반도고무공업소의 대표 조중희는 어려서부터 일본인 제화공장에서 직공으로 기술을 익힌 장인 출신이다. 조중희와 동업자들은 적수공권으로 사업을 시작한 수련을 받은 자들이다. 조선고무공업소는 배재학당을 나온 박영근이 주인으로 조선상공회의소 평의원을 지내고 1936년 합자회사가 되고 150명의 종업원을 두었다. 서울고무공업사는 설립자 모두가 상인 및 기술자들이다. 이들은 장두현, 정완규, 백홍균으로 장두현은 남대문통에서 면사도매상을 경영하면서 자본을 축적하고 각종 기업체에 참여하였다. 정완규는 상인출신으로 일찌부터 대금업을 경영하여 자본을 축적하고 백홍균은 경성공업전문학교를 중퇴하고 한성은행 행원 출신으로 기술 및 경영을 맡았다. 이 밖에 목포의 목포고무사(사주 : 정영철 일가, 자본금 : 10만원), 동아고무주식회사(사주 : 김상섭 일가, 조희양 일가, 자본금 : 30만원)는 대륙고무에 다음 가는 고무공업회사로 설립자는 거상과 대주주들이다. 김상섭은 한말 관료출신으로 검사, 판사를 거쳐 변호사를 지냈다. 호남은행 설립에 참여하여 초대두취가 되어 목포주조회사 사장, 전남신탁회사 사장을 역임한 적이 있다. 부산의 일영고무공업소(사주 : 김진수)는 실적이 부진하였다. 평안고무공업사(사주 : 김동원)는 종업원 2백명 규모의 큰 공장으로 설립자는 일본 법정대학을 졸업하고 국권회복운동에 가담한 근대 기업가이다. 그는 서울에 동익사를 세워 견사 및 견포의 도매상을 운영하였다. 그는 소위 105인사건으로 복역하고 본업을 돌볼 겨를도 없던 독실한 기독교인이었다. 그 외에 서경고무공업사가 있다.

한국에 양말공업이 본궤도에 오른 것은 3.1운동을 전후한 시기로 보며 이것은 신생활운동의 결과 대중의 생활양식이 크게 변화하던 때를 같이한 것으로 본다. 양말공업은 고무신공업과는 적은 시설과 소상인 출신이라는 점에서 구별된다. 영신, 대동, 세창, 월성, 해동, 대원 등이 1917~1924년에 양말공장이 개업하였는데 대규모로 확장한 곳은 손창윤孫昌潤의 삼공양말과 이진순의 공신양말 뿐이다. 손창윤은 염색공장을 매수하여 양말, 모자, 타올의 염색을 자체적으로 하였다. 1928년 평양에는 염색공장이 6개처가 있었다. 그는 양말공장 시설을 확장하면서 분 공장을 세워서 타올, 모자, 면도꾸리, 셔츠, 쉐터, 커튼 등

생산을 시작하고 1930년대에 동양 굴지의 메리야스 공장으로 발전시켰다. 영신양말의 이용석李用錫은 일본 중앙대학에서 수학하고 동경에 머물러 메리야스의 기술을 습득하고 귀국 후 다시 개성의 송고실습장에서 수련한 후 비로서 평양의 양말공장을 건립한 사람이다. 1923년 영신양말공장을 설립하고 일본과 제휴하여 평양양말공장에 자동양말기계를 보급하는데 힘썼다. 이용석과는 달리 대부분의 양말공장의 주인들은 소상인 출신이다. 이와 같은 이용석의 노력으로 1926년 평양양말공장은 모두 양말공업의 기계자동화를 맞고 메리야스 생산에 있어 새로운 개발이 시작하게 되었다. 1934년 조선메리야스공업주식회사는 노의규 등 3인이 설립한 것으로 후에 자본금 40만원으로 증자하고 100여대의 기계설비를 갖추었다. 결론적으로 말하면 양말공업은 늘어나는 군소 업자와의 경합과 공장노동자의 저임금정책으로 난관에 봉착하게 되었다. 나아가 메리야스공업은 1937년 일제가 직접 통제정책을 취하게 되었다.

민족 기업을 겸행한 애국지사　　1864년 평안도 정주에서 출생한 이승훈李昇勳은 보부상을 거쳐 유기점을 경영하고 안창호와 함께 보성학교를 설립했다. 1885년 경상도 의령에서 태어난 안희제安喜濟는 경상도 대지주로 백산상회白山商會를 경영하고 독립운동에 가담하면서 옥고를 치르고 노후에 발해농장에서 농토를 개척하여 1910년대 고국을 떠나 이민 간 동포들을 위해 발해학교를 세워 계몽활동을 하였 다.

이승훈은 집안이 어려워 정주에서 청정으로 이사가서 고래로 유기 제조로 유명한 이곳에서 서당공부를 얼마 후 그만 두고 임권일이 경영하는유기상점에서 일을 거들었다. 당시 각처에서 행상들이 모여 들어

이승훈 선생

유기를 사 갔는데 주인을 돕고 상거래를 배울 수가 있어 보부상으로 진출하여 평안도 뿐만 아니라 황해도 일대를 순회하면서 돈을 모아 그가 24세 되던 해 청정에 유기상점을 개설했다. 이승훈은 성품이 명쾌하고 열정적이며 한 번 마음 먹은 일은 끝장을 보는 실천력과 인내력을 지녔다. 그는 지방을 다니면서 유기공장을 차려 상공업에 대한 자신을 얻게 된 것이다. 후에 진남포에 지점을 두고 유기공장과 상점을 조카에 맡기고 평양에서 동료와 함께 합작하여 무역상을 시작하기로 작정했다. 경인선 개통과 함께 운수업을 시작하고 석유, 양약 등 서양상품을 사서 도산매하기도 했다. 상업의 대상은 다양하여 유기 이외에 도자기, 북어, 군수품(러일전쟁 중에 유출된 것),곡류 등의 도매도 하였다.

그는 1904, 5년 수차에 걸쳐 사업실패와 더불어 외세침략이 비단 정치만 아니라 민족경제 활동에 크게 작용한다는 것을 깨닫게 되고 사회에 움트는 신사조에 눈을 돌리게 되었다. 서울과 평양을 드나들면서 나라의 형편과 세계정세에 눈뜨게 된 것이다. 이전부터 유길준의 '서유견문'을 읽고 황성신문, 독립신문을 탐독하고 정치의 움직임을 주시하고 있었다. 그는 산업과 교육을 일으키고 덕과 지식, 기술을 지닌 인력을 양성해야 한다고 했다. 도산 안창호 말에 따라 서당을 수리하고 벽에는 종이를 바르고 교실 벽에 흑판을 달고 백묵으로 글씨를 쓰고 한문만 가르치던 선생은 돌려보내고 신식교육을 시작했다. 그리고 서당 이름을 강화의숙講和義塾이라고 했다. 다시 그는 중학교를 구상하고 그의 설립요청이 평안북도 관찰사의 특별한 배려로 향교 재산의 일

안희재 선생

안희재 선생 동상

안희제 선생 생가(의령)

부를 보조받게 되어 1907년 오산학교가 개교하게 된 것이다.

　1885년 경상도 의령에서 태어난 안희제安喜濟는 경상도 대지주로 백산상회白山商會를 경영하고 독립운동에 가담하면서 옥고를 치르고 노후에 발해농장에서 농토를 개척하여 1910년대 고국을 떠나 이민 간 동포들을 위해 발해학교를 세워 계몽활동을 하였다.

안희제는 어려서 한학을 수학하고 흥화학교를 나와 보성전문학교를 중퇴하고 양정의숙을 졸업했다. 민족계몽운동을 하면서 후진양성을 위한 학교를 설립하고 한일합방 후 독립투사로 1911년 국외로 망명하여 1913년 고향으로 돌아왔다. 그는 곧 부산에 백산상회를 세워 처음에는 곡물, 면포, 해산물 등을 판매하였으나 1919년에는 1백만원의 자본금으로 백산무역주식회사로 개편하였다. 이렇게 큰 규모로 확장한 것은 영남의 대지주자본의 적극적인 참가에 의해서 형성될 수 있었다. 설립목적은 산업을 민족기업인의 힘으로 개발하고 경제력을 증진시킴이 직접적인 목적인데 학교 및 언론기관을 세워 민족계몽에 앞장서 독립운동에 협력하였다. 그러나 내심 독립운동자금을 공급하는 원천임이었다. 이 회사는 대구, 서울, 원산, 봉천 등지에 연락소를 두었는데 회사의 수지는 항상 결손을 면하기가 어려웠다. 그렇지만 주주들은 여러 차례 결손을 계속적으로 불입시켜 적자위기를 막아 내었다. 또 기미육영회를 두고 유학생을 외국에 파견했는데, 제1회에 안호상(독일), 전진환(일본), 신성모(영국), 문시환(러시아) 등 5명을 보냈다. 토지조사사업 실시 후 1933년에는 만주로 건너 간 유랑민이 70만 명이나 되었다.그들은 중국인 지주에 불리한 소작으로 착취 당했다. 이렇게 방치된 자를 수명의 독지가의 사업으로는 구제가 불가능하였던 것이다. 안희제는 목단강 경무청에 수감되어 혹독한 고문을 받아 1943년 병을 얻고 옥사하였다.

15. 광복 전후 우리 사회

조 명 제

일정말기의 생활고와 인력·물자 수탈 속에서 그렇게도 기다렸던 광복의 기쁨
도 잠시다. 38선으로 국토분단, 신탁통치 찬반 대립, 좌우익정파 대립, 외부유
입인구의 폭증, 기아에 허덕인 서민의 생활고, 생활필수품의 구득난, 6.25 전쟁
으로 인한 동족살상과 피난민의 고통, 그야말로 1943~54년 미증유의 12년동
안의 비극이다.

광분한 태평양전쟁과 내핍생활　　일제는 1920년 「조선회사령」
을 수정 공포하고 민족 기업의 요람기를 방해하였다. 그리하여 한국은
근대적인 산업으로 성장하는 길이 봉쇄되어 버렸다. 반면 일제는 일본
인의 한국진출이 확산되면서 일본상품의 유입을 조장시켜 상품시장화
에 그치지 않고 나아가 한반도는 자본투자시장으로 점거되었다. 일제
의 대륙진출이 노골화되는 1930년대부터는 점차 경공업에서 중공업
분야로 전환되면서 한국은 일제의 군수산업기지로 변모하게 된다. 일
제는 한국의 자원과 저렴한 노동력을 수탈하여 중화학공업 발전, 제
철·제련의 전략군수공업을 그들의 대재벌기업을 통해 투자 개발하였
다. 1937년부터 4년 동안 우후죽순으로 광산기계, 착암기, 원동기, 전

동기, 변압기, 동선, 펌프, 기중기, 송풍기, 분무기, 탈곡기, 철도차량, 선박기계, 자동차 부품, 제강품 등 생산을 위해 광업·금속공업·기계공업·화학공업이 급속히 신장하였다. 이와 같은 근대공업은 일본인의 독점자본에 의해 이루어진 것이다. 마침내, 31년 만주사변, 37년 중일전쟁, 41년 태평양전쟁의 대규모 전쟁을 수행하기 위하여 한반도를 병참기지화하고 각종 자원을 약탈하였다. 종래 열화와 같은 민족자립을 위한 조선물산장려운동 그리고 신간회운동이 역부족으로 좌절되고 이미 일제의 이른바 문화정치 그리고 민족말살정책이 궤도에 올라 있었다. 앞에서 지적하였듯이 일제의 과학기술교육은 차별교육 일변도로 지속되어 왔다. 41년 다급해진 태평양전쟁 수행에 부족했던 인력의 보강과 고급인력 수요에서 궁여지책으로 점차 한국학생에게 고급기술 수학의 문호를 개방한 것이다. 바로 경성제국대학 이공학부의 중공업분야 전문학과 신설이다.

중일전쟁이 도발되면서 일제는 39년 미곡의 통제와 배급령을 공포하고 각 농가로부터 자기소비량을 제외한 쌀을 강제 수매하는 등 통제하였다. 다시 식량사정과 재정이 악화됨에 따라 42년 보리와 면화, 마, 고사리 등 40여종에 이르기까지 공출제도를 확대하였다. 또한 공출미의 대가를 공정가격으로 지불한다고 하였으나, 실제로 미곡대금을 전시채권과 강제저축 등에 충당하여 농민들 손에 들어가는 현금은 거의 없었다. 공출에 대한 반발이 커지자 총독부는 매년 사전 할당제를 부락 연대책임하에 책임 공출제를 강행하였다. 1940~45년까지 전 생산량의 40~60%가 강제로 공출되었고, 농민들은 하루 쌀 1홉과 잡곡 1~1.3홉으로 연명해야 했다. 이 배급량은 도시에도 같아서 매 끼 잡곡밥도 모자라 죽을 쑤어 먹어야만 했다. 이처럼 농촌이나 도시민은 더욱 궁핍해졌으며 일제의 비호를 받는 소수의 지주를 제외한 대다수 농민들은 완전히 몰락하였다.

1936년부터 미곡·농우를 공출供出하여 군량에 보충하고, 면화·송탄松炭 등의 채취를 위해 어린 학생을 동원하여 수탈하였다. 또 일반가정의 금속제 식기에서부터 불상과 교회 종에 이르기까지 헌납의 명목으로 빼앗아 갔다. 38년부터 지원병, 학병이란 이름을 내세워 한국인 청년과 학생을 거의 전쟁터로 몰아넣었다. 이어 징병제도를 실시하여 의무적으로 일본군에 복무케 하여 수많은 한국 청년들이 끌려가 목숨을 잃었다. 더구나 39년부터 근로동원이란 명목으로 수많은 농민과 노동자, 학생이 징발되어 국내 근로동원 이외에도 일본·남양군도에 끌려간 숫자만도 1백만 명이 넘었다.

일본군이 중국과 인도차이나로 진출하여 세력을 확장해 나가고 있을 무렵, 미국이 41년 10월 일본의 철병과 독일·이탈리아·일본의 삼국동맹 무효화를 요구하면서 일본 내각에 도죠히데키東條英機(그는 종전후 1급 전범자로 처형당했다)가 등장하였다. 여기에 맞서 일본은 불만을 품고 동년 12월 8일 일본군은 말레이반도에 상륙하고 하와이 진주만을 기습 폭격하면서 영국과 미국이 선전포고를 하였다. 이렇게 하여 태평양전쟁이 일어나게 된 것이다. 일본은 소위 대동아공영권을 형성하기 위하여 만주·중국·태국·필리핀·캄보디아 등의 대표자를 불러 일본의 점령지를 하나로 결속하는 협력체를 수립하였다. 이 자리에서 일본은 구미의 식민지 지배로부터 해방시켜 대동아공영권 수립을 호소했다. 그러나 일본이 당장 시급히 요구하는 것은 전쟁 수행상 군수물자 조달이었기에 철, 고무, 석유 등을 강제적으로 수탈하여 현지의 주민들의 반발이 점차 높아갔다. 뿐만 아니라 이미 점령한 각지에서 노무자들의 강제적인 징발로 혹사당하고 비인도적 처우에 항일사상이 고조되어 갔다. 파죽지세로 치솟던 일본의 승전도 42년 중반에 가서 미국의 막강한 군사력으로 반격이 시작되어 일본군 점령지를 탈환해 나갔다. 미군은 44년 7월 사이판을 탈환하고 일본 본토 주요도시를 폭격하기 시작했다. 동년 12월에 필리핀을 상륙하고 1945년 2월 이오섬을, 이어 오키나와를 공략하고, 일본본토 공습이 격화되어 국토가 점차 초토화되어 갔다.

원폭을 둘러 싼 이야기   1945년 7월 일본의 무조건 항복을 유도하는 포츠담 선언이 발표되자 일본 정부는 잠시 찬반양론에 고민하던 중, 미국은 8월 6일과 9일에 히로시마 나가사키에 각각 원자폭탄을 투하하였다. 이들 도시는 순식간에 파괴되고 30여만 명의 희생자를 낳았다. 동년 8월 15일 일본 천황의 중대 발표가 라디오를 통하여 포츠

무게 4톤이 되는 원자폭탄 그림

히로시마 상공을 덮은 버섯구름

담선언을 수락하고 일본 전국에 항
복 선언을 표명했다.

* TNT 2,000톤의 위력을 가진 U-235(우라늄 235)가 든 폭탄으로 0.6초 후 직경 180m의 온도 3십만 도의 불덩이가 섬광과 같이 나타났는데 10만 명이 죽고 현재 25만 명이 방사능으로 신음하고 있다.

돌이켜 보면 포츠담회담이 막바지에 이를 무렵, 미국 순양함 인디애나폴리스호는 9일 동안의 고속항진으로 태평양 횡단을 끝내기 직전 마리아나 제도의 티니언섬에 정박, 승객과 화물을 내려주고 필리핀 레이데항으로 항진했다. 이 섬을 떠난지 3일 후 인디애나폴리스호는 일본 잠수함에 발견되어 어뢰 공격을 받고 침몰했다. 실로 아슬아슬한 순간이었다. "군함의 생명이 다 할 지경에 이를지라도 그 화물을 지켜라"는 명령을 완수한지 3일만에 침몰한 것이다. 함장은 화물의 내용이 무엇인지 모르고 다만 대단히 중요한 것이라고 느꼈을 뿐인데, 바로 그 속에는 결합 이전의 원자폭탄 구조물이 있었다. 그런데 일본 현지에 원폭을 투하하기 이전까지 에피소드가 있다.

8월 6일 새벽 2시45분 승무원과 4톤의 폭탄을 실은 B-29 '애놀리게이호'는 티니언을 떠났다. 10여분 뒤 2천1백m 고도에서 총 11단계가 소요되는 섬세한 조립작업에 들어갔다. 승무원 중 어떤 중사는 폭탄의 풀러그를 갈아 끼우고 투하준비를 완료했을 때 비로소 기수 티베트는 기내 방송으로 "우리는 세계 최초의 원자폭탄을 수송하고 있다"고 말했다. 오전 7시9분 히로시마 라디오 방송은 공습경보를 발령했다. 기상 정찰용 B-29의 접근을 경보한 것이었다. 애놀리게이호는 드디어 8시 15분 폭격개시점에 도달했다. 히로시마 30km 동쪽에 있는 지상감시소가 B-29의 접근을 보도했다. 폭탄에 지장을 주는 일본의 레이더의 전파는 없었다. 08시15분에 폭격수는 "폭탄 투하"라고 소리

쳤다. 순식간에 섬광이 나타나고 그 충격파 때문에 비행기 안에 있던 사람들이 인형처럼 내던져졌다. 승무원 한 사람은 그 순간에 녹음기록을 역사에 남겼다.

8.15 해방의 희비 그리고 민생   태평양전쟁으로 인한 아시아 민족 희생자 수는 약 2,000만으로 알려졌고 일본인은 막대한 손해를 입었는데 사망자가 155만 명이나 되고 일반민의 사망자도 30만 명으로 알려졌다.

이 땅에 광복이 찾아왔지만 호구지책이 누구 할 것 없이 걱정이 되었다. 총독부 대신 미군정이 들어서면서 대다수 국민들의 기대와는 달리 식량난이 증폭하였다. 일제시대부터 농민들의 원성의 대상이었던 양곡의 공출 및 배급제를 자유시장에 맡김으로써 혼란한 민심수습을 하고자 하였다. 그래서 1945년 10월 미 군정청 포고1호에 의거하여 양곡배급제 철폐, 양곡자유시장의 개설을 선포하였다. 그러나 해방이전 보다 생산이 위축된 여건에서, 해외동포의 유입, 사회적 혼란과 민심의 동요는 유통체계의 미숙, 악덕상인에 의한 매점매석행위 등이 동시에 일어나 식량조달이 마비되었다. 하루하루 자고나면 쌀값은 천정부지로 치솟아 곡가의 앙등과 식량부족의 현상은 극도에 이르렀다. 그리하여 46년에 들어 미곡 수집령을 공포함으로써 다시 양곡통제 정책으로 방향 전환을 하게 되었다. 공출 독려대를 편성 동원하여 농민에 대해 강력한 압력을 가하였기 때문에 미곡공출문제는 10월 인민항쟁 문제로 비화되기까지 하여 농민이나 도시민 모두 식량난에 허덕였다. 당시 1인당 곡물 소비량은 오히려 일제시대보다 낮았다.

해방의 기쁨–전국에서 많은 시민들이 거리로 나와 조선독립만세를 불렀다.

45년 10월 당시 서울의 생필품 소매가격을 알아보면 쌀 1말 124원, 보리쌀 1말 96원, 밀가루 1포대 208원, 아동 운동화 48원 그리고 돼지고기 1근 26원 정도였다. 당시 면방직 여공 한달 월급 3천 500원으로 쌀 1말, 보리쌀 1말, 밀가루 1포대, 돼지고기 1근, 동생

운동화 1켤레 정도 살 수 있는 수준이었다. 이를 3년 뒤인 1948년 기준으로 계산하면 임금은 껑충 올랐지만 당시의 물가가 앙등하여 보리쌀 1말, 밀가루를 1포대 사고 나면 겨우 왕복 전차 삯 10원이 남았다 한다. 그나마 일자리 없는 사람은 생활이 더욱 말이 아니었다. 농촌 사정은 참혹해 소작농이 약 70%를 차지하였고 보릿고개를 넘기려고 산으로 들로나가 풀뿌리와 나물죽으로 연명했다. 한편 생활필수품의 수급 상황에 대하여 1946년 중반~47년말까지 살펴 본다. 공급된 공산품은 면포가 1인당 1마, 양말은 8인당 1켤레, 고무신(남여 및 아동용) 8인당 1켤레, 운동화 25인당 1켤레, 비누(화장, 세탁용) 3인당 1개꼴로 알려져 극심한 물자부족을 그대로 보여준다.

"먹는다는 것이 이렇게 절실한 문제로 실감있게 형상화된 작품이 드물다"는 평을 받았던 〈문학〉지에 발표된 소설『농민의 비애』는 해방 직후 풍요로움의 기대가 좌절된 후 소작농을 하는 노인을 통해 당대 농촌 현실의 비참한 상황을 생존권의 차원에서 그려 낸 작품이다. 해방 이후에도 경제적인 궁핍을 극복하지 못하게 되자 자살의 길을 택하는데 죽음을 단순히 가난에서 온 것이라 할 수는 없다. 가난에 이은 혈육

190

의 단절도 주요한 원인으로 작용한다. 아들은 징용에 끌려가 해방이 되어도 소식이 없다. 며느리는 개가하고 유일한 손녀는 그녀를 따라갔다. 혈혈단신이 된 노인은 혈육마저 없어져 이것이 그를 죽음으로 이끌었다고 할 수 있다. 자신의 땅을 갖고자하는 소작농들의 기대가 가능해 보였던 해방 직후의 현실이 끼니를 때우고 구차한 목숨을 연명해야 했던 일제강점기의 삶과 조금도 다를 바가 없다는 것이다.

해방이 되어 해외동포의 귀국이 급증하여 서울인구가 늘어나 전차 운행은 대혼잡을 이루었다. 광복을 맞은 시민들은 환희와 흥분으로 지붕 위까지 올라타고 만세를 부르며 상당 기간 무임승차하면서 질서유지가 어렵던 시절이었다. 타는 쪽도 태우는 쪽도 차비를 낼 생각을 안 했다. 전차가 초만원이 되어 무리한 승차로 고장 차가 속출하였다. 출근 때면 빈 화물자동차만 지나가면 쫓아가 뛰어 타기가 일수였다. 이 무렵 부산이나 평양 거리의 전차 운행 사정도 비슷했던 것으로 안다. 부족했던 교통량을 해소하는 방편으로 10여 명이 탈 수 있는 역마차가 거리에 등장하여 인기를 모았다.

해방이 되고 한말에 탔든 조랑말이 방울을 울리면서 서울 거리에 등장하여 한때 명물이 되었다.

해방이 되고 일본과 만주·중국으로부터의 귀환 그리고 북한의 월남동포가 약 320만 명에 이르러 갑작스럽게 인구증가의 요인을 낳았다. 다시 이들은 농촌인구의 증가 또는 도시의 실업자 현상으로 나타났다. 46년 실업자 수는 약 110만 명으로 같은 시점에서 광공업, 토건업, 운수업에의 취업 노동자수 약 14만 명의 8배에 달할만한 규모였다. 외부로부터 갑작스러운 인구의 유입은 주택문제가 사회문제로 비화되어 영세 무허가 집의 건립을 부추겼다.

한국전쟁 이중고　　남한의 이승만 정권이 반민주의의 변칙운영으로 칠일파를 처벌 못하고 미봉으로 그친 반면, 많은 국민들이 원하는 토지개혁마저도 흐지부지 실망만 안겨주고, 게다가 좌익 공산주의자들과 우익 민주진영간의 이데올로기 싸움으로 국론이 분열하고 경제는 어려워 일제 말기보다 GNP는 떨어져 민생이 도탄에 빠졌다. 이 무렵 북한은 소련으로부터 전투기와 탱크를 지원받고 중공으로부터 전투병 6만 명을 지원받기로 약속되어 1950년 6월 25일 38선 전역에서 탱크와 대포를 앞세워 무력남침을 감행하였다. 국군은 북한 전력에 밀려 제대로 된 저항도 못하고 일방적인 후퇴를 거듭하여 서울이 적진에 들어가게 되었다. 그런 와중에 한강 다리마저 폭파되는 바람에 대부분의 서울시민은 피난을 못 한 체 청년들은 인민군에 잡혀 의용군에 동원되고, 요인들은 납북 또는 살상되어 생지옥을 치르지 않으면 안되었다. 국군은 한강의 조기 폭파로 군비를 그대로 남겨두고 나룻배로 한강을 건너 반격 한 번 못하고 낙동강까지 밀려 내려갔다. 다행히 미국을 비롯한 16개 유엔군의 참전으로 반격을 가하여 맥아더 장군이 지휘한 인천상륙이 성공하여 50년 9월 28일 서울을 수복하게 되었다. 여세를 몰아 평양을 시작으로 압록강, 두만강까지 진격하여 그렇게도 바라던 국토통일이 이루어지는가 했으나 뜻밖에 중공군의 인해전술 개입으로 이듬해 1월 4일 서울에서 다시 후퇴하고 대전을 지나 낙동강까지 밀려 격전이 심화되었다. 그런 가운데 다시 인민군은 유엔군에 쫓겨 38선 부근에서 전세가 일진일퇴로 교착상태에 빠지게 되었다.

유엔은 휴전을 제의하게 되어 53년 7월 28일 당시의 전선을 휴전선

폭파된 한강철교 옆에 가설된 부교 위를 시민들이 건너 다닌다.

머리에 이고 등에 지고 남으로,남으로 정처 없이 떠나는 피난민의 참상.

으로 하고 포로의 자유송환을 내용으로 하는 휴전이 성립하였다. 한국전쟁은 우리나라 역사상 가장 피해가 큰 전쟁이었다. 이 전쟁에서 남북한과 유엔군을 합하여 250만의 사상 및 실종자가 발생했으며, 피난민 약 180만 명, 전쟁고아 6만 명 그리고 북송 8만 4천명이나 되었다. 우리의 물적 피해를 보면 민간 가옥 파괴 61만여 동, 공공시설 약 4만 5천 동이며 피해액은 당시 GNP의 약 60%에 달했다. 북한은 국토가 글자 그대로 초토화 되고 건물은 거의 전부가 파괴되었다. 6.25전쟁의 후유증으로 피난생활과 민생고는 역사상 유례가 없던 민족 상쟁이 낳은 비극이었다.

광복 후의 공업과 5.14 단전사건 한국인이 공업 분야에 진출한 시기를 1930년대 중반으로 볼 수 있음으로 해방이 된 시기에는 공업에 종사한 경험은 10년 내외에 불과했다. 이때 일본인 경영자와 기술자는 모두 자국으로 철수했다. 방치된 공장시설은 관리기술이 미흡한데다가 미군정시대가 개막되면서 그들은 금속공업이나 기계공업에는 관심이 없었고 일감도 없었다. 더우기 정치, 사회불안 속에 북한에 의한 5.14 단전사태가 발생하여 암흑사회로 변했다. 1948년 5월 14일 남한에 보내주던 전기를 북한이 중단한 것이다. 곧 이어 한국전쟁으로 대부분의 공장은 전화로 폐허가 되어 버렸다. 53년 휴전이 되고 전쟁 복구에 주력했지만 공장 가동은 힘에 겨웠다. 전력공급이 절대부족하여 가정에는 한동안 30 왓트 이상은 사용은 금지시키고 제한 송전으로 촛불을 켰다. 사실상 공장을 복구하는 여건도 안되었지만 수요가 있는 품목도 기술 부족으로 쓸만한 물품을 만들어 낼 수가 없었다. 정부는 외국 원조에 의해 우선 주요 기자재, 이를테면 철강 및 주철을 만드는 평로, 철판을 만드는 냉간압연 시설, 가정용 전기계량기 및 전화기 제조시설, 차량 부품 제조시설, 원동기, 자전거 제조시설 등을 도입했다. 이처럼 1960년대 초까지 공업 수준은 한심하기 짝이 없는 상태로서 무에서부터 시작하게 된 것이다.

경제기획원 『한국기술연감,1966』을 보면 당시 사정을 가늠할 수가 있다. 본 통계에 의하면 생산현장에 종사한 기계공작, 교통차량, 원동기, 산업기계, 금속, 선박, 유체기계 등 집계된 기술자와 기술공을 합한 기술 인력은 1,280명에 불과하다. 이 시기는 한국전쟁이 끝나고 공업학교 및 공과대학의 교육이 막 정상화되기 시작한 때였다.

교육, 보건, 위생 사정　　광복 당시 서울에는 전통 깊은 관립의 경기, 경복, 경기고녀 등 중학교 그리고 민족지도자가 설립한 양정, 중앙, 배재, 휘문, 보성 등 5대 명문 사립중학교와 이화, 숙명, 진명, 정신, 동덕 등 여학교가 있었고, 고등교육기관으로 경성제국대학, 세브란스의전, 경성의전, 경성치전, 경성광전 경성약전, 고상, 고공, 보성전문, 연희전문, 이화여전, 숙명여전 등이 있었다. 지방에는 수원농림, 부산수전, 평양의 대동공전 등 전문학교가 있었다. 이들 학교는 교명을 바꾸거나 통폐합을 하고 식민지 교육 체제에서 벗어났다. 광복 이후 기존의 소화공과 학원이 한양대학으로 출범하고 북한에서 남하한 학교가 신흥대학, 숭실대학으로 이름을 바꾸고 개교했다. 국민들의 사회생활이 먹고 사는데 급급할 뿐인 중에도 일편단심 자식 공부시키는 것에 관심을 쏟았다. 광복 이전부터 한동안 특수계층을 제외하고 시민들은 식수를 모두 동네 공동 수돗물을 사 먹었는데 서울에 함경도 북청 물장수는 유명했다. 엄동설한도 아랑곳없이 물지게를 양 어깨에 메고 동네 구석구석 골목길 언덕 비탈길도 어김없이 누비면서 물을 날러 팔았다. 상경한 자식 공부 뒷바라지에도 고생을 마다했다. 줄잡아 80%나 된 문맹률이 높은 사회에서 '낫 놓고 기역자도 모른다'가 상징하듯 국군부대에도 한글을 가르치는 정규코스가 한동안 지속되고 있었다.

　일반 대중의 생활수준이 낮고 의술이 발전되지 못한 시대에 호구지책이 긴박하여 미처 보건·위생 문제는 별개의 영역으로 제쳐 놓은 상황이었다. 1950년대만해도 서민들은 머리나 속옷에 이가 득실거리고 빈대·벼룩이 방마다 나타나 사람을 괴롭혔다. 여름철 파리·모기 극성도 전염병 만연의 원인이 되어 그 당시에는 이들과의 싸움은 연례

행사가 되다시피 심했다. 19세기 말 영국의 지리학자 이사벨라 버드 비숍의 한국 답사기에 의하면 여행 중 그녀는 빈대와 벼룩이 들끓는 주막을 전전하여 빈곤한 민중들의 삶을 목격했다. 이런 양상은 어느 정도의 차이겠지만 불특정 다수의 가정집도 비슷하였을 것이다. 대중 목욕탕이 서울에 생긴 때가 1925년인데, 그 수는 해방 당시 48개에 불과했다(서울인구는 90만명) 이와 같은 형편으로 일반인들은 가정에 욕조가 없어 목욕을 자주 하지 못하고 살아온 것이다. 광복직후 미군이 주둔하자 무턱대고 '청결'을 빙자하여 소독한답시고 거리에서 시민들 몸에 DDT세례작전을 강행한 사건은 부끄러운 추억으로 사라졌다.

우리 몸에 빈대가 생긴 일은 임진왜란 때이다. 옛날 덕수궁 주변 지명에 빈대굴이 있었는데, 의주 피난에서 한양으로 임금님과 고관 일행이 돌아 왔다. 이때 국경에서 묻어온 빈대가 성안으로 많이 번졌다고 한다. 빈대떡의 유래가 빈대굴(지금의 정동)에서 많이 부쳐서 팔았다고 해서 나온 이름이란 설이 있다. 1970년까지만 해도 도시, 농촌 할 것 없이 온 동네가 파리 떼로 덮여, 파리채, 파리약 없는 집이 없고 그래서 수거된 서울시 인분 처리장에서 유래된 '왕십리 똥파리' 말이 툭하면 입버릇처럼 나온다. 당시 서울에서 수거된 분뇨는 모두 왕십리 부근 한강변 웅덩이에 저장하였던 것이 화근인가 싶다.

전염병이 유행하면 환자치료에 의료진이 긴장하고 퇴치에 어려움을 겪었던 시절이다. 1968년 스칸디비니아 3국의 원조로 최첨단 의료 설비 도입과 의사들의 선진 의술 연수로 의료분야의 혁신이 이루어졌지만 그때까지는 서울에만 병의원이 고작 50여개 있었고 위급환자의 치료는 수수방관할 수밖에 방책이 없었다.

이러한 환경 속에서 전염병은 연달아 발생하고 좋은 약이 없고, 의료기술의 미달로 많은 목숨을 앗아갔다. 천연두, 콜레라, 이질, 장티푸스, 폐결핵 등이 대표적인 전염병으로 유행했었다. 무지하고 빈곤해서 병원을 찾는 사람은 제한되어 당장 죽을병 아니면 병원 통원을 기피했던 시대였다. 그래서 병원하면 내과·외과로 알려졌고, 치과를 찾는 환자는 드물었다. 해방 후 제약 기술자 부족과 원료난으로 매약하면 영신환, 뇌신, 됴고약 등이 전부다. 다행히 미군의 구호의약품인 페니실린, 다이아진, 비타민, DDT 등 신종 약품이 대량으로 시장에 쏟아져 나와 커다란 혜택을 주었다. 이 무렵 사람의 평균 수명이 고작 50이 될까 말까 하였으니 집안에 환갑 맞는 어른은 경사 중의 경사로 잔치가 요란했다.

여가·취미 생활　　일제시대 기차 타고 여행하는 것은 보통사람에는 꿈같은 이야기다. 그리하여 직장인의 공무출장이나 특수 학생의 서울 유학으로 방학 철 기차타기와 특수한 경우 친인척 방문차 기차여행이 고작이었다. 물론 극히 소수의 동래, 해운대, 유성, 주을 등 온천여행이나 금강산 관광차 전기철도 여행이 특수층에 한정되어 있었다. 3면이 바다인데도 여름철 해수욕은 광복을 맞은 후에도 찾는 사람이 드물었다. 그저 인천의 월미도와 송도 그리고 부산의 송도와 해운대 해수욕이 고작이었다. 원산 앞바다 명사십리는 해수욕으로 유명했던 곳이다. 등산이나 여행은 소수 전문인에 몫이고 1950년대 말까지는 서민들 사이에 레저를 즐길 여유가 없었다고나 할까. 48년에 겨우 복구된 여의도 비행장이 개장하고 국내 5인승 단발 경비행기가 서울~광주~제주사이를 떴다. 그 후 서울~수영사이가 추가되면서 국제선이 취항한 것은 미국에서 DC-3 등을 도입했던 후인데 홍콩에 취항하였다. 초기에는 여객이 부족하여 적자운영을 면하지 못했다. 김포공항이 개장되고 대한항공사가 발족한 1962년 이후부터 본격적인 항공여행이 시작하였는데 프로펠러에서 제트시대가 열렸다.

기차여행은 광복 이후부터 승객이 증가하면서 6.25 전쟁이 끝나고

일제의 온천관광 선전문

자하문 밖 세검정은 해방 전후 소풍으로 많이 찾았다.(오늘의 구기동,부암동 일대)

지역간에 교류가 대폭 증가하여 보편화되었다. 한동안 승차 수속이 무질서하여 암표가 난발하고 심지어 객차가 만원으로 어떤 자는 유리창으로 올라타는촌극도 보여 아수라장을 방불케 했다. 59년 말 출찰구를 지나 승차장 계단으로 앞 다투어 내려가던 무질서에서 온 귀성객 압사참변은 꿈찍했다. 다음은 필자가 겪은 6.25를 전후한 실화이다. 급행열차 통일호 객차 안 모습은 지금 생각하면 가관이다. 한쪽 팔을 잃은 상이용사의 갈쿠리 행패다. 무턱대고 손을 내밀면서 협박하면서 금품을 요구한다. 그 사정은 딱해서 6.25 전쟁으로 희생된 상이병사를 구호해줄 정부의 배려가 없었던 것 같다. 한편 비좁은 통로는 기차가 정거장에 설 때 마다 남루하고 꽤제제한 옷차림의 소년 소녀 행상이

김밥, 사과, 고구마, 오징어 등을 들고 '…사이소!…사세유!…' 면서 호객한다. 기관차에는 저질탄을 때기 때문에 추풍령 고개를 힘겹게 허우적거리면서, 때로는 몇 번이고 멈추면서 주행하니 많은 경우 서울~부산간을 8시간이나 걸려 목적지에 도달했다.

8.15광복 전후 시민들의 나들이는 보통 봄철 창경원 동물 구경과 벗 꽃 놀이 정도가 전부였다. 서울에서는 학생들의 원족(소풍을 말함)은 인천의 월미도, 개성의 만월대·선죽교·개성 인삼관, 수원성 이외에 퇴계원 유원지, 뚝섬유원지, 세검정 등지가 대표적이다. 옥내수영장이 없던 당시 한강 인도교 명수대 부근은 여름이면 수영을 즐기는 학생들로 분볐다. 겨울에는 이곳에서 스케이트를 즐겼는데 창경원"?과 신설동 경마장가의 야외 논바닥에서도 탔다. 뚝섬하면 한강 강변에 마련한 수영장인데 수목이 시원스럽게 쭉 뻗은 여름 놀이터다. 동대문을 출발하는 기동차(개방형 객차)가 이곳 말고도 광나루까지 운행하였다. 당시 유원지라야 주변 풍치를 완상도록 벤치 몇 개에 앉도록 시설된 쉼터로 기본적인 놀이설비가 있었다. 세검정은 학생들이 많이 찾는 소풍지로 청운동을 지나 자하문 밖 에 위치한 북한산 기슭인데 봄가을 자두 능금 복숭아가 명물로서 줄기차게 흘러내리는 시냇가 물놀이도 일품이었다. 필자가 소년시절 봄가을로 소풍가는 전날 밤은 왜 그렇게도 기다렸던지 가슴이 설렌 그 시절은 추억 속에 살아졌다.

8.15 광복이전 10여년에는 서울시민들은 거의 문안에 살았고 상인 등 일부를 제외하고는 대부분 문밖출입이 없었다. 정보매체로 겨우 동아, 조선, 경성(해방 후는 서울) 등 소수의 신문과 라디오가 전부다. 라디오를 소유한다는 것은 일부 층에 국한 되었는데 2극이나 3극 진공관식 라디오가 주종이었다. 유성기를 틀고 즐긴다는 것은 더욱 그렇

다. 극장 관람도 손님이 한정되었는데 다방도 비슷했다. 주로 문인, 예술가를 비롯하여 말하자면 모던보이 · 모던걸 들(지식인?)이 이곳을 찾았다. 혼례는 관습상 전통의례가 성행되었고 60년을 기점으로 현대식 결혼 예식장이 탄생하게 되어 서울의 종로예식장이나 서울예식장이 효시라고 할 수 있다. 여기서 예식을 마친 신랑신부는 예외 없이 거의 온양온천 등에 신혼여행을 하였었다.

아직 스포츠의 일반화가 되지 못한 시절, 스포츠하면 소수인의 전유물로서 학교 체육의 일환으로 교내 체육부 활동을 통해서 육상을 필두로 축구, 농구, 정구, 빙상, 수영 등이 일반화된 종목이다. 지역 또는 전국 규모 체육대회가 열렸고, 경성과 평양 양 도시간에 경평축구전은 8.15 광복 이전 정기적으로 시합이 있었다. 당시 금강산은 국내외에 알려진 관광명소로 경원선 김화역에서 전기철도(산악열차)로 환승하였는데 유복한 지식인들은 관광을 즐겨 내금강의 절경을 음미하면서 기차는 자욱한 구름층을 통과하였다하니 족히 해발 2,000m 근처를 주행한 셈이다. 그 밖에 미국, 유럽여행은 물론 금강산 관광은 소시민으로선 꿈도 못 꾸는 일이다. 그렇지만 1930년대 선풍을 일으킨 신여성 나혜석 부부처럼 유럽여행을 1년 동안이나 해 본 사람도 있었다.

16. 생활필수품 수난시대

조 명 제

광복 전후 식량문제는 고사하고 양말, 의류, 방한복, 고무신, 운동화, 종이, 세숫비누, 치약, 학용품 기타 부엌살림도구 등 생필품 공급에 많은 난제가 대두되었다. 제조공장, 기술 인력의 부재다. 예를 들면 옷가지가 부족하여 누덕누덕 기워서 입었다. 기존 자전거가 폐품 직전에서 부품 부족으로 수리가 어렵고 가장 시급한 시내버스는 미군용 부품을 모아 철판을 두둘겨 억지로 만들었다. 이런 식으로 나온 것이 이름하여 지프형 시-발자동차다. 물품을 아껴쓰고 중고품의 수리로 재활용하던 시대다.

성냥·비누·치약·고무신·가마솥　　구한말 상점이나 가내수공업 형태에서 출범한 국내 장수 기업들은 '경방' 이나 '태평양' '두산' '삼성' 등, 몇 개만이 8·15 해방, 6.25 전쟁 등 크고 작은 격변을 헤치면서 오늘날 재계의 기둥으로 우뚝 자리를 잡았다. 그러나 해방을 맞고 전쟁이 끝난 후, 생활용품 수급 문제가 하루가 다르게 심각해졌다. 당장 성냥, 비누, 치약, 신발, 식수, 식량, 의복 등 시민의 농·공산물인 민수용품의 공급 사정이 악화되어 큰 혼란이 생겨났다. 일제가 낳은 식민지경제의 기형적 현상이 우리 사회에 파생되어 고스

란히 물려받게 된 것이다. 그나마 제한된 식민지적 기술 · 기능교육을 받은 젊은이들은 많은 사람들이 동원 당한 전쟁터에서 돌아오지 못하고, 우리 기술인력의 공백으로 기자재 조달에 차질이 생겨났다. 해방이 되자 가장 먼저 등장한 것들 중에 무쇠솥이 대표적이다. 먹을 양식 구하기 위한 취사에 반드시 솥이 필요하였기 때문이었다.

성냥은 불 피우는 기본 상품이지만 한 동안 매우 위험하였다. 제조과정에서 성냥개비 끝에 붙은 황, 인, 탄소분말이 섞인 일종의 흑색화약 알맹이였지만 성냥을 켜자마자 불꽃이 사방으로 발산하여 화상을 입는 안전문제가 비일비재했다. 혼합된 화약분말의 성분과 알맹이 크기 혼합공법이 제대로 유지되지 못했던 시대였다. 도시를 벗어나면 구경도 못했던 산골에서는 옛날부터 이어 전해 온 불씨를 파묻고 집집마다 사용했기 때문에 그들은 성냥불을 신기하게 여겼다. 당시는 국산 알약이 약의 효과(속칭 약발)가 별로 없다하여, 흘러들어 온 외국제 알약을 선호했었다. 그 주요 이유가 바로 각 성분 분말을 고루고루 섞는 기술 부족, 말하자면 혼합공정이 부적당했던 때문이다. 비누는 '동양화학'이 '미쓰이'를 인수하여 다행히 양잿물(가성소다), 세탁비누를 생산하였는데 해방 이전부터 정어리기름으로 원산, 청진, 삼척 등지에서 지방산脂肪酸을 만들어 냈기 때문이다. 일제 말 경성공업고등학교(현 서울대학교공과대학) 응용화학과를 졸업한 한연진 등 화공기술인이 해방 이후 인수하여 운용할 수가 있었다. '럭키화학'은 해방 후 부산에서 구인회가 세웠는데 경도제국대학 출신 박천경이 기술의 총수로 관리하였다. 세수 비누로는 해방 이전 가오花王 · 가데이 비누 등을 일본에서 들여다 소비했었다.

부평 소재 일본 화약병기공장을 해방 이후 김종희가 인수하여 '한국화약'을 세웠는데 다이나마이트를 제조하고 역시 동일계의 북삼北三 화학을 김진만이 삼척에 세워 글리세린, 비누, 카바이트를 만들었다. 카바이트는 전력난을 겪던 당시 광산, 선박 심지어 야시장의 조명으로 불을 밝혔다.

고무신 제조는 한국인이 일정시대부터 '경성고무' '대륙고무' 등에서 운영 전래되었기 때문에 제조에는 문제가 없지만 원료조달이 곤란하여 재생고무가 유행하였다. 따라서 고무신의 품질이 떨어져 얼마 후에 자주 균열이 생겨나 찢어졌다.

방직업에는 대표적 민족자본으로 세운 '경방'이 존속하여 조업할 수 있었다. 경도제대를 졸업한 김연수가 설립자였던 (주)경방은 1919년 만주의 주식을 소유한 민족자본, 민족회사, 조선인의 회사를 표방하여 오늘에 이르렀다. 경방은 대농, 전방과 더불어 한국 면방직 산업의 '최초의 근대산업'을 이끌어 왔다. 1960년대 제대로 된 산업이 없던 시절, 방직공장에 다니는 것은 요즘 반도체공장에 근무하는 정도로 대접을 받았다.

수량은 적었지만 면실유는 목포, 부산에서 목화씨를 원료로 하여 제조하였는데 오사카대학 출신 서인호가 기술을 주도했다. 건축자재인 합판은 '동명목재'가 합판분야의 원조로 부산에 공장을 설립하였는데 초창기 핵심이 되는 접착제 제조기술 때문에 접착성 불량이라는 수난을 당했다. 그러나 동명은 접착제의 자체 개발로써 60년대 국내 수출 왕으로 수출 1위의 세계적 합판공장으로 비약 할 수 있었다. 치약하면 분말로 된 치분齒粉이 일제 전후에 사용되었지만 대다수 시민은 소금으로 양치질하였는데 특히 해방 이후의 치분은 분말 가루가 거칠어서 이를 닦아도 상쾌감이 부족하였다. 6.25전쟁을 거치면서 미군에서 흘러나온 콜게이트 등이 쓰였다가 부산에서 처음으로 국산치약이 나오기 시작하였다. 1947년 영일당(크라운제과의 전신) 시절 제과기술이래야 부엌 아궁이에 솥 하나 걸어놓고 과자 반죽을 만들어 오목한 무늬를 찍어 구어 내는 것에 불과했던 시절도 있었다. 후일 크라운제과 하면 죠리퐁, 산도가 생각나고 제과업계에 대부가 된 셈이다. 화장품하면 '태평양' 이다. 1939년 여성들의 취향에 맞춰 구리무(크림), 미안수, 포마드를 처음으로 내놓았다. 태평양은 '한우물' 송상松商정신을 발휘하여 여성들과 동고동락해 온 기업이다. 경제가 좋고 사회분위기가 좋를 때는 새빨간 립스틱을 내놓았고, 어두운 시기에는 짙은 갈색 립스틱으로 여성들의 심리를 대변했다. 50년대 메로디크림, ABC화장품은 장수상품으로 손꼽혔다.

8.15해방 초기부터 시중에서 가장 쉽게 볼 수가 있는 것은 부엌용품으로 무쇠솥, 아궁이, 재털이, 석쇠, 부집게, 식칼 등인데 영세상공인이 성업을 이루었다. 당시 잔존 군수품에 주로 의존하고 주철물이 곳곳에 산재하여 석탄불로 녹여서 철물을 주조하거나 단조하기가 쉬웠기 때문이다. 그러나 제작과정에서 소재와 공법이 모두 부적절하여 자주 파열된 일이 번번히 생겨났다. 제작된 소형 보일러가 파열하여 인명손실도 허다했다. 일제말기 소위 공출供出이란 이름으로 철기, 유기 등 금속류가 수탈되어 불편한 생활을 피할 수 없었던 일이 생생하게 기억된다. 앞에서 말한 고무공업과 더불어 유기업은 일제 때부터 지속되어온 단순 업종이어서 만리동, 서계동 등지에서 놋그릇 대야, 요강을 만들었다.

자전거, 철판으로 두들겨 만든 버스   해방 후 기존 자전거는

노후되어 수선하는데 애로가 많았다. 1944년 '경성공업'을 창설한 김철호 사장은 자전거 및 그 부품의 수리와 제조, 각종 볼트 낫트의 제조와 인발引拔 샤프트의 가공을 영등포에서 조업하기 시작하였다. 당시의 주된 작업은 중고 자전거 부품을 재생하거나 단순 부품을 만드는 일인데 작업은 수공업 형태를 면치 못하여 유치한 부품을 만드는 단계였다. 그러나 46년 김철호가 고용했던 기술진이 일본에서 귀국하면서 6.25전쟁이후 기술수준이 대거 향상되고 부산 영도로 피난 간 그는 부산공장을 세워 조업을 재개하였다. 전쟁의 혼란 중에 전방에서는 아직

도 포성과 전투가 계속되던 당시 오로지 산업보국의 일념으로 여기에 매진하여 마침내 52년 3월 우리나라 국산자전거 제1호 '삼천리 자전거'를 만들었다. 이것은 실의에 빠졌던 국민들에게 희망의 대상이 되었고 여러 지방의 많은

철판을 망치로 두들겨 자동차 차체를 만들고 있는 모습.

사람들이 견학하기 위하여 부산공장으로 모여들었다. 이승만 대통령이 공장을 방문하여 종업원을 격려하기도 하였다. 전국 각지에서 자전거는 필수적인 운반수단이었다.

그러나 국산자전거가 만들어졌다해서 하루아침에 모든 것이 해결될 수 없어 자전거의 부족과 기존 노후 자전거의 수리가 속수무책하여 상당기간 고전을 면치 못하였다.

피난지 부산에서 굴러다녔던, 손으로 두들겨 만든 시내버스와 시-

발자동차가 이채롭고 신기했다. 남자 차장이 출입문을 손으로 방망이 치듯 쾅쾅 두둘기는 소리와 함께 정거장에 설 때마다 '…오라이!…스톱!…' 외치는 거친 목소리는 요란스러웠다. 그 뿐만은 아니다. 아침 출근시간대에 운전수의 난폭한 운전으로 승객을 한사람이라도 더 많이 태우려고 전후좌우 곡예운전을 서슴치 않았다. 말이 버스이지 차량의 구성을 보면 외판은 '도라무통'을 절단하여 펴서 이은 철판으로 덮고 주요 부품인 엔진과 브레이크는 불하받은 중고 미군용 차량을 해체하여 얻은 것을 사용했다. 이러한 경향은 합승자동차, 트럭으로 확산되어 각처에서 생겨났다. 다만 그 밖의 일부 부품인 피스톤 링, 브레이크 드럼, 라이트렌즈를 국산품으로 사용할 수가 있었던 것은 일제 말 자동차정비공장에서 만들어낸 경험이 있어서였다. 망치질하여 만든 버스 외판의 요철면에 리배팅한 차체는 검은 매연을 뿜고 굴러가서 그렇지 그 모습은 둔탁하기 짝이 없었다. 이처럼 보디는 수작업에 의한 판금가공을 하여 표면이 거칠고 울퉁불퉁하여 반사되는 햇빛에 눈이 부셔 피로했다. 이렇게 하여 우선 대중교통 수단인 버스부터 생산이 시작되었다.

시-발자동차와 새나라자동차   1955년 이승만대통령이 참석했던 해방 10주년 기념 산업박람회에 출품된 국산 시-발자동차는 우리나라 자동차 역사에 일획을 그었다. 이것이 바로 당시 화제를 모았던 국산자동차이다. 최무성을 주축으로 한 시-발자동차는 국민들의 주목을 받고 기념비적인 행사로 끝났다.

정부는 자동차 국산부품 중 13개 부품을 지정하여 군납할 수 있는 행정조치를 취하였다. 정부 최초의 국산부품공업 육성책이 되는 셈이

다. 6 · 25전쟁의 혼미 속에서도 유엔군에서 폐차 처분된 횡류한 중고
차와 전리품인 차량부품을 모아서 스프링, 베아링 등 일부 국산부품을
동원하여 조립한 것이다. 그럼으로 당시 부품의 품질은 대부분이 불량
하여 정교하지 못하고 주조 결함으로 운행 중 피스톤이 파열하거나 안
전성에 겨우 만족할 정도로서 브레이크 등은 특히 제작을 기피하였다.

비록 4기통형 지프형 승용차였지만 첫해에 300대를 생산하여 관청
에 납품하고 다음 해부터 민간에게도 공급하게 되어 택시로 운행하게
되었다. 이것으로 한국군용으로 국산부품 납품의 기회가 마련되었고
나아가 국산자동차의 제작 가능성을 엿볼 수 있는 전기가 마련되었다.
이런 과정에서 자동차 보유대수는 55년 1만 8천 3백여 대, 57년에는 2
만 8천여 대로 늘어났다.

한걸음 나아가 최무성 형제는 무연탄을 액화시켜 합성에탄올을 생
산하겠다는 계획을 세웠다. 이렇게 의욕적인 대체연료의 개발계획을
추진하기 위해서 시-발자동차 회사 안에 연구실을 두었다. 물론 연구
실이라고 해도 요즘처럼 독립건물에 첨단 기재를 구비했을이도 없었
고, 그저 생산공장 한 모퉁이에서 대체연료와 알맞은 엔진을 개발하는
하나의 기술팀이었다. 이 기술을 책임 맡았던 사람이 후일 제3공화국

국산 1호의 시-발자동차(광복10주년 산업
박람회에 전시된 모습)

서울거리를 달렸던 시-발택시(1956)

청화대 경제수석비서관으로 우리나라 초기 중화학공업의 정책결정에 역활을 한 오원철이었다. 그의 밑에는 일본 히타치회사 등에서 근무했던 경험있는 엔지니어들이 여럿 있었던 것으로 전해진다. 주로 6인승이던 자동차는 59년에는 9인승 세단형 시-발승용차도 나왔는데 몇가지 특징을 알아보면 차의 구조가 견고하고 부속품은 언제든지 염가로 구하곤 했다. 알려진 바에 의하면 연비가 리터 당 6.3~8.5km 였다고 한다. 이 차의 엔진은 기계식 제어, 연료공급이 기계식기화기, 연료펌프와 냉각팬은 모두 엔진 구동방식이고 센서류가 없었다.

국산화률이 50%나 되어 긍지가 대단하였으나, 초기에는 1대 만드는데 4개월이나 걸려 차의 값이 8만 환으로 사가는 사람이 별로 없었다. 그러다가 산업박람회 출품을 계기로하여 대통령상을 받은 후 차를 구입하려는 사람으로 문전성시를 이루었고, 하루아침에 자동차 값이 30만 환으로 올랐다. 뒤이어 계약고가 일약 1억 환 이상이나 되어 공장도 짓고 시설도 제대로 갖추고 양산체제에 들어갔다. 특히 택시의 주문이 쇄도하여 생산능력이 수요를 못 따랐다. 얼마 후 시-발 투기 붐까지 일어나 상류층 부녀자들 사이에선 '시-발 계'까지 성행하여 웃돈을 얹어 전매되는 일까지 생겨났다. 그러나 새로운 개발에 비용의 과다지출이 일어나 자금의 압박과 5.16혁명으로 정부보조금이 중단되고 설상가상 62년 산뜻한 '새나라' 자동차가 대량 출시되자 큰 타격을 입은 것이다. 이 차는 63년 상반기까지 3천여 대를 만들어 팔았다. 정부는 경제개발을 추진하면서 자동차공업의 중요성이 인식되어 소형승용차 생산을 위하여 처음으로 일본제 '부루버드' '닷도산'을 도입하여 견본 삼아 새나라자동차 생산에 들어갔다. 새나라자동차는 길이 3.8m, 출력 56마력, 4기통 배기량 1,200cc의 무게 625kg였다. 우리 손

으로 만든 최초의 세단형 승용차 '새나라'가 1962년 부평의 새나라자
동차 공장에서 첫선을 보였다. 꽃다발과 오색 풍선으로 멋을 냈다. 빗
속에서도 아랑곳없이 까까머리 아이들과 어른들은 구경을 놓칠세라
빈틈을 비집고 모여들었다. 55년부터 생산된 지프형 시-발자동차는
자동차 새나라에 왕좌 자리를 물려주게 된 것이다. 물론 당시는 공업
기반이 없던 상황에서 자동차를 생산한다는 것은, 반제품을 들여다 조
립하는 단계로서 나사나 끼워 맞추는 정도의 작업이었다.

불모지 개척의 산업전사 이모저모　　　　일제 36년은 우리나라
'공업 불모지' 시대이다. 남모르게 불모지 공업기술을 개척한 사람들
은 대개 보통학교를 거쳐 철공소 견습공에서 출발한 기능원으로, 억척
같이 열악한 환경 밑에서도 각자 기술을 연마한 입지전적 인물이다.
근면, 성실, 절약을 하루하루 생활지침으로 거울삼아, 건국 초기 황무
지를 개척하여 후일 조국 산업화의 초석을 다졌다. '기아'의 김철호,
'대동'의 김삼만 그리고 '광주남선'의 박남술 창업자들 외에도 여러
사람이 있다. ≪나도 기술을 배우자! 그리고 조국에 공장을 세우자!≫
이것이 그들의 공통적인 포부고 의지였다.
　우리나라 자동차 공업의 출발은 52년 기아산업이 생산해 낸 유명한
'삼천리 자전거' 생산 당시로 거슬러 올라간다. 김철호는 일찍이 49년
자전거에서 시작하여 74년 '부리사' 자동차 국산화에 성공했다. 부리
사는 뒤이어 현대자동차가 생산해 낸 '포니'와 함께 시가지를 달린 택
시의 주종을 이루고 있었다. 오늘날 한국공업계가 온 세계에 자동차
수출국으로 성장한 것을 보면 그의 청년 시절 입지가 적중하게 된 셈
이다. 1922년 단돈 8원20전을 가지고 일본에 건너가 견습공으로 취직

하면서 23년 공업학교 야간부에 입학했던 주경야독형 인물이었다. 그는 한참 일본에 유행하였던 T형 포드자동차에 매혹되고 미래 자동차 공업의 무한한 가능성을 예견했다. 44년 12월 경성공업사 종무식에서 수레바퀴 공업을 일으키자하면서 '이 땅에 가난을 추방하고 자주국가를 세우는 길은 오직 기계공업을 발달시켜 조국의 공업화를 실행하는 것'이라고 강조하였다. 김삼만은 광산 근로자에서 출발하여 철공소를 세워 방앗간 기계부품을 만들었다. 57년 발동기 국산화를 계기로 후일 농기계 동력화에 성공하고 농업기계의 해외수출이 가능케 되었다. 박남술은 일찌기 기계제작 현장에 투신하여 공작기계 공업의 초석을 다져 후일 수출입국을 가능케 하였다.

필자는 잠시 일제 40년대를 생각해 보고 식민지공업화 과정에서 한국인 대부분이 근로자의 평균 기술 수준을 추적하여 본다. 기능원양성소, 직업학교 및 공업학교를 주축으로 한 숙련공이라면 압력용기, 엔진, 보일러, 발전설비 등을 독창적으로 설계할 수는 없지만, 표본을 모방한 일반기계류의 부품가공과 조립은 무난했었지 않았나 생각한다.

넷째

다시일어선 한국사람들

17. 부산피난 · 서울환도

조 명 제

동족상쟁의 유래 없던 6.25전쟁, 엄동설한의 피난길, 비참했던 난민생활, 양키물건에 의존한 생계유지, 이산가족의 아픔, 수도복구로 서울행 12열차 타고 상경러쉬와 남행한 월남동포의 서울 복귀로 인구 폭증, 모든 것이 주마등 속에 흘러갔다.

피난살이 웬 말인가 1950년 6월 25일 공포의 새벽은 북쪽하늘을 온통 벌겋게 만들고 굉음의 포성으로 깜짝 놀라 잠에서 깨났다. 순간 무슨 악몽을 꾼듯한 긴장감에 온 몸이 부들부들 떨렸다. 라디오를 듣고 38도선 전역에 북한군이 남침을 한 것을 알았다. 그로부터 삽시간에 서울은 인민군 치하에 들어 갑작스런 전란이라서 한강철교는 끊어져 소수의 시민만이 피난길을 떠나게 되었다. 세상이 뒤집히고 보니 서민생활은 큰 곤욕을 맞아 당장 먹을 양식 조달이 난감했다. 서울수복까지는 비축한 식량이 떨어져 보리쌀 한 톨, 강냉이도 감자도 없고 호박죽꺼리도 얻기가 쉽지 않았다. 전세가 돌변하여 서울이 수복되고 평양을 지나 압록강까지 북진한 아군은 작전상 후퇴를 하더니 서울(1951년 1월 4일) 후퇴를 맞게 되어 많은 시민들이 이번에는 서둘러

1.4후퇴로 우마차와 합세하여 남부여대 떠나 가는 피난민.

남쪽으로 다시 피난을 나서게 되었다. 폭설과 총탄이 쏟아지는 전화 속을 헤치면서 대부분의 서울시민은 남하를 재촉하고 여기에는 북에서 자유를 찾아 내려온 4백만에 달하는 난민이 합류하고 있었다.

당시의 피난상황을 더듬어 보면 피난민들은 남부여대하여 도보로, 철도로, 배편으로 고난의 피난길이 시작된 것이다. 그 해는 유난히 추워서 혹한 속에 피난의 행렬이 이어졌다. 남행 피난길은 행선지도 다르고 교통수단도 각각이었다. 도보로, 화차로, 배로…. 하늘에는 이따금 폭격기가 무력을 시위하듯 무섭게 소리내며 스쳐간다. 일행 중에 어느 노인은 신은 백색 운동화를 벗어 내던진다. 비행기에서 백색이 잘 보일까 무섭다고 했다. 연도에는 동사하거나 폭격을 당한 희생된 시체가 눈에 띈다. 거적으로 덮었으나 부분적으로 노출되어 보기가 흉해서 머리를 돌려야했다. 남부여대의 연속은 짐 꾸러미에 따라 가지각색인데 등짐 진 아저씨, 봇짐 쥔 처녀, 머리에 이는 아낙네, 애기 업은 언니, 아이들 손목 잡은 어머니의 모습, 이들은 앞날에 대한 불안과 추측, 절망적인 생각을 어떻게 수용했을까…. 검은 연기 뿜고 기적소리 울리면서 연도를 질주하는 화차에는 피난 짐과 사람을 가득 실려 그것도 모자라 지붕 꼭대기까지 피난민들이 아슬아슬하게 수십 명이나 올라타고 남행을 서두르고 있다. 정말 필사적이고 위험을 저버린 그럴 수밖에 없던 아찔한 곡예였다. 말이 기차지 짐짝같은 화차는 무슨 사정이 있는지 달리다가 서고 섰다면 종일 멈춘다. 이 틈을 타서 여기저기 노변 언덕 밑에서 불 지펴 밥 짓는 아낙네, 꾹 참았던 용변을 시원스럽게 보는 사람들, 짐봇따리를 풀어 애기 우유를 챙기는 여인 모두들 분주하다. 벌써 서울을 떠난 지 열흘이 지났다. 가지고 온 양식을 아껴 먹었지만 양식은 바닥이 나고 끼니를 거른다.

가다가 날이 저물면 민가를 찾아 동네로 들어가는데 이미 방마다 피난민이 다리를 뻗을수 가 없도록 꽉차게 앉아있었다. 모두가 앉아서 밤을 새울 지경이었다. 그 밖에 헛간 같은데에 멍석으로 바람을 막고 북데기 속에서 자는 사람도 있다. 때로는 학교 교실 같은 곳에서 난민촌을 이루며 들끓기도 했다. 농촌의 후한 민심도 옛날 이야기이다. 잠 재워 주는 것만이라도 감사했다. 밥을 어디서 얻어먹을 수가 있겠는가

화차가 모자라 기관차 꼭대기까지 올라타 남하하는 피난민모습

말이다. 여기저기 끼니를 걸러 기진맥진하는 사람들이 생겨났다. <밥 굶기를 밥먹 듯하다>란 말이 실감났다. 전쟁은 이토록 많은 비극을 낳게 되는 것이다. 피난민 무리는 각자 연고지로 분산되어 대구, 광주, 마산,⋯ 부산으로 긴 피난의 길을 마친다.

우후죽순 생겨난 하꼬방　　서울은 텅 비고 부산·대구에는 온 시가지가 피난민들로 도로 주변 할 것 없이 공터만 있으면 판잣집이 들어섰다. 부산은 1949년 약 오십만 인구가 51년 피난민 수용으로 무려 백만의 부산 임시행정수도가 되었다. 급격한 인구 증가로 피난민 관련 행정사무가 부산시의 가장 중요한 임무였다. 당국은 소개疏開 방침으로 적지 않은 사람들을 제주도, 거제도 방면으로 이주시켰으나 인구 분산에는 별로 실효가 없었다고 한다. 부산시 당국은 피난민수용 임시조치법을 공포하여 공공건물은 물론 개인건물에까지 피난민을 수용하였다. 1.4 후퇴 이후 다시 피난민이 밀려오자 공공건물, 대형가옥, 여관, 극장 등을 광범위하게 개방하였다. 한편 이미 피난민들은 차례가 오기 전에 공터를 찾아 다니면서 판잣집을 짓고 있었다. 당국은 시내의 전 주택을 조사하면서 피난민을 받을 수 있는 가옥에는 입주명령서를 발부하였다. 주민들은 선뜻 피난민을 받아들이는 경우도 많았으나 이를 거부하여 집주인이 입주명령서를 무시하고 과도한 방세를 요구하는 일이 자주 있었다. 결국 입주가 여의치 못해 도로변, 언덕, 산 중턱 할 것 없이 간신히 비를 피할 수 있는 움막 같은 집을 지어 도심지인 용두산 전역까지 일시에 판잣집으로 뒤덮여 버렸다. 6.25전쟁 이전 30만 인구의 도시 시설은 주택문제 뿐만 아니라 식량난, 전력난, 화장실, 식수 등의 부족등 한두 가지가 아니었다. 이런 와

216

중에 식량부족에 의한 기아와 물 부족은 물가 앙등과 물싸움이 벌어져 물장수가 등장하기도 하였다. 여름에는 물난리로 목욕도 제대로 못하고 겨울은 땔감 부족으로 새우잠을 자기 마련이다. 미군부대에서 흘러나온 물품이나 구호물자는 국제시장에 쏟아져 나왔지만, 궁핍한 피난민들은 그림의 떡일 뿐 아예 생각도 못했다. 부산시 당국을 가장 곤역스럽게한 것은 쓰레기 처리 문제였다. 피난민의 유입으로 쓰레기와 분뇨가 나날이 감당치 못할 만큼 길거리에 쌓이기 시작하여 해외통신이 이 광경을 목격하고 '부산은 악취의 도시'라고 기사화 하였다. 그러자 이승만 대통령은 시내를 시찰한 후 당국에 시정을 지시하고 국민담화까지 내었다. 외국인들이 드나드는 '국제도시 부산'이 청결한 이미지를 가져야 한다는 내용이었다. 한마디로 부산은 초만원이고 생존경쟁의 아수라장이었다. 팽창한 부산 인구비율은 피난민과 원주민이 반반씩이고 대부분의 이입한 사람들은 가진 것 없는 무일푼 신세로 살아갈 길이 막막하였으니 그들은 눈앞이 캄캄했던 부산피난시대를 살고 있었다.

한푼의 수입도 없는 서민들 생활은 허탈감에 빠져 살아가는 방법도 여러 가지가 있었다. 벌어서 살아가는 직종을 꼽아보면 공직에 소속한 피난민 등 일부 유복한 경우를 제외하면, 구멍가게, 좌판 걸친 가두행상, 부두노동자, 공장노동자 그밖에 일용 · 임시 잡급 등이다. 시장 바닥에 좌판을 깔고 눈깔사탕을 파는 소녀서부터 양담배나 초코렛 등 양키물건을 파는 부인, '양반도 먹어야 산다'를 인식한 듯 창피한 것을 남몰라라 얼굴엔 표정이 없어 보인다. 길 건너 서울서 내려온 중류층의 가족도 예외는 아니다. 이렇듯 현실에 부딪혀서 생활력이 생겨난 것 같다. 어렵게 미군부대에 취직하여 다니는 군용차 운전수는 휘발유를 만 탱크 채워 나가서 스피아깡(미군부대에서 흘러나온 1개론 들이 통)으로 서너개를 빼내어 팔아먹고 새 타이아를 헌 것으로 바꿔 쳐 이 득을 챙긴다. 반면 피엑스(PX) 물건(의류)을 입수하여 한국인 체형에 맞게 재봉틀로 개조하고 물을 들여 학생복으로 완성하여 시장에 내다 파는 정직한 기술자도 있었다. 1952년3월 실의에 빠졌던 국민들에게 희망을 안겨준 경사가 있었다. 다년간 각고 끝에 만들어 낸 영도섬에 자리한 기아산업(주)의 국산 1호 '삼천리' 자전거이다. 이승만 대통령 이 공장을 방문하고 종업원을 격려했다. 각 지방에서 견학하러 많은 사람이 부산으로 모여들었다.

자라나는 학생들 중에는 끼니를 넘기고 보니 배고픔의 설움과 생을 이어가는 고통…많은 부작용이 생겨나지만 그 중에 중요한 것은 긍지 와 투지 그리고 인내였다. 꿈과 희망을 안고 힘차게 살아가던 청소년, 젊은이의 좌절과 절망이 또한 슬픈 일이었다. 이 무렵 서울의 각급 학 교가 내려와 개교하고 있었다. 감수성이 예민한 부산학생과 서울 피난 학생 사이에 나름대로 오감에 오갔던 감성이 머리에 무엇이 입력되었 기에 '서울내기 다마내기 맛 좋은 고래 고기'를 부산의 중학생들은 무 슨 심보로 중얼대었는지.… 다음절에서 짐작해 본다.

서울로 서울로, 민족 대이동　　한국전쟁 종식을 기점으로 한 반도에 민족 대이동이 일어나기 시작했다. 한도 많았던 '서울 가는 12 열차'는 막 출발한 셈이다.…말은 제주도로,…사람은 서울로…속설이 현실로 나타나고 있었다. 부산임시행정수도 시대가 막을 내리자 재빠 르게 상행 경부선 열차의 러시가 계속되고 객실은 대혼잡이다. 서울서 피난 온 공직자들, 본교로 복귀하는 피난학교 학생들은 먼저 짐을 꾸리고 앞장섰다. 객실에는 흡사 신천지라도 개척하러 꿈에 부푼 젊은이들, 가족으로 보인 늙그스레한 부부 그리고 어린이들, 무뚝뚝한 경상도 사투리를 구사하면서 이곳저곳 자리에 왁자지껄 주고받는 이야기가 많다. 그중에는 전쟁 중 생사를 모르고 이산가족이 된 식구가 상봉하러, 판잣집 생활을 마치고 귀향하는 희망찬 서울 토박이, 일자리 찾으러 올라가는 월남 피난민, 남과 달리 오랫동안 서울을 동경했던 환상 속의 경상도 사람들, 유달리 서울에서의 출세를 꿈꾸고 야망에 찬 청년들인데, 모두가 이런저런 앞날을 생각하고 점치는 얼굴표정도 가지각색이다. 기차 칸은 승객을 상대로 한 구걸꾼, 잡상인 그리고 갈쿠리를 앞세운 상이용사들의 이색적인 차림(당시 이들에게 국고 탓인지 상병 수당 지급이 없었다)과 행태로 무척 혼잡스럽다.

필자는 6.25전쟁 이전으로 돌아가 본다. 당시만 해도 서울, 시골(지방)을 느꼈던 이미지가 흑백처럼 판이하고 지방 사람이 보는 서울은 그저 황홀한 별천지였다. 부유층이나 특별한 경우 이외는 서울 나들이는 상상 조차 못하던 시대였다.

…캄캄하고 적적하고 무취미하든 「시골」에서 온 우리동포들이 한번 이곳을 구경하고 이땅을 밟을때에 얼마나 놀나며 얼마나 찬란할 것인가 이 놀람과 찬란이 드듸여 부러움과 동경의 …서울구경을 하얏다는 사람은 여기를 구경하고 여기에 홀린 사람은 감이나 을을 막논하고…그 조흔 물건이나 맛조흔 것을 사보앗스면 죽어도 한이업다…

『별건곤』1929년 10월호에 실린 기고자 정수일의 글이다. 이와 같이 서울은 황홀하고 동경의 도시로 마음 속에 간직한 사조思潮는, 지금부터 54년이 흘러간 서울환도 당시 항상 지방사람 머리에 깊숙이 자리 잡혀 있었던 것만은 사실이다.

1944년 C형이 경성 Y중학 3학년 때 이야기이다. 동급생 180명 중 조선 13도 지방학생은 35명이 넘었는데 특이한 사투리에 가끔 귀가 쏠려서 이상 야릇도 하고 어떤 말은 듣기도 어색했다. …간나아 새 끼… 와그라노 문둥아… 그랫시유… 갯똥쇠에… 잇당께로…어휘도 그렇지만 억양이 또한 유난했다. 거꾸로 방학 때 시골로 내려가 보면 이 번에는 서울놈 왔다고 그들은 되지 못한 흉내를 내면서 서울 깍쟁이하면서 시비를 건다. 정말 서울이 지방 사람들에게 그렇게도 신기해 보였던가 저자는 많은 체험도 했었다. 그후도 시골사람들에게 서울사람을 깍쟁이로 보는 시각은 여전하였다. 서울에서 일제 당시 기차를 타고 부산여행을 하면 승객은 대부분이 일본인이지 조선 사람은 극히 드물었다. 일인들은 부산을 경유하여 연락선을 타고 고향을 방문하는 여행자이거나 용무차 조선 각 지방을 출장하는 순회자가 많았다. 반면 농민이 8활을 점한 직업군에서 짐작되듯이 지방 출장이나 친지 또는 고향방문차 원거리로 기차여행 하는 한국 사람들은 상대적으로 희소했었다. 이처럼 인적 왕래가 없다시피 정체된 사회에서 살아왔던 한국사회에 지방색은 뚜렷이 존재할 수밖에 여지가 없어 필연적인 현상이었다고 본다.

이와 같이 우리들은 식민지 생활, 8.15해방, 6.25전쟁의 격동시대를 맞으면서 정치, 경제, 사회적인 대변혁 속에서 '교육' 발전에 많은 집착을 기울여 왔다. 이제 시기적으로 기회는 왔다. 부산 · 대구 · 광주를 비롯한 지방인들의 '서울 러시'는 일찌기 '서울 환도'가 막 시작될 무렵 서서히 일어나고 있었다.

서울의 변화, 고개 든 교육열기   환도 후 서울로 대학에 진

학하러 상경한 H군은 뽀얀 피부와 깔끔한 교복 차림을 한 여학생을 보고, 아직 순진하여 선뜻 용기를 내어 다가가지 못하고 마음만 애태운다. H군은 자기 모습과 현격하게 차별되는 서울 사람들의 정체성을 느끼면서 선망과 질투의 눈으로 고만 얼버무려 '서울내기'라고 노닥거렸다. 시골사람은 서울사람을 깍쟁이라고 부르는데 깍쟁이의 뜻은 약삭빠르고 인색하다는 말이다. 어수룩하고 순진한 시골사람들에게 어쩌면 서울깍쟁이가 경계도 되겠지만 좋게 말해서 오히려 임기응변적이고 이해타산적(경제성)이 담겨있어 긍정적으로 받아들여졌는지 모른다. 어떻게 생각하면 조선후기 한성의 시전에 나타난 여리꾼들의 간교한 수법에서도 깍쟁이소리가 나올만 하다.

서울의 어디 할 것 없이 여러 곳이 파괴되고 폐허의 상처 뿐이다. 휴전이 성립되고 공직자 가족을 시작으로 난민들이 속속 서울로 돌아오게 되자 여러 가지 어려운 문제가 줄줄이 생겨났다. 그 중에 4활이 파괴된 서을의 주택문제는 가장 골칫거리가 되고 있었다. 이승만 대통령은 집이 없는 난민은 아예 그 해 겨울 복귀하지 말라는 담화문까지 발표하고 뒤이어 전국에 1백만호 가옥건설계획을 발표하였지만 그 실행은 흐지부지 끝나 버렸다. 그러나 판자집 생활을 잘 견디어 서울에 돌아온 난민들은 각고의 노력 끝에 재건·복구 작업에 적극 참여하였다. 1958년 말 현재 6.25 전쟁 당시 손실가옥 수 6만여 호에 비슷한 5만여 호를 복구하고 16만여 호를 재건하게 되었다.

피난학교는 서울로 돌아와 개교하게 되었다. 우리나라 사람들이 근대와 제일 먼저 만나게 되는 창구는 바로 생활풍속과 교육이었다. 도포 입고 갓 쓰고 영어책 읽고, 양복에 구두 신은 모던 보이, 양장에 양산 쓴 모던걸 시대가 그 예다. 1930년대 불어 닥친 근대는 대부분의 사람들이 저항없이 받아들였다.

그러나 서울 6·25 전쟁 후 사정은 판이해졌다. 서울 토박이는 잘 해야 10%이고, 90%가 경상도, 전라도를 시작하여 전국 여러지방의 인구가 서울에 살고 있다. 지방격차가 대폭 없어지고 언어도 표준어로 통일되고 있는 중이다. 격세지감인데 당분간 무언가 지방색을 운운하는 풍조가 언동에서 엿보였다.

시골사람 눈에 비친 서울은 별천지의 본향으로 환상 속에 그리워했던 곳이었다. 당시 서울은 젊은이들의 도시, 지식인의 도시, 학생들의 도시였다. 봉건적 인식에서 자유로울 수 있는 공간은 서울 밖에 없었는지 모르지만, 해방을 거쳐 6·25 전쟁이 끝나고 미군을 배경으로한 미국문화는 한국사회에 어느새 깊숙이 스며들고 적지 않은 영향을 주어 새롭게 창출된 사회문화에 새 바람이 불고 있었다. 개화기부터 오랜기간 이렇게 신교육의 중심지가 바로 〈서울이다〉라는 사고는 이미 뿌리 깊이 한국사람 머리에 잠재된 것 같다. 서울이 환도하고 서서히 초등학생들 사이에 과외공부가 표면화되어 오늘날 하늘 높은 줄 모르게 과외열풍이 불고 있는 것은 결코 무리가 아니다. 서울에서 공부하여야 좋은 학교에 가서 출세하고 돈을 벌고…입신양명의 고정관념이 이 무렵 성숙되고 있었다.

18. 1950~60년대 고갯길

조 명 제

절정에 달한 춥고 배고픈 시절. 너도나도 살길을 찾아 서울로 모여든 사람들. 그래서 유엔 구호양곡으로 배를 채웠고 난립한 판잣촌으로 서울은 만원이었다. 그 틈새에서도 건설한 시멘트·비료·판유리·플랜트 공장 등 국가 재건 사업, 식모살이, 섬유공장직공, 그리고 파독한 신사광부와 간호사, 외화 벌이에 나선 건설현장의 전사들. 꿈틀거리는 교육열풍. 모든 것이 이 기간의 고갯길을 넘어서 보리밥을 먹게 되었다.

판잣집 난립과 쌀·연탄 걱정　　　한국전쟁을 겪으면서 1950~60년대는 우리의 의식주 생활이 극도로 악화되었다. 독재와 부패, 1인당 국민소득 오십 달러 수준의 빈곤과 궁핍, 경제·안보의 대미對美 종속 등 우리들의 50년대에 대한 기억은 하나같이 어둡다.

해방과 더불어 귀국한 해외동포와 한국전쟁이 끝난 후 지방에서 대거 밀려든 인구는 서울의 주택 부족과 식량난을 부추겼다. 해방직후부터 한국전쟁이 종결될 때까지 모든 것이 혼미 속에 섞여 들었고 열기에 넘쳐 있었다. 해방이 되자 일본인이 빠져나간 자리에 월남한 해외동포 등 많은 사람들이 한꺼번에 몰려들었다. 만주나 일본, 동남아에 끌려갔던 징용·징병자들이 귀국 후 마땅한 일자리를 구하지 못하자 서울로 모여들었다. 시대성을 극복하고 야망에 찬 농촌 젊은이들도 '상경'이란 매력과 환상에 홀려 여기에 끼어들었다. 청운의 꿈을 펴서 자식을 새나라 건설의 기둥으로 길러 출세시킬 의지의 학부모들도 서울로 이주하였다. 전쟁 중 월남동포들도 대부분 서울에 자리를 잡았다. 더구나 주택사정이 심각했던 가장 중요한 원인은 전쟁 직후 공공건물, 공장, 민간주택 등이 거의 파괴되었던 것인데, 그 수는 약 60만 호에 이른다. 휴전이 되어 우선 유엔의 원조로 흑벽돌 9평짜리 재건주택을 지었고 59년도에는 불광동에 군민주택단지가 준공되었다.

50년대는 서울시민들이 물질적, 정신적 궁핍 속에 시달리면서 살았던 시대이다. 꿀꿀이죽, 물들인 미군복, 토막과 판자집 그리고 도라무통 펴서 만든 버스 등은 이 시대의 상징이기도 했다. 무엇 보다 제일 서러웠던 일은 배고픔이다. 55년 체결된 PL 480 공법에 따라 미국의 잉여농산물이 도입되었다. 잉여농산물의 양은 향후 9년간 쌀, 소맥, 대맥 등을 합쳐 총 50~60만 톤에 달했다. 이 분량은 국내 산미 총량의 40%에 해당하는 것이었다. 판매수입의 10~20%를 미국 측이 사용하고 나머지 80~90%는 한국의 국방예산에 충당하였다. 거리에는 월남한 피난민, 무작정 상경 소년, 전쟁고아와 미망인, 상이용사, 실업자, 막노동꾼, 걸인들이 넘쳤다. 서울주변 야트막한 산기슭에는 어느새 어수룩한 판잣집들이 총총히 들어섰고 하천가나 외딴 공터에는 토막집이 흉물스럽게 섰다. 50년대 서울 한복판 청계천이 관통하고 있었는데, 40년대 초만 해도 아이들이 송사리 잡고 물장난치고 아낙네들이 한가롭게 빨래를 하고 있었지만 50년대는 그 이름만큼 깨끗하지 못했다. 사정이 이렇게 되니까 생활수와 시커먼 하수가 섞인 오염수로 변모하였다. 청계천 상류에 중학천과 만나는 지금의 교보빌딩 후편 골목을 거닐던 40년경 필자의 소학교 통학길이 기억에 역력하다.

판자촌하면 지금의 청계 7, 8 가 개천변을 꼽을 수 있는데 해방직후에도 영미교 부근 일대가 우범지대로 지저분했다. 그러나 청계천 북쪽 천변가 (지금의 청계4,5가)는 형편이 달라서 해방이 된 40년대 말부터 상권의 핵으로 변모했다. 비록 '하꼬방' 이었지만 여러 가지 양품이 진열되어 궁핍에 시달린 눈에 번쩍이고 좋은 볼거리였는데 대부분 미군 피엑스나 홍콩 밀수를 거친 화장품, 장신구 과자 또는 군용품을 개조한 옷가지였다. 백화점이 휴점 (동화, 화신은 50년대 중반에 개점) 시절, 시민들은 이 길을 다니면서 구경만 하더라도 유행을 대강 짐작할 수 있는 기회가 되어 생활의 멋을 알 수 있었다. 한편 50년대 말을 생각하면 중랑천 변의 판자촌을 꼽을 수 있다. 대개가 뚝 방에 반 움막을 파고 스레트와 천막을 지붕 삼아 바람에 날아갈까 봐 돌덩어리를 올려

청계천 복계이전의 관교 주변.광교위에는 전차도 주행했다.
(1953년경)

논 토막형 판잣집이다. 토막이나 판자촌 빈민들은 대부분 조석으로 먹을 것을 동냥하러 주택가를 방황하는 일이 대개가 그들의 생활이다.

이 무렵 식량난의 구세주 ICA(International Cooperation Agency)의 구호식량이 배급되고 있었다. 원조물자나 미군 부대에서 흘러나온 물건에는 일상생활에 필요한 여러 가지 것들이 있었는데 군복, C-레이션 (여러 가지 통조림으로 구성된 미군 야전용 식품), 담요, 담배, 비누 등 다양했다. 그 유용流用방법은 필요악이라고 생각되지만 정당하든 부당하든 많은 서울시민들이 원조물자에 기생하여 하루하루의 생활을 보내야만 했다. 당시 우리들의 살림살이는 기본적으로 마음 편히 밥 먹고, 초겨울에는 김장 담구고, 월동용 연탄 쌓아 놓고, 겨울에는 춥지 않게 두둑하게 옷 입을 수 있는 것이었다. 더 이상 바랄 것이 없었고 세 가지만 해결되면 만족도 1위로서 충족했었다. 집 안의 땔감으로 장작이 옛날부터 사용되고 있었지만 나날이 황폐화되

주민들이 구호물자를 받아 머리에 이고 지게에 실어나르는 분주한 모습

는 산림을 보호하는 정책으로 연탄사용이 막 시작되고 있었다. 이 무렵 산은 빨갛게 헐벗고 연탄 한 장 구하기 어렵던 시대여서 추운 겨울이 되면 누구나 한번씩 월동용 연료전쟁을 치르게 된다. 한동안 전국의 산비탈 마다 혹은 도로변마다 수십 수백 평의 무더기 장작들이 도처에 보였다. GMC트럭(야전용 트럭)은 이를 운반하기 위하여 주야를 가리지 않고 먼지를 피우면서 험한 길을 질주하였다. 산악지대 현지에서 합법, 비합법적으로 베어낸 장작은 자동차, 기차, 배 등 육로와 수로를 거쳐서 도시로 집하되었다. 서울은 대부분 청량리역에 풀고 수로로 온 것은 마포에 하역荷役되었다. 서민은 장작을 겨우 소매상에 가서 작게 묶은 다발로 사고 부유층은 한 구루마 정도의 나무덩치가 작은 것을 사들였다. 부유층은 굵은 덩치를 사들여 가늘게 도끼로 잘라 가가호호마다 흐뭇하게 쌓아 놓았다[1]. 51년 피난민이 부산으로 모여들 때는 인구가 폭발적으로 증가하자 가정연료의 해결이 급선무였는데 장작 이외에 산발적으로 석탄이 쓰이고 있었다. 부산에서 석탄을 사용하여 수타식手打式(암 · 숫 1조에 분탄을 넣어 망치로 쳐서 연탄을 만드는 방식)으로 만든 구공탄이 선을 보였는데 순식간에 인기를 끌었다. 그 후 임산 연료의 구공탄(이하 연탄이라고 함) 전환이란 정책으로 58년 이후 점차적으로 서울을 시작으로 전국 주요 도시에 연탄만을 사용하게 되었다. 연탄이 들어가자 집집마다 아궁이 개수 및 보수, 온돌 개수가 실시되었지만 미숙하여 상당 기간 연탄가스 사고가 연이어 일어났다. 도시에는 연탄이 들어오자 하루종일 열을 가질 수 있어 아무리 추운 겨울에도 부엌에서 항상 더운물을 사용할 수 있고 아궁이에 지켜 앉아 계속 불을 지피는 수고도 덜게 되었다. 그러나 연탄이 보급되면서 연탄가스 중독사고가 좀처럼 근절되지 않았다. 61년 서울 마포 아파트는 우리나라 아파트의 효시인데 특이한 것은 연탄 온수보일러를 세대별로 설치하고 개별식 난방을 하였다. 당시 마포아파트는 장안의 화제꺼리였다. 주부들 마음에는 국내에서 처음으로 입주하게 되므로 분명히 환희와 회의가 교차했을 것이었다. 마침내 종래의 좌식생활에서 벗어나서 생활양식이 편리하게 되어 주부들의 사랑을 받고 인기가 높았다. 그동안 격변기를 거치면서 1960년대 후반에 가서는 도시집중이 가속화되어 주택난, 교육문제, 교통난, 상하수도 문제 그리고 범죄문제 등, 정치·경제·사회 전반에 걸쳐 심각한 국면을 맞게 되었다.

미제문화와 암달러 장사   50년대 초기는 아직 농경사회가 계속되던 시절임으로 국가기간산업이 계획 중에있을 뿐 공업화가 유치한 시대였다. 일상생활용품을 만드는 공장다운 공장이 없었고 있어도 영세성을 면치 못하였다. 생계에 필요한 거의 전부가 미군부대에서 흘러나온 물자를 이용한 시기였다. 부대에서 흘러나온 군복, 군화, 내복, 담요에서부터 담배, 비누, 화장품, 과자류, 맥주 등 음식료, 심지어 중고 짚차, 트럭, 에어컨, 난로, 철물까지 그 대상이 매우 다양했다. 이들의 유통경로를 보면 정식으로 불하 받거나 피엑스를 통하거나 그렇지 않으면 뒷구멍으로 흘러나왔다. 이들은 다시 개조되거나 완전히 재생하여 수요에 응하였는데 군복류는 주로 흑색으로 염색하여 입거나 옷가지를 완전히 개조하였다. 뿐만 아니라 폐기된 빈 깡통을 수집하여 펴서 이어 큰 용기나 지붕으로 양철판 대용에 쓰였고, 심지어 흔히 사용하는 못은 철조망을 잘라서 두들겨 만들었다. 도라무통을 두들겨 펴서 버스 또는 승용차 외판에 이용하여 관련 부속품을 모아 조

1947년에 이미모습을 들어 낸 양공주들

립하여 자동차를 만들어냈다. 이것이 바로 해방 10주년 기념 박람회에 출품된 시-발 자동차였다.….

당시 부녀자들은 주로 한복을 입었는데 대개 치마저고리에 고무신을 신었다. 물론 도시의 거리에는 자주 양장하고 힐을 신은 여인이 눈에 띄었다. 전쟁 후여서 외국군인들이 많이 주둔하여 양공주라는 직업여성들이 제법 많았다. 특히 비공식 미군물자의 유통경로에는 이 여성들의 도움이 상당히 주효하였다. 그들은 직업상 양장 차림이었기 때문에 보통사람이 양장하고 입술만 칠해도 일반인들에게 양공주로 뵈는 경우가 많았다. 그래서 한복 차림을 하면 여염집 여자로 식별 했다.

부대에서 흘러나온 군복, 치약, 담배 등은 주위에서 동대문시장 뒷골목에 있었지만 주로 남대문이 많은 양품을 확보한 본바닥이었다. 그 이유는 이웃에 있는 지금의 신세계백화점(일제 때 미쓰코시)이 환도 후까지도 미군 피엑스였기 때문이다. 보통 좌판이나 가게 터에 담배, 비누, 초코렛 등 양키물건을 진열하여 호객을 하였는데, 골목길 한편에서 유달리 몸에다 달랑 길쭉 납작한 망태 하나를 차고 거액의 지폐를 주무르는 장사가 바로 암달러 장사였다. 보통사람은 달러를 지닐만한 기회가 거진 없으며 주로 고객은 밀수업자가 상대였고 공정 환율과

암시장 거래액과의 차이가 퍽 컸기 때문에 이들은 벌이가 괜찮았는데 꼬불꼬불 외진 골목에서 단속의 눈을 피하여 지나가는 행인에게 바싹 붙어 귓속말로 "달러 있어요!… 달러 파세요!" 속삭였다. 당시 미군용 물자 매매에는 달러 만이 통용되는 화폐였다. 그런데 그 그늘에는 호시탐탐 노리는 강력범이 도사리고 있었다[2].

이 시대에 원조물자가 없었더라면 서울시민에게 상상하기 어려운 고난이 속출되고 그 참상은 어떻게 말로 표현할 수 있었을까. 원조물자를 가공하고 판매하는 일들이 그 당시 주된 상업이고 공업이었다. 이렇게 하여 많은 시민들은 원조물자에 기생하여 하루하루의 생활을 이어나가야만 하였다.

외국원조는 물자 뿐만 아니라 공공시설복구, 주택건설 등 기술서비스 분야에서도 미국을 비롯한 외국원조자금으로 이루어진 것들이다. 이처럼 시민생활은 모두가 외국물자와 결연되었기에 시민들의 생활양식과 습성은 서양적인 모방 또는 충동이 여러 곳에서 비판없이 수용되기도 하였다.

필자가 20대 시절이다. 춤바람 난 1955년 제작된 정비석작 소설을 영화화한 '자유부인'의 소동, 박인수 사건 등은 한때 커다란 사회의 화제꺼리가 되고 있었다. 식민지에서 해방이 되고 이어 6.25전쟁을 경험한 피곤하고 삭막한 시절에, 미국식 자유주의문화에 취하여 즐기고 춤추고

소설『자유부인』

비틀거리는 모습은 가부장적 사회에 한가지 충격거리가 되어 가정파탄의 조짐까지 보여주었다. 그러나 마음속으로는 당혹 속에도 선망과 동경하는 감상을 남긴 것이 지배적이었다.

양복 · 양장 입고 외식하고　　해방 후 한국전쟁이 끝나면서 경제생활이 악화되고 의복산업의 기반이 무너졌다. 그 중에서도 구호품이 의복 수요에 충당되면서 양복을 입는 사람이 늘어갔다. 구호품이나 미군부대에서 흘러나온 옷감 또는 마카오 · 홍콩의 밀수품으로 양복을 맞추어 입었다. 한편 양장도 점차 확산되면서 50년대 후반은 한복인구에 육박할 정도로 한복과 양장이 공존하게 된 시기였다. 특히 30, 40대 여성들 사이에는 양장의 선호도가 높아 양장은 여성복장의 주류를 이루었다. 오바코트는 여성들의 필수적인 유행복이 되면서 한복은 양복과 양장에 밀려 일상복 기능을 잃게 되었다.

1956년 제일모직(주)은 최초의 국산복지를 생산하게 되어 그동안 수입에 의존하던 복지업계에 새로운 바람이 불게 되고 국산복지로 양복을 지어 입게 되었다. 한편 50년대 중반 나이론 옷이 유행하여 한때 인기가 절정에 올랐다. 그동안 선풍을 일으켰던 비로도를 순식간에 물리치고 의생활의 대변혁을 이루었다. 다양하고 화사한 세련된 색상은 여지껏 어떤 섬유와도 비교할 수 없는 매혹이었다. 55년 저자가 어느 강연회에 참석했는데, 서울에서 날라 온 K교수의 연푸른 색상과 경쾌하고 시원해 보이는 남방셔츠 차림에 순간 매료되고 경탄했다. 당시 나이론 섬유가 거의 속살이 비치게 얇고 통기성이 형편없는 덥고 답답한 옷감인줄 알아차릴 새도 없이 신식 여름옷감이라 속단해 버렸다. 공연히 까다롭다고 모시옷을 잘라 행주나 하고 유행이랍시고 나일론으로 치마저고리를 지어 자랑하며 입고 다녔다. 홍콩, 마카오, 상하이를 경유한 영국제 양복지(하쿠라이-박래품을 말함)는 당시 신사들의 선망으로 유명했다. 영국제 복지로 지은 양복 입은 사나이를 마카오신사로 불렀다. 특히 이들 박래품을 취급한 상점은 라사 점으로 알려졌는데 여기서 양복을 맞추기도 하고 양장점을 겸하여 영업을 했다.

1960년경부터 구호물자가 중단되고 나일론 등 화학섬유가 생산되면서 평화시장 건물에서는 공장을 차리고 기성복을 만들기 시작하였다. 초기에는 대개 가족단위로 가내공업 단계의 소규모에서 재봉틀 몇 대로 옷을 만들었는데 사용한 원자재와 부자재의 품질이 낮고 기술수준도 조악하였다. 이 무렵 시내에는 복장학원이 서서히 개원하고 기술자를 양성하고 있었다. 1969년에는 동대문 종합시장이 개장하게 되고 남대문시장 평화시장 의류도매상과 더불어 서민 기성시대 전성기에 들었다.

종래 문화의 싸롱으로 불러온 다방은 6.25전쟁이 끝나고 서서히 문을 열어 개업에 들어갔다. 일제 때 다방풍속이 잠시 그대로 닮고 있었다. 문인, 영화인, 화가, 지식인들이 음악을 듣고 차를 마시는 모임의 장소 다방! 지금은 완전히 그 정취가 상실되고 추억으로 사라졌다. 박종화, 조 병화, 김 동리, 서 정주, 조 지훈, 유 치진, 장 민호, 김 승호 등은 모나리자, 문예싸롱, 돌체, 에덴, 마돈나…에 출입하고 있었다. 명곡 다방인 돌체는 서울역전에서 명동 한복판으로 옮겨 음악광들의 아지트가 되기도 하였다. 다방은 명동이 중심이 되고 차를 마시고 음악을 듣는 것 만으로 그치지 않고 음악회, 그림·사진전시회가 열렸고 시 낭송회朗誦會, 때로는 동창회, 간담회, 연극무대가 되기도 하였다.

1950년대 말부터 다방의 분위기가 많이 변질하고 있었다. 흘러나오는 멜로디에 눈을 감고 담배연기 안개 속에서 무엇을 생각하는지…50 원 커피 한잔 앞에 놓고 벽만 바라보는 실업 군상…. 우선 다방출입 손님은 대중화되고 주인은 인테리 계급의 남자에서 장사만을 아는 여자주인으로 바뀌고 그 밑에 얼굴마담이 있고, 레지, 카운터, 주방장 체제로 구성되고 손님도 차 맛과 분위기를 즐기기보다 세일즈,비즈니스 위주나 약속장소로 이용하는 경향이 지배적이었다. 따라서 실내가 보다 화사한 인테리어로 꾸며지기도 하고 대형화되었다[30].한편 다방의 풍속도로 잊지 못할 모습은, 당시 실직자의 무대로 종일 담배연기를 뿜어내던 룸펭이다. 한국전쟁이 지난 지 4.19와 5.16을 겪으면서 대졸 실업자의 실업률이 21%까지 육박하고 있는 오늘의 '백수' 들이다. 1964년 2월 29일 당대의 비극적 사랑 영화 신성일과 엄앵란이 주연한 '맨발의 청춘'은 가난했던 한국 청년의 가슴을 뒤흔들며 초만원의 관객 기록을 세웠다. 맺지 못한 부잣집 딸과 밀수두목과의 못 이룰 사랑과 죽음의 비련으로 그 시대 사회적 반향을 불러일으켰다. 젊은이의 유행어 "살자니 배고프고 죽자니 청춘이다"가 사회상을 대변했다.

서울의 음식은 과거 경기지방의 음식 특성을 잃고 남쪽의 음식과 북한 음식들을 보다 본격적으로 한데 모아 담기 시작했는데 그것은 바로 인구이동에 따른 서울시민의 구성이 다양화해졌기 때문이다. 당시 시장에는 미군부대에서 흘러나온 식당 음식찌꺼기를 모아 팔팔 끓인 '꿀꿀이죽' 이 팔려 나가 빈민들의 배고픔을 달래주던 시기였다. 월남 피난민 사이에 일정한 일터를 찾지 못한 사람들은 시장 길가나 동대문 시장 청계천변에 판잣집을 짓고 음식을 만들어 팔고 있었다. 이 음식은 서울사람들이 잘 알지 못한 독특한 맛을 가진 그네들의 향토음식 위주였다. 여기에는 후에 서울사람들에게 알려진 평양냉면, 함흥냉면도 있었다. 물론 이전에도 서울에 냉면이 없었던 것은 아니지만 보편화된 것은 아니다. 이렇게 다양한 향토음식은 서울거리에 잘 알려져 새로운 명물로 나타나기도 하였지만 서울 고유의 음식은 담백하고 정갈스러운 맛을 잃어가고 있었다. 설렁탕, 곰탕 등을 팔고 있던 한일관은 일제 때부터 영업을 하고 있었고 우래옥, 조선옥은 냉면으로 유명했다. 여기서 당시 대표적인 우리의 전통 한식을 팔고 있었다. 서울에는 직장인이 처음에는 도시락으로 점심을 먹었으나 날이 갈수록 직장인구가 늘어남에 따라 외식업이 발달하게 되어 회사 주변에 값싸고 간편한 식당이 많이 생겨났다. 샐러리맨들은 설렁탕, 육개장, 비빔밥, 냉면, 만두국, 짜장면, 우동 등을 먹었다.

해마다 반복되는 식량부족을 해결하려고 정부는 미국의 잉여농산물을 식량원조의 명목으로, 값싼 밀가루를 대량 도입하였다. 이를 기회로 제빵과 제과업이 발달하게 되었다. 삼립식품, 서울식품 그리고 고려당, 뉴욕제과는 이 시기에 개설되고 빵을 구어 내었다. 분식계에 빼놓을 수 없는 것은 라면이다. 63년 삼양라면은 일본과 기술 제휴하여 그 해 9월에 라면을 생산해냈는데 라면으로 도시 노동자들이 값싸게 끼니를 때울 수 있게 되었다.

일본음식 우동식당이 포장마차 규모로 개업하고 있었는데. 일제 당시 번창했던 「이학」이 없어지고,「남강」「미도리」등이 새로 개업했었다. 여기서는 우동, 소바, 스시, 덴뿌라 등이 메뉴의 주류를 이루고 있었다. 호텔의 일식부는 70년 이후부터 문을 열었다. 서양음식은 여전히 서민들이 접근이 쉽지 않은 음식이었다. 서울의 특수층이 모이는 장소로는 전문양식당「미장그릴」「영보그릴」「외교구락부」가 있었다. 서울이 수복된 후 호수그릴이 생겨났고 60년대 초 뉴코리아호텔과 그

랜드호텔에 양식부가 개업을 시작했다.[4]

요정은 정치인들의 무대이다. 여기에는 술과 함께 권력이 판치고 있었다. 일제 때와 해방 후 이름을 날렸던 명월관, 국일관이 사양길로 들고 있을 무렵, 50년대 말 서울 북악산에 '요정 3각'이라고 부르던 요릿집이 있었다. 이름하여 청운각, 대원각, 삼천각이다. 자유당 때부터 이름만큼이나 야망이 있는 실력자들이 운집하였던 곳이다. 옛날 기생은 공식적인 조합에 소속한 권번제도였는데, 이 제도는 살아지고 해방이후 요정에는 기생의 후예들이 시중하고 있었다.

흔들리는 농촌·도시빈민들   해방 직후 전국의 인구 중 80%가 농촌에 살고 있었고 대부분이 식량이 부족한 극심한 빈곤층에 속하고 있었다. 조사에 의하면 1950년대 후반 농민의 절반이 하루 세끼를 먹지 못한 절량농가로 알려졌다. 농민들이 해마다 보릿고개를 넘는 일은 매우 고달팠지만 초근목피로 힘들게 살아야만 했다. 따라서 늘어나는 빚은 쌓여만 가고 게다가 농업관련 금융기관이 없어 부채의 대부분

영세봉제업체에서 일하는 여공들. 경제개발 초반에는 과로에 시달렸다.

은 사채였고, 연간 이자율은 5할 이상의 고리채에 시달렸다. 63년 대통령선거에서 '배고파서 못 살겠다. 죽기 전에 갈아 치우자'는 선거구호까지 돌았으니 그 시절 암울했던 농촌사정을 가히 짐작하게 한다. 그 이전 61년에 「농어촌 고리채 정리령」을 공고 · 실시하는 한편 같은 해 「농업협동조합법」을 제정 · 공포하였다. 정부는 중농정책을 구호에만 그치고 공업화정책을 펴나가면서 성장 제1주의에 중점을 두었던지 농업천시정책으로 탈바꿈이 되어버렸다.

해방이 되고 남대문과 동대문시장에 소규모 상인들이 모여 재봉틀 몇 대를 놓고 군복이나 구호물자를 바지, 코트 등으로 개조하고 있었다. 우리나라 공업화는 초기에 노동집약 산업인 섬유산업이 주도하고 있었다. 60년대 우리 농촌은 50년대의 절대빈곤에 비해서 어느 정도 좋아졌다고는 하지만 여전히 그 범위를 벗어나지 못했다. 농촌의 젊은 이는 도시로 일자리를 찾아 또는 꿈에 부풀어 무작정 농촌을 떠났다. 그러나 그들의 처우가 중노동과 저임금이란 학대 뿐이었다. 이 무렵 서서히 섬유산업계에 노동조합이 결성되고 항쟁이 일어나고 있었는데 평화시장 '시다'(심부름과 조수역할을 하는 말단직)직에서 시작한 전태일은 70년11월13일 분신 자결한 사건이 있었다.

당시 제사 · 봉재 · 섬유산업은 보통 철야노동이 상식이고 조업시간이 연장될수록 자본 재생산의 이득을 낳게 된다. 따라서 22시간이상의 2교대제로 조업하여 노동시간은 밤낮 모두가 11시간 이상 혹사하게 되고 있었다. 놀랍게도 여공들은 압도적으로 소녀 · 부녀자가 대부분이고 저임금과 중노동에 혹사당하고 영양실조에 허덕였다. 결국 중도퇴직자도 생겨나 자칫하면 개중에 윤락가의 길을 택하게 된다. 1960년 결핵환자 수는 2백만에 달하고 한해 사망자가 80만 명이나 되었다. 그로부터 10년 후 기생충 감염율이 75%라는 것으로 보면 수세식 화장실이 보급되기 이전 국민생활의 위생상태의 낙후를 알수가 있다.

도시의 재건이 본격적으로 형성되기 시작한 것은 60년대 이후라고 볼 수 있다. 그 후 우리나라 도시들은 그야말로 신천지가 생겨났다고 할 정도로 변해버려 종전의 모습을 찾기가 어렵게 되었다. 반면 성장과 발전의 그늘 뒤안길에는 소외되어 살아가는 도시빈민이 있다. 농촌에서 상경한 이농민 중 상당수가 안정된 일자리를 찾지 못하고 변두리에 집단적으로 판자집을 짓고 살면서 도시빈민을 형성하였다. 청계천, 중랑천 등 뚝방이나 숭인동, 미아동 등의 산비탈에 무허가 판잣집을 짓거나 뚝섬 등 공터에 천막과 스레트로 움막을 지어 살았다. 66년 서울인구의 3분의 1이 무허가주택에 거주했던 사실은 놀랄 일이었다. 이들은 서울시 또는 외곽에서 하루하루 연명해 살기에도 태부족했다. 이들의 직업은 지게꾼. 구루마꾼, 또는 막노동자나 행상 등으로 힘든 생활을 해나갔던 하층 부류다.

기업의 태동 그리고 국산 시멘트·판유리·비료와 경제개발

앞에서 한국전쟁 후 우리가 겪어왔던 밑바닥 민생고를 생생하게 조명해 보았다. 집 잃고 배고팠던 시절이 요구하는 초미의 '긴급복구'에는 생활필수품과 기초 원자재 확보가 절박하였다. 제당, 제분, 방직, 비누, 양말, 철물, 목재 등 소재를 비롯하여 건물을 세우고 밥을 먹고 도로를 깔고 공장을 짓는 데는 비료·시멘트·유리가 기본이 되는 원자재이다. 보릿고개가 엄습했던 시절에 식량증산은 절실한 과제였다. 유기비료가 감당 못했던 시기에 시비효과施肥效果가 큰 화학비료 생산이야말로 농촌의 구세주였다.

광복이후 우리의 기업은 거의가 모두 적산귀속재산을 인수하여 출발하였다. 삼호방직, 락희화학, 조선견직, 동양맥주, 대한제분, 제일제당 등으로 사주의 출신은 정미소 자영, 회사원, 공장 공원, 배달부, 은행원, 사환, 중역 등 매우 다양했다. 대표적인 기업은 제일제당, 대한방직, 조선견직, 태창방직, 락희화학, 대성목재, 한국화약 등이다. 전문기술인이 전무했던 시절 생산품의 품질은 양호할 수 없었다. 이무렵 중소기업까지 외국기술의 도입은 생각도 하지 못했다.(본고「생활필수품 수난시대」장을 참조) 비록 당시의 영세 중소기업이었지만 이공계 출신 청년이 본격적으로 배출되면서 후일 조국근대화의 디딤돌 역할을 하였다.

정부는 UNKRA(UN Korea Reconstruction Agency)의 원조자금에 의해서 기본적으로 우리나라 산업을 재건하는 데는 이른바 비료공장, 시멘트공장, 초자공장 등의 3대 기간산업을 건설하는 것으로 추진하였다. 종전 전통적인 유기비료에 의존하던 농업생산에 현대식 화학공장이 건설됨으로써 우리나라 양곡생산에 활력소가 되었다. 충주비료(주)는 연간 8만5천톤 생산규모의 요소비료공장을 짓게 되어 55년 착공하여 61년에 준공하였다. 그 당시 국내 비료가 절대 부족한 실정에 따라, 영남화학, 한국비료 등 총 5개의 비료공장을 더 건설하고, 연달아 경제개발이 진행되면서 대규모 화학공장의 계속적인 건설과 시설확충으로 60년대 말에는 비료의 자급기반을 마련했다. 60년 불과 6천톤 규모였던 것이 무려 70년에는 약 60만 톤으로 증산 할 수 있었다[5].

건설 복구에 시멘트 수요가 급증하고 있었다. 다행히 우리나라는 시멘트 원료인 석회석의 매장량이 지표면에서도 채석할 수 있을 정도로 풍부하지만 생산 공장은 부족한 실정이었다. 그래서 57년까지는 유일하게 삼척시멘트(주) 만이 생산하고 있었는데, 그 후 문경시멘트(주)가 새롭게 가동되면서 수요를 일부나마 감당하고 경제개발이 진행되면서 현대 · 한일 · 충북시멘트 등이 신설되어 66년 생산능력이 약 2백만 톤으로 확대되었다. 그러나 사회간접자본의 확산으로 시멘트 수요는 급격히 증가하여 다시 공장을 증설하면서 60년말에는 692만 톤의 생산 규모에 이르렀다. 66년을 고비로 그 동안의 부분적인 수입은 종료되고 수출이 가능하게 되었다. 70년 시멘트 총생산은 5백8십만 톤에 도달하고 61만 톤을 수출하게 되었다. 가채량可採量이 풍부한 석회석은 대량의 건축물 건설에 천혜의 자원이 되었다. 1957년 외원자금 차관에 의한 유리병을 만드는 대한유리공업(주)과 UNKRA원조에 의한 판유리를 만드는 한국유리공업(주)의, 두 개의 유리공장이 준공됨으로써 유리공업의 근대화 기반을 마련했다. 한국유리는 67년 56만 상자를 생산하고 2만 상자를 수출할 수가 있었다.

1962년 5.16일 새벽에 박 정희 소장에 의한 군사 혁명이 일어났다. 4.19의 혼란과 암흑기는 막을 내리게 되었다. 1960년대 초 박 정희 대

통령은 투철한 의지와 집념으로 조국근대화의 지름길은 〈빈곤으로부터의 해방〉이라는 표현을 내세웠다. 64년 시작한 ≪경제개발5개년계획≫은 이 구호를 지도이념으로 승화시켰다. 울산에 유사 이래 처음으로 공업단지가 건설되고 이어서 창원, 구미에도 세워졌다. 실업자와 무작정 상경한 농촌 청소년 그리고 유휴 인력을 흡수하여 고용이 촉진되었다. 그

리고 직장마다 저학력 공원工員을 위한 사내 중학과 고등학교를 운용하고 나아가, 대학진학의 희망자를 원한 방송통신대학을 설립했다. 자원이 없는 한국은 생존을 위해 수출입국을 앞장 세워, 59년 말 수출이 3천3백만 달러였던 것이 60년대 말에는 8억 달러를 초과할 수 있었다.

암흑기를 탈출한 희망의 싹이 움트다   50년대는 교육에서 크게 달라진 현상은 교육의 팽창이다. 전후의 '베이비붐'과 대학의 증설이다. 이 시기 초등학교는 '완전' 취학율에 접근했는데 의무교육정책 의도가 실현된 결과이기도 하다. 특히 '베이비붐' 현상은 이후 사회와 교육의 변천에 중대한 영향을 미치게 되었다. 따라서 차례로 중학고교 및 대학의 입시경쟁이 치열해졌으며 동시에 중학과 고등교육의 급속한 팽창이 뒤따르게 되었다. 국가재정이 부족하여 고등교육기관을 민간에 의존하여 사학의존도가 높아져 50년대 사립대학이 팽창해졌다. 당시 대학의 팽창은 시기적절했던 정책으로 볼 수 있는데, 식민지 시대에 가장 억제 된 것이 바로 고등교육기관 특히 이공계대학의 부재임을 지적하지 않을 수 없다. 부수적으로 한국전쟁 후 징집령徵集令과도 유관하다. 정부는 대학교육의 순조로운 발전을 위하여 1951년 2월 18일 '징집연기조치'를 발표하게 된 것이다. 이러한 조치는 대학 입학 지원자의 폭증 결과를 낳았고, 50년대 대학 재학생수는 급격한 증기를 보였다. 대학생 수는 약 2만 명이 54년에 8만 명, 60년에는 14만 명으로 증가되었다. 이 무렵 이공계대학의 졸업자 수와 취직률을 참고하면 59년에는 졸업생 15,295명 중 5,505명이 직장을 잡고 나머지는 입대, 진학, 미취업 등으로 조사되었다. 53년 수도 환도이후 서울의 국민학교는 스스로 서열화 조짐이 생겨나고 중학입시를 대비한

서울 교동국민학교 3학년 수업하는 모습(1960년대)

과외공부 바람이 불기 시작했다[6].내남없이 살기 힘들던 시절, 지방에서 유학온 대학생들은 '입주교사'로 경제적인 어려움을 해결하곤 했다. 변변한 학원이 없던 그때, 콩나물 값 몇 십원어치에 울고 웃던 우리 어머니들이 큰마음 먹고 아이들을 주산학원에 보내던 시절이었다. 근 45년 전 일이다. '국민학교 과외수업 지도, 5·6학년 책임지도'라는 광고가 거리 전두에 붙여있다. 대학생 과외를 받을 수 있었던 아이들은 그나마 형편이 좀 나은 편이었다. 1960년 고등학교 졸업생의 대학 진학률은 약 37%에 달하고 이 무렵 초등학교 취학율이 이미 98%인데 반하여 중학교는 33.8%였다. 한편 문맹률을 보면, 해방 직전 77%를 근거로 할 때 불과 15년 뒤인 1959년의 22% 달성은 그 자체가 놀랄만한 성취라고 할 수 있다. 이처럼 성과를 얻게 된 것은 일제 때 야학을 열기도 하였지만 해방 직후 여러 기관에서 문맹퇴치운동을 적극적으로 전개하여 왔기 때문이다. 국민강습소는 초등국어독본을 교재 삼아 13~16세 청소년 남여를 대상으로 실시하였다. 그밖에 교도소 재소자, 일반 병사들을 교육대상에 포함시켰다.

해방 직후 일제가 떠난 후 산업의 완전 공동화空洞化와 폐허 그리고 한국전쟁에 의한 산업시설의 파괴는 재건의 희망에서 실추시켰다. 일제 말기 졸업한 기백 명도 안되는 고급기술자로는 경제건설이 불가능했다. 그 속에서 보릿고개시절 땅 팔고 소 팔아 젊은이들은 상아탑을 찾아 나섰다. 1950년 후반 마침내 수 천의 이공계 공학사가 배출되었는데 이들은 작업복을 입고 산업현장에 뛰어들었다. 경제개발기간을 통해서 필자가 만난 산업역군 그들은 하나같이 국가부흥을 절감하고 '잘 살아 보자' 라는 사명의식 뿐이었다. 금일의 한국 근대화 아니 현대화의 밑거름을 논한다면 이들의 공적을 빼놓을 수 없겠다.

국사학자들 사이에 「우리가 이 정도나마 경제발전과 민주주의를 구가하고 있는 것은 1950년대의 준비가 있었던 덕택인가. 아니면 1950년대는 한국현대사에서 있어선 안 될, 암흑기였을 뿐인가」에 관한 발제와 토론이 있었다[7]. 한미상호방위조약은 한반도의 전쟁을 억제하고, 한국의 안보와 생존을 확보하는데 중요한 역할을 담당해 왔고 후일 산업화와 민주화로 가는 기반이 되기도 하였다. 1950년대는 미국 원조에 의한 경제재건과 부흥계획 추진을 통해 1960년대 이후 고도성장의 발판을 다진 시기로 내다본다.

1) 조명제,『한국의 에너지동력기술발달사』학연문화사,1996, 274~276쪽.
2) 박완서,『민중문화백년사』역사비평,1991, 109~110쪽.
3)『서울육백년사』서울특별시, 1324~1326쪽.
4)『서울20세기생활문화변천사』, 서울특별시,2001, 411쪽.
5) 조명제,『역사학논총』제2호, 동선사학회,2001, 94~96쪽.
6) 본고「부산피난 · 서울환도」'서울의 변화, 고개 든 교육열' 참조.
7) 김기석,『1950년대 한국사의 재조명』현대한국학연구소,2002, 328 ~331쪽.

19. 이공계 연구소와 특수대학원 설립

반원훈 · 신현동 · 조명제

초기 경제개발이 시작되면서 원자력연구소, 과학기술연구소, 과학원 등 이공계 연구기관이 신설되었다. 춥고 배고팠던 시절 '연구가 무슨 연구야' 소리를 뒷전으로 모른 체 젊은 연구원들의 포부와 자부심은 유별하였다. 이곳은 후일 경제개발의 견인차 내지 시금석의 기반을 다진 업적을 인식하는데 무리가 없을 것으로 판단된다.

한국원자력연구소(KAERI) 1950년대 말 1인당 국민소득 70불 시절, 유엔 원조에 의존하면서 백성들 의식주가 유지되고 있었던 시절이다. 식량증산에 비료와, 파괴된 건물 복구에 시멘트 · 판유리 조달이 긴급했다. 국가재건사업이 진행되면서 시멘트공장이 가동하고 판유리와 화학비료가 미국 원조로 처음으로 생산 된지 얼마 안 되어, 문교부에 '원자력과'가 신설되고 있었다. 57년 원자력법이 제정되고 59년 2월 13일 원자력연구소(소장 박철재 박사)를 개소하였다. 6.25전쟁이 끝나고 50년대 중반 우리에게 가장 필요한 것은 의식주 자족이었으므로 과학기술이나 연구개발이란 대다수 국민들에는 아랑곳없고 서민들에는 꿈같은 이야기였다. 그런데, 왜 일찍 이승만 대통령은 원자력에 관심를 생각한다면 누구나 궁금했던 일이다. 알고 보니 그에게 영향을 준 사람이 있었다.

그 사람은 W.L.Cisler였는데 아이젠하우워 장군 휘하에서 제2차 세계대전 후 유럽의 전력계통 복구사업의 공로로 기술자 영웅 대접을 받았던 전기기술의 대가이다. 그는 우리 정부 초청으로 전력 계통 복구사업을 돕기 위한 자문가로 내한하였다가 56년 이 대통령을 예방하는 자리에서 25cm 상자 하나를 보여주며 그것을 에너지 박스라고 불렀다. 원자력의 평화적 이용에 관하여 열심히 설명한 그는 그 안에 들어있는 3.5파운드 무게의 석탄을 내 보이면서 이 핵연료를 고속증식로에서 태우면 무려 1200만 kWh의 전력을 생산할 수 있다고 자신있게 말했다. 그것은 220만 배가 넘는 엄청난 비교치였다. 이 대통령과 그 사이에 대담했던 다음의 일화가 남아있다.

"우리는 언제 그것을 가질 수 있소?", "20년 후이면 가능할 겁니다. 각하!", "그러면 어떻게 해야 하오?", "우선 사전에 준비해야 합니다…연구기관이 있어야 하며…우선 50여명의 젊은 과학자를 해외에 보내 연수를…급선무일 것입니다". "그렇게 해 보겠소…"

오늘날 한국의 원자력사업 성공은 이미 그때 약속한 것이나 다름이 없다. 후일 그가 내한하여 어느 모임에서 자기의 예견이 불과 1~2년이 빗나갔다고 옛날을 회상했다. 왜냐 하면 1956년을 기준으로 고리1호기 가동 일자는 78년4월이고, 시험 운전으로 발전한 것은 77년이기 때문이다. 그로부터 원자력발전소 7기가 건설되고 건설 중인 것이 3기가 있었다. 연구소 출범시 원자로부, 기초연구부 그리고 방사선동위원소부가 있었고 해외 파견 훈련 후 귀국한 50여 명의 젊은 과학자들이 주류를 이루었다. 그리고 중점 추진사업을, 장차 원자력발전 핵심

기술 자립, 원자력 안전성 확보, 방사성 폐기물 관리 그리고 국제기술 협력 등에 두었다. 좀 더 알아보면 핵심 기술을 추적하여 발전용 핵연료 전량 국산화, 안전 설계 평가 기술 확립, 폐기물 저장·처리 시설 건설, 방사성동위원소의 산업에의 이용 그리고 운전경험 및 연구장치 설계 제작·정보 활용 등 다양하였다.

국내 최초의 원자로 기공식에 이승만 대통령이 삽질을 하고 있다 (1959.7.14)

1955년부터 64년까지 해외 파견 기술요원은 237명이다. 특히 연구소가 출시까지 이미 국비로 127명에 이르는 훈련생을 해외에 파견하였다는 것은 그 당시 국가 재정 형편을 감안하면 획기적이고 매우 야심적인 조치였다. 그 후 점차 훈련생 파견비용은 IAEA, ICA, 콜롬보 자금 등으로 지원되었다. 해외 파견자 중에는 원자력 요원 후보

시운전을 마친 100kW 연구용 원자로, TRIGA Mark-II (1962.3.10)

자로서 선발·파견된 자도 있었으나 원자력 이용 저변확대를 위하여

대학교수, 공공기관의 연구요원도 다수 포함시켰다[1]

초창기 우수한 인재가 모여든 까닭은 그 당시 우리나라 유일의 종합과학연구소로 새로운 학문에 기대가 컸다는 것이다. 그러나 60년대에 가서 연구소가 관료체제로 운용되었기 때문에 점차 연구 수행에 효율성을 잃게 되어 다음과 같은 문제가 나타나기 시작했다. 첫째, 연구소의 자율성 제약으로 정부 조직법 개폐 때가 오면 소장 고유의 권한－원자력 기술과는 전혀 관계가 없는 연구과제나 연구부서 조직개편 등－침범으로 융통성이 없었고 둘째, 연구 요원들의 처우 문제였다. 초창기 파격적인 수당이 감봉 내지 지급 중지로 타 직장에 비해 낮아졌다. 결과적으로 유능한 연구 요원이 자리를 떠나고 한국과학기술연구소가 발족하면서 상대적으로 사기가 떨어져 과학계의 문제꺼리로 존립의 위기를 맞게 되었다. 1973년 연구소는 재단법인체로 형태가 바뀌면서 종전의 문제점을 쇄신하고 새롭게 변혁할 수 있게 되었다. 그후 대덕연구단지로 이전, 새 단장을 하면서 대형 국책사업을 착실히 수행하여 왔다. 그 동안 한국전력(주)은 원자력연구소와 연계하여 공동연구를 추진한 결과 1978년 7월 20일 역사적인 고리원자력발전소 1호기가 준공되었다. 한국은 세계 22번째 원자력발전소를 갖게 되어 원자력발전시대의 막이 열린 것이다.

그 동안 꿈속에 그리던 핵연료 국산화가 현실로 나타났다. 84년 중반기부터 국산화의 구체적인 이야기가 나오기 시작하여 국산 핵연료가 실용화 시험을 위하여 월성원자력발전소에 시험 충전充塡되면서 양산기술 개발에 들어갔다. 드디어 1년간의 연소시험 끝에 1985년 국산핵연료의 완벽성과 성능을 신뢰하게 되었고[2] 전두환 대통령은 1987년 7월 양산공장 준공에 맞추어 원자력발전기술 자립사업의 국내 첫

246

번째 성공에 대해서 "원자력은 국력이다"의 휘호를 보내왔다. 90년대 우리나라 전력생산 중 원자력이 점유하는 발전량은 36~43%에 도달하였다.

1997년 예상치 않던 IMF 위기를 극복하게 되었던 몇 가지 이유 중에는 그래도 전력의 안전공급에 보람을 찾았다고 말할 수 있다. 당시 만약에 전력이 부족하였더라면 공장도 멈추고 공공기관, 일반사업장, 가정 등의 냉난방도 끊기고 이 나라 이 사회는 어떻게 되었을까 생각된다.

한국과학기술연구소(KIST)   '보릿고개'로 대변하던 절대빈곤을 벗고 부강한 국가로 재건하기 위하여 정부는 제1차 경제개발 5개년계획(1962~1966)을 수립하고 국내의 산업구조 개선 및 공업화를 추진하기 시작하였다. 한편 경제개발을 위해서는 무엇보다 과학기술의 중요함을 절감하면서 제1차 과학기술진흥 5개년계획도 같은 기간에 수립하였다. 그러나 공업화계획의 추진을 위해서는 무엇보다 타당성 검토와 실천계획의 수립이 마땅히 전제되어야만 하는데 지금까지 아무런 경험 축적이 없는 한국으로서는 이를 종합적으로 추진할 한국의 두뇌집단으로서 종합연구기관의 설립이 시대적으로 요망된다는 사실을 모르고 있었다.[3]

때 마침 한국의 월남전 참전을 계기로 65년 5월 18일 박정희 대통령은 미국 존슨 대통령의 초청을 받아, 미국을 방문하고 공동성명서에 밝힌 내용에 다음의 구절이 명시되어 있다.

"…한국의 공업기술 및 응용과학연구소 설치 가능성을 한국의 공업계, 과학계, 교육계 지도자들과 더불어 검토하기 위하여 그의 과학기술 자문단을 파견하겠다는 죤슨 대통령의 제의를 환영한다…"

이 기쁜 소식은 항간에 퍼져 나오면서 한국과학기술연구소(KIST, 초대소장 최형섭 박사)의 탄생을 한국의 월남전 참전에 대한 미국의 '선물'이라고 식자간에 화제가 분분하였다.

그 후 KIST 설립은 한미 양국의 중요한 협력사업으로 추진되었으며, 설립 목적은 우리나라 산업 발전에 직접 기여할 수 있는 기술의 제공과 연구를 수행하고, 재외 한국인 과학기술자의 국내 유치 및 연구 활동을 지원하는 것으로 하였다.

KIST는 초창기 산업실태 조사단을 구성하여 한국의 산업화를 위하여 필요한 지원 분야를 우선 파악하고, 조사 결과에 따라서 중점분야로 재료, 기계, 전자, 화학 및 식품공업의 5대 분야를 설정하였다. 그리고 여기에 한국 유일의 현대적 연구기관임을 인식하고 기술정보, 전자계산, 연구장치 개발, 공업경제, 분석업무를 담당토록 하였다.

KIST의 설립은 어떻게 보면 박정희 대통령의 '집념의 산물'이라고도 할 수 있다. 부지선정에 있어서도 반대를 무릅쓰고 홍릉 임업시험장을 4월에 직접 둘러보고 그 자리에서 관계 장관들에게 분양의 절차를 취하도록 지시하였다. 또한 건설공사를 추진하기 위하여 67년 3

한국과학기술연구소준공식(1969.10.23)

박정희 대통령이 컴퓨터 시설을 보며연구원을 격려하며 한달에 한번 꼴로 방문했다.

월 대통령 특명에 의하여 발족된 육군 공사조종통제단의 지원으로 69년 10월 23일 역사적인 준공을 보게 되었다. 공사에 방해가 된다고 연구소에는 알리지 않고 수시로 대통령이 직접 점검한 것은 이제는 전설적인 일화가 되어가고 있다.

연구소 창립 후 가장 먼저 수행한 연구활동은 정부용역에 의한 조사연구였다. '67년에 과학기술처 용역으로 수행한 「장기에너지 수급계획을 위한 조사연구」와 「과학기술진흥종합정책수립을 위한 조사연구」는 기초자료가 부족하고 신뢰성이 적었던 당시 여건 속에서도 연구소 내외 전문가 사이의 원활한 협조에 힘입어 성공적으로 수행한 것으로 평가되었다. 이 외에도 많은 조사연구를 시행하였는데,「북평지구 공업입지조사」(68,건설부), 「전자공업육성을 위한 국내전자공업 및 관련분야 조사」(68,상공부), 「해양자원종합조사」(69,과학기술처), 「산업원자재의 국산화 및 계열화 조사」가 있다.

특히 1969년도에는 「기계공업종합육성계획」을 마련한 것 등, 산업정책 및 기술개발 계획수립에 중요한 기초 자료를 제공하였다.[4] 무엇보다 69년 종합제철(포항종합제철) 건설에 필요한 기술계획서 작성과 경제성을 검토하여 조광粗鑛 생산 기준으로 103만 톤의 초기 건설규모를 확정하도록 건의하였으며, 이것이 계기가 되어 종합제철 건설가동에 따르는 제반 기술 문제해결과 기술지원을 수탁 연구로 계속하고 있다. 이렇듯 창립 기간에는 조사연구 활동이 전체 연구사업의 29%를 차지 할 정도로 국가사업 기초조사 연구에 많은 노력을 기울였다.

국내 출연 연구소의 모태가 된 KIST설립 이념에 대하여 좀 더 구체적으로 이야기하면 다음과 같은 새로운 개념이 도입된 것을 강조해야 한다.

첫째, 자율성을 보유한 이사회를 둔 비영리기관으로 설립한다.(출연연구기관의 개념)

둘째, 과학기술과 공업경제에 관련되는 많은 전문분야를 가지고 타당성조사, 기술도입과 응용, 과학기술의 정보 제공, 특수용역 및 실험조사 등의 중요사업을 수행할 수 있는 독립기관으로 육성한다.(종합연구소 개념)

셋째, 연구 경비를 받는 계약연구를 수행하며 수탁업무는 민간기업체, 정부 및 정부투자기업체를 대상으로 한다.(계약연구기관 개념)

한국과학원(KAIST)　　1969년 1월말 당시 뉴욕 브루클린 공과대학의 교수 정근모 박사는 얼마 전 미국 국제협조처(USAID) 처장으로 취임한 해너(John A. Hannah) 박사를 만나기 위해 미국무성을 방문했다. 그와 친분이 있던 해너 처장은 자신을 찾아온 정근모 박사에게 최근 미국의 개발도상국 원조정책이 교육기관 투자 중심으로 바뀌었음을 설명하면서 한국에는 어떤 방식의 교육원조가 필요한가를 물었다. 이에 대한 정박사의 대답은 "이공계 특수대학원의 설립"이었고, 해너 처장은 그에게 이에 관한 보고서를 작성해 보라고 권유했다. 그는 해너 처장의 권유를 받고 얼마 뒤 이공계 대학원의 대체적인 구상을 담은 보고서를 제출했다.

한편 60년대 초 박정희 정부가 들어선 이래 경제 개발 계획이 본격화되자, 산업 발전에 필요한 과학기술인력에 대한 수요가 높아지고 국내 공업의 발전에 직접적으로 기여할 연구소를 목표로 1966년 한국과학기술연구소(KIST)가 설립되었다. 한편 당시 국내 이공계 대학교육은 실험 설비 및 역량있는 교수의 부족으로 인하여 이론 위주의 교육만을 답습하고 있었다. 특히 대학원의 경우에는 배출되는 인력의 숫자마저도 얼마 되지 않아 당시 점증하고 있던 과학기술인력 수요에 부응하지 못했다. 말하자면 고급우수인력을 양성할만한 대학원이 없었다.

68년 말 미국의 정근모 박사와는 독자적으로 "KIST부설 이공계 대학원 설립안"을 제안하였다. 그러나 이러한 제안은 곧 문교부와 대학교수들의 거센 반대에 부딪혀 그해 말에 열린 경제과학심의회에서 부결되고 말았다. 69년 12월 KIST의 제안이 부결될 즈음에 USAID/K의 책임자 휴스턴과 김학렬 경제기획원장은 정 박사의 보고서를 기초로 한 이공계 특수대학원 설립 사업을 제안했다. 이에 대하여 경제기획원과 과학기술처는 매우 긍정적인 반응을 보였고, 70년 3월 5일 경제동향보고회에서 이를 보고 받은 박대통령은 4월 초 경제 동향보고회까지 이공계 특수대학원 설립 계획을 구체화할 것을 지시했다. 이튿날 경제기획원, 과학기술처, 문교부의 차관들과 KIST 부소장으로 구성된 비공식 위원회가 구성되었다. 그러나 이미 지난해 KIST 측의 제안을 거부한 바 있던 문교부와 대학교수들의 거센 반대가 있었다. 대학교수들로서는 기존 대학의 기득권을 심각하게 침해하는 것으로 주장하고 있었다. 당시 KIST 소장이었던 최형섭 박사의 회고에 따르면 대학교수들의 반대가 얼마나 심했던지, 미국 측에 한국과학원 설립의 부당성을 호소하고 그를 위한 원조의 중단을 촉구하는 진정서까지 제출되었다고 한다.

월례 경제 동향보고회가 열린 70년 4월 6일은 과학기술처의 과학원 설립안이 정부의 공식 추인을 받은 날이다. 이날 보고회에는 과학기술처 실무진이 준비한 과학원 설립안 내용이 보고되어 토론이 벌어졌다. 당시 홍 종철 문교부 장관은 기존 대학의 입장을 대변하여 과학원 설립의 부당성을 강력히 제기했으나, 수구·보수적인 교수들의 끈질긴 항거는 결국 대다수 장관들의 찬성 분위기를 뒤집지는 못했다. 이미 과학원 설립을 내심 지지하고 있던 박정희 대통령은 한국과학원의 설립을 본격화하라고 지시했으며, 그 주무부서로 과학기술처를 지명했다. 이에 한국과학원법이 동년 7월 16일 제 74회 임시국회에서 의결되어, 마침내 8월 7일 법률 제 2220호로 공포되었다.

법안이 국회에서 통과 되고 설립 자문위원회가 조직되고 정부는 USAID/K 처장에게 한국과학원 설립을 위한 장기저리 교육차관의 제공을 요청했다. 한국과학원의 설립가능성 검토와 설립사업에 대한 자문을 의무로 하는 AID 조사단은 실리콘밸리의 아버지로 알려진 스탠포드 대학 명예교수 터만 박사를 단장으로 하여, 한국산업발전에 가장 필요한 분야를 선정하였다. 이어서 과학원에 설치될 학과를 선정하고, 과학기술인력수요를 감안하여 과학원의 학생 및 교수 규모, 운영방식, 자금조달 방식 등에 대한 대체적인 안을 만들었다. 〈터만보고서〉는 한국과학원을 한국산업에 필요한 고도의 응용과학기술자 양성기관으로 정의하고 "한국적" 과학기술을 개척해야 할 임무를 띠고 있다고 보았다. '한국적' 과학기술이란 한마디로 최첨단의 기초과학이 아니라 아직 유치한 수준에 머물고 있는 한국 산업의 기술경쟁력 강화에 기여할 과학기술이라는 것이다.

71년 2월 18일 설립자로 추대된 박정희 대통령이 임명한 설립 임원들로 구성된 창립 이사회가 개최되었다. 건물공사와 미국으로부터의 차관 일정에 따라 한차례 계획이 연기되어 73년 8월 개교하기까지 교수 임용과 학생선발작업이 진행되었다. 이미 한국과학원(초대원장 이상수 박사)에는 72년 1월까지 10여명의 교수가 참여하여 설립 작업을 주도하고 있었다. 하지만 이들은 아직 정관에 따라 이사회의 정식 승인을 받지 않은 상태로 잠정 직제규정에 따라 원장을 보좌하기 위해 채용된 대우 교수의 신분이었다.

72년 1월 18일 교수영입의 원칙과 절차를 정리한 〈교수진 구성방안〉이 완성되었는데 주목할만한 내용을 살펴보면 첫째, 전임직專任職 교원의 자격을 박사학위 취득자로 못 박았다. 이러한 기준은 당시 국내 대학의 상황과 비교하면 파격적이고 매우 엄격한 조치였다. 둘째, 교수진의 다양성과 학문적 활력을 유지하려는 목적으로 5년간 전임직 교원 수와 맞먹는 50여명의 비 전임직 교원, 즉 대우교수와 초빙교수를 고용하기로 했다. 셋째, 대다수의 교원이 재미 한국인 과학자로 충당될 만큼, 그들이 미국의 좋은 생활 및 연구조건을 과학원에 올 수 있는 파격적인 대우를 보장한다. 이렇게 교수진 영입의 원칙과 절차가 확정된 뒤 1972년 상반기부터 교수진 임용이 본격적으로 개시되어 73년 말에 29명의 전임직 교원이 근무하게 되었고, 5개년 사업의 마지막 연도인 1975년말까지는 44명으로 늘어났다.

과학원의 성공을 위해서 우수한 학생의 모집은 우수 교원 유치에 못지않게 중요한 과제였다. 과학원의 설립 목적이 이공계 학생의 두뇌 유출을 방지하는 데에도 있었던 만큼, 졸업생들의 해외유학 방지 대책도 수립할 필요가 있었다. 그중 가장 중요한 것이 바로 병역 특혜조치였다. 강력한 반공이념을 내건 박정희 정권 하에 과학원 학생에게 부여된 병역특례는 매우 파격적인 특혜조치였다고 볼 수 있다. 한국과학원 설립에 매우 적극적이었던 박정희 대통령조차도 처음에는 병역 특례에 대해서만은 강력하게 반대했으나 당시로서는 우수한 인재를 국내의 산업이나 연구기관에 종사하게 할 다른 뾰족한 방법이 없었다.

한편 병역특례와 함께 학생들에게 부여할 경제적 혜택으로 학비를 면제하고 월 2, 3만원의 장학금을 지급받기로 되어 있었다. 창립 당시 한국과학원 조교수 6호봉의 월 실수령액이 10만 원 가량이었고, 연세대, 고려대 등 사립명문대학의 등록금도 10만원 수준이었음을 감안하면 위의 장학금액 수는 결코 적지 않은 것이었음을 알 수 있다. 이외에도 학생들에게 전원 기숙사를 제공하기로 되어 있었다.

72년 9월 제10회 임시이사회에서 신입생 모집요강이 확정되어 73년 1월 첫 입학시험이 실시되었다. 첫 입학시험부터 과학원에는 많은 우수한 학생들이 지원하여, 총 지원자수는 549명에 달해 5:1이 넘는 경쟁률을 보였으며 1월24일부터 27일에 걸친 구두시험으로 106명의 최종 합격자를 선발했다.

73년 3월5일 드디어 첫 입학식이 거행되어 창립 이래 2년간의 창학 준비가 어느 정도 일단락을 짓게 되었다. 1969년 처음으로 한국과학원의 구상이 제안된 이래 대다수의 사람들에게 과학원 설립사업은 무모한 모험으로 비춰졌다. 따라서 우려의 목소리도 높았고 설립에 적극적으로 반대한 사람들도 많았다. 그러한 난관을 극복하고 과학원은 성공적으로 설립되었고, 이제는 학생들을 받아서 본격적인 운영의 단계에 접어들었다.

과학원 교육 연구의 가장 큰 특징은 70년대 중반 국내에서 수준 높은 이공계대학원 교육이 이루어졌던 곳은 오직 과학원 밖에 없었다는 점이다. 과학원은 여타 이공계대학과는 달리 문교부의 법체계 외부에 설립되었을 뿐만 아니라 교육의 질적인 측면에서도 문교부 산하의 다른 이공계대학원과는 구별되는 독보적인 존재였다.

과학원의 탁월성은 무엇보다도 수준높은 교수와 우수한 학생에게

서 비롯된 것이다. 과학원이 교수의 자격을 박사학위 소지자로 못박은 것은 당시 한국의 상황에서 볼 때 매우 이례적인 것이었다. 예를 들면 전체 서울대학교 교원 중 박사학위 소지자의 비율은 49%에 지나지 않았다. 그와 함께 교수임용에 신중을 기했던 과학원은 선진국과 비교해도 뒤떨어지지 않는 유능한 교수진을 보유하게 되었다.

유능한 교수진, 좋은 교육 환경, 그리고 병역 특례조치 등의 유인책에 힘입어 과학원에는 국내에서 가장 우수한 학생들이 모여들었다. 70년대 석사과정의 입시 경쟁률은 3:1이상의 수준을 유지했고, 합격자 중 서울대학교 출신이 차지하는 비율은 80% 정도였다. 그러나 비록 과학원 입학생이 한국의 최고 학부를 나왔다고 하더라도 창의적인 실험을 전혀 경험하지 못하고 이론 위주의 문제풀이에만 익숙해 있었다.

이에 비해 한국과학원의 교육은 충실한 수업과 실험을 중심으로 학생의 창의성을 길러주는 방향으로 진행되었다. 교수들은 열과 성을 다해 가르쳤고, 학생들에게 많은 과제를 부여했다. 또한 실험을 강조하는 교육방침의 일환으로 학생들에게 주로 실험 논문을 쓰는 과제가 주어졌다. 이를 통해 학생들은 어쩔 수 없이 실험기기나 측정기기에 매달릴 수 밖에 없었고, 이런 과정에서 학생들은 점차 실험에 익숙해지게 되었다. 기숙사 생활, 강의, 실험, 세미나, 과제물 등으로 표현되는 밀도 높고 치열한 과학원 생활을 겪으면서 학생들은 입학 당시와는 전혀 다른 사람들로 바뀌어 갔다. 그들은 학문이 무엇인지, 엔지니어가 무엇인지를 경험했다. 이러한 경험은 마치 한국 학생들이 선진국에서 유학 생활을 통해 얻은 경험과 비슷했다.

이와 같은 교육을 통하여 과학원 학생들은, 한국의 과학기술 및 산업의 일선에서 활동하게 될 엘리트들로 성장해 갔다.

1) 초기 해외에 파견된 연구요원들은 귀국 후 원자력연구소에 상당기간 복무하였는데, 후일 이공계대학, 공공연구기관에 또는 산업체 기술고문으로 전직하면서 우리나라 과학기술을 선도하는 데 중추적인 역할을 하였다.

2) 국산 핵연료의 평균 연소도燃燒度는 기술계약의 상대방인 캐나다산에 비해서 조금도 손색 없음이 입증되었다. 그 후 기술료 없는 대등한 위치에서 연구개발의 결과를 상호 교환하는 체제로 1986년 1월 29일자로 기술계약이 수정되었다.(한국원자력연구소 30년사, 216~217쪽)

3) 당시 우리나라 과거사로 미루어 볼 때, 독자적으로 현대식 대형연구기관을 설립 기획하고 구상하여 청사진을 제시할만한 고급관료 집단 뿐만 아니라 전문가가 없었다. 기존의 원자력연구소는 원자력 분야에 관련된 종합연구기관이라고 보면, 한국과학기술연구소는 과학기술 전반에 관한 이공계 연구기관으로 공업화를 주축으로 하여 경제개발을 지원하는데 설립목적이 있었다.

4) 우리나라 기계공업 육성은 그 후 착실한 성장을 거쳐 자동차 생산의 기반이 확충되고 해외 수출국으로 명성을 기록하는 등 공작기계, 대형 선박용 디젤엔진 등의 생산기술 자립과 수출의 길을 터놓았다.

20. 벌거벗은 산림과 연탄 애환 30년 세월

조 명 제

가정연료는 삶의 기본이 되는 것이다. 전통적인 땔감인 시목의 고갈로 대체연료로 등장한 석탄은, 815해방과 더불어 70년대 초 석유로 실용되기까지 나라의 동력원이었다. 특히 민생의 취사, 난방용 연탄은 으뜸가는 생필품으로 집집마다 숱 한 애환 속에 30년을 보냈었다. 연탄의 사들이기부터 가스 중독 사고는 연중행사 처럼 서민의 가슴을 울렸다. 연탄파동과 석유위기(오일쇽)가 서로 교차했던 시절 이다. 1950년대 산림보호가 거의 무방비상태였을 때 무작정 도벌이 성행되고, 조림 사업이 늦게나마 강력하게 추진되면서 점차 푸른 산의 자태를 보게 되었다.

산림황폐의 어제   1959년 8월말 우리나라 상공에서 내려다 본 기회가 있었는데, 대한민국 국토의 색깔은 온통 황토빛으로 얼룩져 구불구불 누렇게 속살을 들어낸 체 누워 있고 한참 뒤에 현해탄 건너 일본상공에 들어가니 짙푸른 녹색산야가 한 눈 아래 보이기 시작했다. 대조되는 모습을 보고 '아아 이럴수가' 가슴속 한구석에 충격을 받은 일이 있었다. 우리 민족은 옛날부터 온돌이라는 독특한 가옥구조에서 난방, 취사를 나무에 의존하여 왔는데 1894년~1897년 동안 조선에 체류했던 지리학자 E.B.비숍의 눈에 비친 당시 서울의 가옥 모습이

온돌방의 화덕 모습

그의 일기에 적혀있다. 그 중에는 초가지붕 오두막의 하류층이나 용마루와 기와지붕을 가진 상류층 할 것 없이 나무를 때었는데 불을 지필 나뭇단들은 황소의 등에 산더미처럼 실려 하루종일 성 문안을 드나들었다한다. 일제시대 밭과 논을 빼앗긴 농민들은 먹고 살려고 산림으로 들어가 화전火田을 일구었는데 산림의 황폐화는 날로 심해갔었다. 산림은 벌채하여 이용하기는 쉽지만 이용가치가 있는 임목으로 성장하는데 50~100여 년이 걸리는 임업생산의 장기적 특징을 감안하면, 급격한 사회적 수요에 부응하지 못 할 때 전 국토에 산림황폐현상이 나타나는 것이다.

조선조 후반까지 산림은 국가 소유였는데 그럼에도 불구하고 국정의 문란과 관리들의 부패로 산림은 관리는 커녕 수탈의 대상으로 변했다. 따라서 누구든지 자기 소비 연료 조달과 농용 자재 확보 등 산림의 공동 활용이 가능했다. 일제시대 송탄유체취를 빙자하여 산야는 더욱 황폐해졌다.

8.15 광복을 전후하여 임산연료 이외는 석탄이 일부 계층에만 쓰여졌을 뿐 제한되어, 대체할 연료가 없었던 사회상이 민둥산을 만들어내는 주범이었다. 특히 추워지면 월동용 나무 조달 때문에 온돌은 막대한 양의 나무를 소비한다. 산림 난벌은 마을 주변부터 시작하여 점차 확산되면서 대부분의 산은 홀랑 벗은 붉은 산으로 변했다. 그래서 주

민들은 땔감인 나무를 장
만하려고 더 먼 산으로
가야했고 심지어 나무뿌
리나 들풀, 산풀까지 배
어 땠다. 이런일이 매일
같이 반복하면서 멀리 떨
어진 오지까지도 황폐화
되기 시작하였다. 결국
오지의 국유림을 빼놓고

무학재 고개를 넘는 땔감 나무꾼(1800년대 말)

전국토가 황폐 일로에 놓였다.
지금 그 모습은 필자의 청년 시
절 경부선을 타고 여행 도중 창
밖에 펼쳐지던 온통 벌거벗은
산야가 새삼스럽게 생각난다.

8.15 해방 후 연료난은 점점
심각하게 되었는데 그나마 일
제 말에 부분적으로 배급되었
던 연탄이나 석탄은 생산이 마
비되다시피하여 오로지 신탄과
목탄이 가정연료의 주종이 되
었다. 해방 후 해마다 가을이

동아일보 기사 (1955)

되면 월동용 신탄대책에 관한 산림관계자와 신탄업자 간담회가 열렸
는데 연료수급문제는 물론 수송상의 하차 배정문제로 주요 도시와 철
도 당국은 연례행사처럼 한바탕 어려운 고비를 맞았다. 광복과 6.25전

쟁을 만나면서 정부는 신탄연료를 바꾸는 긴급대책을 세웠다.

　도시에서는 연탄을 사용함으로써 하루 종일 열을 가질 수 있고 부엌에 지켜 앉아서 계속 불을 지피는 수고도 덜게 되었다. 그러나 연탄이 공급되어 이처럼 편리하였어도, 농가소득 면에서 각 부락까지 운반하는 수송문제 때문에 농촌연료로서는 당분간 임산연료가 도외시 될 수 없었다. 도시에서는 연탄이 금보다 귀하다는 말이 나 돌 정도로 심각했다. 동네 구멍가게에는 연탄 한 개라도 더 사려고 아귀다툼을 벌이는 연탄대열이 줄 섰고 어떤이는 성금을 맡겨놓고 아침저녁으로 흥정댔다. 연탄에 골탕 먹은 것은 도시민 뿐만 아니다. 어느 변두리 초등학교 아동들은 등교할 때 신발주머니 가득히 솔방울을 따서 왔었다. 그 후 연탄이용이 집집마다 보편화되면서 도시에서는 월동준비에 매년 가구당 1천~2천개의 연탄을 비축하는 관습이 성행하였다. 필자는 77년 어느 날 농촌 오지마을 구석까지 연탄을 사용하고 있는 모습을 직접 보고 감격했던 일이 있었다.

　60년대를 전후하여 일찍부터 있어왔던 일이지만, 82년 연탄가스로 인한 희생자 수가 무려 1년에 수천 여명이나 되었다. 아침이 되면 가스중독에 관한 사고가 연일 화제꺼리로 이어졌다. 주변에는 불특정 다수의 시민들이 소리없이 재난을 당했는데 참으로 어처구니없고 단순 부주의에서 왔던 두통·현기증·위험수위·사망의 연속이었다. 한국 사람이면 우리 모두가 연탄가스에 시달려 보고 동치미 국물을 버릇처럼 마셨던 비극의 추억! '밤새 안녕하십니까' 라는 유행어가 당시 시대상을 대변해 주었다. 정부는 이와 같은 인명의 심각성을 중요시하여 온돌시공에는 반드시 자격 있는 온돌 기능사를 의무적으로 채용 할 것을 의결하였다. 이 무렵부터 TV 저녁 9시 일기예보 시에 저기압 권역에 놓일 때를 대비하여 연탄가스 주의보도를 하였는데 1985년 10월 '연탄가스 제로 작전'이란 특집을 아침 9시부터 저녁8시까지 지방네트워크를 연결하여 하루종일 방영하던 일이 있었다. 그해 몇 년 전 민간에서 연탄가스를 줄이는 아궁이 연소기구가 시중에 나왔다. 여러 가지 구조로 되어 있는데 모두가 1차,2차 공기를 조절하여 발생하는 일산화탄소를 완전 연소시키는데 노력한 것이다. 그리고 연탄가스 배출기가 등장했는데 이것을 굴뚝에 설치하여 굴뚝 안에 가스 역류를 막기 위한 것이었다. 전력이 불안한 지역에서는 갑작스런 정전으로 인하여 배출기의 작동이 중지되어 화를 입는 어처구니 없던 일도 있었다. 우리나라가 자랑할만한 저온복사난방인 온돌문화 속에서 세계 어느 나라에서도 찾아볼 수 없는 부끄러운 일이 아닐 수가 없다.

'연탄파동'과 수요공급
66년 말에서 다음 해 초에 이르는 연탄 성수기에 불의의 연탄품귀로 가정이 크게 위협을 받았다. 세칭 '연탄 파동'이라는 사건이었다. 이 연탄파동은 그때까지 큰 장애가 없이 성장일로를 달려 온 연탄업계에 중대한 전환점이 되었는데, 가혹한 시련을 받게되었다. 파동의 원인은 탄광에서 생산이 감소한 때문이 아니라 급습한 혹한으로 산지에서 소비지까지 철도수송이 부진하여 소비지 저장량이 바닥이 났기 때문이었다. 일지기 철도 수송력 증대를 위한 노력은 영암선 개통 시작과, 보다 강인한 경인력을 위해서 종전의 증기기관차의 디젤기관차 교체로 미루어 볼때 수송력 증강에 큰 성과를 얻게 되었다. 무연탄의 용도별 소비 구조는 민수용, 산업용, 철도용, 발전용 등으로 구분되는데 민수용탄, 즉 연탄의 소비가 주류를 이루고 있었다. 민수용은 가정 및 일반사업소의 난방, 취사용 등으로 사

연탄 파동으로 온 동네사람이 모여들고 있다.(1966년겨울)

용되는데, 민수용이 차지하는 비중은 62년의 68%에서 매년 증가하여 10여 년 뒤에는 85%를 나타내어 무연탄 수급이 가정생활에 미치는 영향을 그대로 반영해 주고 있었다.

가정연료가 장작에서 연탄으로 대폭 교체되어 감에 따라, '연탄파동' 이후 무연탄의 수요가 급증하였으나 석탄 이용기술은 아직도 많은 문제를 안고 있었다. 그런데 연탄의 잦은 파손, 열량의 부조不調등으로 채탄에서 연탄 생산공정까지 근본적인 전면 검토가 필요하였다.81년 연탄소비는 무려 연간 2천백만 톤에 도달 하였는데 탄광의 심부화深部化,채탄여건의 저하 등은, 종전만 하더라도 열량이 1kg당 6천~7천kcal였던 것이 평균 4천~5천kcal까지 낮아져서 품질이 높은 수입 무연탄과 혼합사용 단계에 도달하였다. 그러나 연탄업자들은 기술부족으로 그 수준을 맞추지 못하여 주부들을 당혹케 하였다. 두 가지 탄의 혼합비율이 일정하지 못하였기 때문에, 한쪽에서는 저질탄 과잉으로 열량부족 연탄이 출하되는가 하면 다른 한쪽에서는 수입무연탄

비율이 높아 성형강도가 떨어져 가정에 공급 도중 부서지는 일들이 빈번하였다. 공교롭게도 이 무렵 발생한 동절기 연탄의 수급차질은 위에서 말한 저질탄파동과 함께 사회문제로 비화되고 말았다. 마침내 정부는 채탄과정의 방법, 안전성, 수송체계, 저탄방법, 균일한 연탄혼합기술, 성형방법, 연소성 등 일련의 생산시스템과 함께 분진 등 환경영향 및 경제성에 관한 종합적인 연구를 82년부터 수행하게 되었다. 1962년도 신탄의 소비량을 보면 우리나라 1차 에너지 소비량에 대한 점유율이 약 51%에 달하여 산림녹화는 화급을 요하는 절박했던 과제가 되어 있었다. 다행하게도 연탄연료가 확산·보급됨에 따라서 장작소비는 감소되기 시작하여 66년에 35%였던 것이 20년 후에는 2.4%로 대폭 감소하였다. 또 탄광지역에는 원래 인적미답人跡未踏의 심산유곡이었으나 석탄광산이 개발되면서 인구가 유입되고 산악철도가 부설되었다. 뿐만 아니라 석탄 관련 산업의 발전으로 인구가 집중되어 관공서·학교·병원 등 생활기반이 확대, 정착되고 고용증대 및 지역사회 발전으로 이어졌다.

연탄은 연료의 구세주다　　6·25전쟁 당시는 임시수도 부산을 중심으로 한반도 동남부지방의 각지로부터 피난민이 운집하였고, 그들이 자주 편입함에 따라서 양식은 물론 주택 부족이 사회문제였다. 그중에도 가장 심각한 생활고는 연료난이었는데 다행히 무연탄으로 구멍탄(연탄)을 만들어서 가정용 연료로 사용하여 큰 인기를 끌었다. 그리하여 무연탄의 수요는 급증하게 되고 따라서 탄광개발을 자극하여 석탄 생산량도 증산을 거듭하였다.

연탄은 화력이 강하면서 오래 타고 다루기 편리하며 경제성이 높아

50년대 이후 가정의 난방용으로 사용되면서, 식당, 사무실, 난방용으로 확산되었다. 그러나 88년 이후 점차 줄어들었는데 채탄의 어려움과 생활수준의 향상에 따른 석유사용증가, 도시가스 보급 등으로 그 사용량은 많이 감소했다.

60년대 전후 우리나라 가정 연료를 말한다면 누구라도 연탄을 회상한다. 그 고마움에 앞서 지금 우리 기억에 사라져 가는 많은 애환이 중년층 시민들 사이에는 아직도 뇌리에 남아 있다. 해방 후 나날이 산은 무차별 난벌로 황폐화되고 땔감은 없어져 가니, 대체연료라고는 무연탄을 가공한 연탄만이 유일한 가정의 땔감이었다. 전통적으로 한국의 가정연료는 장작임으로 장작의 소비증가는 바로 삼림의 과남벌過亂伐로 산지가 황폐화되고, 홍수 피해 등을 유발하는 중대한 재해요인이 되었다. 더우기 인구의 증가로 50년대 장작 소비는 가속화되었기 때문에 이것을 대체하는 데에 '연탄의 등장'은 우리나라 산림녹화와 치산치수 업적에 밑거름이 되었다. 정부는 석탄 광산을 연차적으로 개발하는 중장기계획을 여러 번 실시하고 UN의 기술원조를 지원 받았다. 1인당 국민소득 79불의 1960년을 생각하면 전국토가 벌거벗은 산으로 변신되고 우리의 생활은 아세아 최하위권에 있었다. 그렇다면 석탄개발이 단숨에 소기의 목적을 이룩할 수가 있었던 것일까. 우리의 사정은 해결하여야 할 문제가 산적하였다. 탄층炭層의 빈약, 채탄의 심부화深部化 등의 채탄조건이 열악하여 채탄의 기계화를 계획하였다. 이와 같이 채탄기술이 종전의 인력으로는 한계에 도달했고 외국의 선진 기술이 필요한 단계에 있었다. 또 도로 · 수송 · 전력 등 사회간접자본이 미약하고 탄질이 무연탄이어서 연탄 가공상 유연탄과의 혼합사용이 필요하였다.

석탄의 수요공급에 있어서 연탄용 석탄 소비가 매년 급증하기 시작하여 60년도의 민수용탄(연탄용도)은 전체의 60%를 차지하였고 4년 전에 비하면 약 3배로 증가하였다. 대한석탄공사 발족 이래 민영탄광을 선도하였는데 장성, 도계, 영월이 대표적인 탄광지역이었다. 상공부가 추진했던 석탄종합장기계획의 일환으로 원활한 석탄수송을 위하여 산지에 철도를 새로 건설하였는데 50년대 중반에 영암선, 문경선, 영월선을 각각 개통시켰다.

석탄을 짧은 기간에 많이 생산할 수 있었던 것은 폭발적인 연탄 수요와 이에 대응하여 철도의 수송력 증대에 기인하였다고 본다. 가난과 추위하면 연탄이 의례 손꼽혔으니 서민대중에게는 '구세주'가 되었던 시대였다. 마포아파트에 연탄보일러가 난방 및 취사용으로 새롭게 등장한 일은 여러 가지 주부들 사이에 일화를 남겼다.

겨울이 오면 골목 아귀마다 수백 장씩 싸인 연탄 더미, 동네 꼬마들

우라나라 최초의 마포아파트. 대통령이 준공 축사를 했다(1962년)

이 여럿이 달라붙어 언덕 위까지 리어커를 밀어 올리던 모습, 무리를 나누어 연탄재 던지기 싸움을 하던 모습 등이 연탄 사용시대의 풍경이었다. 하지만 얼마 안 가서 난방과 취사를 위해 가정생활과 붙어 다녔던 연탄은 생활수준의 향상에 따른 온돌(보일러) 개량, 현대식(씽크대) 부엌 개량 등으로 석유와 가스에 밀려 거의 사라졌다.

연탄과 온돌의 만남　　연탄수요가 조금씩 증가하면서 영세한 연탄제조업체가 난립하였는데 손으로 떡메 치듯이 두쌍의 철재연장을 사용했다. 수타식手打式이란 연탄 모양을 한 원형틀에 분탄을 다져넣고 떡메로 때려쳐서 작업하는 극히 간단한 원시적인 방법이다. 이 무렵 흔히 연탄을 구공탄으로 불렀고 19공탄, 25구공탄 등 여러 가지가 시중에 나왔었다. 이 모습은 60년대까지도 볼수 있었는데 연탄 수요가 늘고 얼마나 인기가 있었던지, 동네 골목길을 다니면서 자작 수타식의 떡메를 짊어진 품팔이꾼들이 호객행위를 하였다. 그 후 프레스로 가공하는 방식이 등장하여 양산체제의 생산이 가능했고, 80년대에는 대규모 현대식 연탄공장이 건설되어 폭증한 연탄수요에 대응할 수가 있었다.

50년대 말기 삼림의 난벌이 극심했던 무렵 소량의 연탄이 출시하면서 정부는 전국 주요 20개 도시를 임산연료 반입금지 도시로 지정하고 전부 무연탄으로 전환해 버렸다. 그런데 집집마다 연탄이 들어가기 시작하자 종래의 온돌은 임산연료를 사용하는 구조가 되어있어 아궁이 개량, 온돌개수 등의 필요성이 생겨났다. 이 무렵 신탄에서 연탄으로 연료전환은 온돌 개보수改補修에 문제점을 안고 있었다. 방바닥 아랫목만 과열되고 웃목은 냉골로 열전도가 불균일하여 한겨울에는 방안의 물그릇이 얼어버리기도 하였다. 재래식 온돌은 아궁이, 고래, 굴뚝으로 구성되는데, 아궁이는 연소실로서 장작을 때어 연소가스를 구들밑 (고래)으로 보내어 굴뚝을 거처 외기로 배출시켜서 바닥 전체를 따뜻하게 하였다.

산에 나무를 심자는 운동이 국가사업으로 전개된 것은 식산殖産의 안목에서 다스리게 된 것이다. 따라서 '나무를 심는 일'은 동시에 물을 다스리는 것도 되어 치산치수의 나라 경영은 홍수와 가뭄의 재난을 막을 수 있었기에 필수적인 국책과제가 안 될 수 없었다. 그러기를 10년, 눈에 띄는 변화를 우리는 국토에서 보게 되었다. 오랫동안 해외애서 있다가 돌아온사람들도 산야가 푸르러졌음을 변화의 첫 인상으로 손꼽았다.

푸른 산야의 되찾음은 하루아침에 이루어지지 않는다. 장래 예측되는 환경 공해의 심화와 에너지 자원의 고갈을 고려한다면 대체에너지 확충과 더불어 울창한 산림의 보호 육성은 인류가 안고 있는 중대한 과제이다.

전라북도 장수골의 울창한 산림이 이를 입증하고 있다.

21. 불세출의 인물, 유일한 박사

조명제 · 이현희

유일한 선생은 부친의 엄격한 선진 사상을 이어받고 9세에 무일푼으로 미국에 건너갔다. 그곳 미시간대학에서 경제학을 전공하고 상업에 입문하여 그후 기업가로 성공하였다.

그는 모든 유산을 사회에 환원했다. 희대의 인물 유일한 박사는 기업가이자 교육자이고 애국독립 운동가이다. 역사상 최초로 미국의 자본주의를 대학에서 실무에서 익힌 애국적 기업가로, 그의 유훈을 거울삼아 우리 기업인 모두가 오늘의 정경유착 악습을 근절시켜야 하겠다. 20세기 기억에 남을 애국지사로 인식하는 데 무리가 없다고 판단된다.

유일한 선생의 생애와 성품   개화만이 나라를 구할 수 있다는 신념하에 유기연 공은 자신의 맏아들인 유일한(柳一韓,1895~1971)을 아내의 결사적인 반대에도 불구하고, 당시 대한제국 순회 공사였던 박정현에게 딸려 머나먼 미국 대륙의 중부인 네브라스카로 보내게 되었다. 가장 부강한 나라인 미국에 자식을 유학 보내 좀더 큰 인물로 만들고 싶은 아버지의 바램 때문이다.

소년 유일한은 미국의 중부 커니라고 불리우는 작은 농촌도시에 도착하게 되었다. 거기에는 보수적인 교파에 속하는 침례교회가 있었고,

도미 직전 부친 유기연 공
과 함께한 유일한 모습

유일한이 미국으로 떠났던 제물포(1904년)

침례교 목사는 이미 언약이 있었던 대로 '일한'을 두 자매가 사는 집
에서 기거하게 되었다. 교회는 일한을 양육하고 보호하는데 두 자매의
집이 가장 적절한 곳으로 판단하였던 것이다.

따라서 일한은 자매의 가족이면서 교회의 일원으로 커너동네의 관
심과 주목을 받으면서 자라게 하였다. 일한은 소년기와 청년기를 미국
에서 보내며 성장했다. 감수성이 강하고 사상이 형성되는 청소년기에
미국에서 초, 중, 고 그리고 대학교육까지 받았으며, 그곳에서 직장생
활도 하였고 자신의 사업체도 설립, 운영하였으니 미국은 그를 키워준
제2의 고향이며, 거기서 익힌 자본주의 정신은 그가 일생을 살아가는
신념이 되고 철학이 되었던 것이다. 유일한의 집안은 일찍 개화한 가
정으로 부친은 매우 진보적이면서 엄격한 인물이었다. 어린시절 부친
이 그에게 갖신을 사 주었을 때 일한은 기쁜 나머지 너무 험하게 놀아
서 신이 다 헐어버렸다. 이를 안 부친은 아무리 어리다지만 물건을 아
낄 줄 모른다하여 한겨울에 발가벗겨 밖으로 내 몰기도 했다. 이처럼
엄격한 교육은 일한에게 곤경을 헤쳐 나가는 의지를 주었고 부친의 개
화사상은 일한의 진로에 대전환을 가지게 해주었다. 그의 나이 10세,
집으로부터 생활비를 한푼도 받지 못하였기 때문에 일한의 고생은 말

이 아니었다. 고학으로 대학까지 다녔는데 정작 그를 우울하게 했던 것은 인종차별 사회의식이었다. 머리 깎는 것 조차도 거절당하는 등 힘없는 나라의 사람이라는 것에 대한 차별대우가 뼈 속에 사무쳤다. 그는 차별을 당할 때마다 반드시 성공하여 조국을 부강시키겠다고 다짐했다.

청년 유일한은 어려운 역경을 이겨내면서 배운 지식을 가지고 무엇을 해야 할 것인가를 깊이 생각하였다. 그가 조국과 민족을 위해 무언가 보답할 때라는 것을 느끼게 되었고, 미국에서 머물고 있더라도 그가 하는 일은 민족을 위한 일이 되어야한다는 결심에 이르게 된 것이다. 그는 자기가 할 수 있는 일은 다른 동지들과 같이 조국독립을 위한 정치적 활동보다 자기가 배운 지식을 활용하는 기업의 길을 택하는 것이라고 결론지었다. 당시 민족의 문제로서는 그 어느 하나 급하지 않은 것이 없었으나 민족의 장래를 위해서는 첫째는 교육의 보급이고, 둘째는 민족에게 일자리를 만들어 주는 일이며, 셋째는 국민의 보건문제가 시급히 해결되어야한다고 생각했다.

유일한은 나이 20살을 넘기면서 1916년 가을에 앤아버에 있는 미시간 주립대학에 입학하였다. 근처 디트로이트에는 먼저 이민 온 많은 중국인이 살았다. 유일한은 자연히 미시간대학에서 동양 여학생에 관심을 갖게 되었고 처음 치의과에서 공부하고 있는 중국여학생과 사귀고 있었는데, 그 학생이 후에 아내가 된 호미리라는 중국 여성이었다. 호미리 양의 가정은 그 부근에서 잘 알려진 중국인 사회의 저명한 가정의 하나였다. 부친은 미국 서부철도건설회사 중책을 맡고 있는 덕망을 지닌 사람이었다. 호미리는 미시간대학을 나와 의과대학으로 진학하려고 유명한 코넬대학으로 옮겼고 유일한은 1919년 상과를 나온 뒤

취직을 했다. 이 무렵 이승만, 서재필과 독립운동에도 가담했다. 그는 사회에 나와 철도회사와 제너럴 일렉트릭에 회계사로 근무했고 1922년에 숙주나물 통조림회사 라초이 식품회사를 설립했다. 중국음식점의 숙주나물 수요에 공급이 달려서 통조림제조업을 경영하게 된 것이다. 여기서 일화 한 토막을 소개하면, 통조림 대량공급이 그의 발상이어서 은행에서 융자 알선을 받았으나 광고가 문제꺼리였다. 숙주나물은 미국에서 낯선 물품이었기 때문이다. 숙주나물을 가득 실은 트럭이 어느날 교통사고로 가게 진열장을 들이받았다. 이튿날 신문에 사고자체 보다 '숙주나물'에 대해 더 자세하게 뉴스 꺼리가 되었다. 미국인에게는 낯선 숙주나물이 길바닥에 쏟아졌으니 그게 무엇인가에 더 관심이 쏠리게 된 것이다. 교통사고 후 통조림은 날개 돋친 듯 팔렸고 1925년 50여 만 달러의 거금을 벌고 그 이익 중 일부를 독립운동에 기증했다. 그동안 유일한은 호미리와 애정이 돈독해져 1925년 두 사람은 결혼을 했다. 그때 유일한은 나이 30세, 호미리는 한살 아래였고, 그녀는 미국에서 소아과 의사였다. 사업에 성공한 유일한은 라초이식품 등 미국 재산을 정리하고 1926년 12월 31세로 부인과 함께 귀국했는데, 그 직전에 서재필 박사의 영애가 조각한 버드나무 목각을 선물받았다.(유한양행의 상표가 된 동기)

민족기업,유한양행과 기업가 정신　　유일한은 귀국하자 그해 12월 10일 종로 덕원빌딩에서 유한양행을 창립하고 곧 바로 개업했다. 귀국 무렵 연희전문학교 교수직이 그를 기다렸는데 교단에서 2세를 가르치는 것도 중요하지만 헐벗은 동포들에게 일자리를 마련해 주고 질병에 시달리는 사람에게 좋은 약을 제공하여 민족의 생활문화를

（표무나들버）

△△ 腸胃最良美國品

金鷄納蟲散

＝

流行性熱疾、一日袞、感冒、解熱、特效藥、細菌、其他腸胃建荷神效藥、蛔蟲、十二指腸虫

米國品一手專賣商

柳韓洋行

米國醫學博士 柳韓洋行 羅贊洙

責任藥劑師 羅贊洙

振替京城一五一一八番

電話光化門二〇二六番 （郵送子册）

유한양행 광고(1928.3.5일자)

향상 시키는 것이 더 중요하다고 생각하였다.

유일한은 유한양행의 경리와 영업을 남에게 책임지어 맡기고 자신은 초대사장직을 맡았다. 유한양행은 무역의 주종이 약품이었지만 이 회사는 당초부터 국민보건을 목적으로 발족하였기 때문에 각종 위생용품, 농기구, 염료, 페인트, 초콜릿, 껌, 아이스크림, 화장품 등을 수입하여 판매했다. 부인 호미리 여사는 덕원빌딩 2층에서 소아과 의원을 개설했다. 유일한이 귀국 시 가져온 것은 오일캅셀, 크레오소트, 멘소레담 등 샘플용 의약품이다. 1928년 동아일보에 상품을 최초로 광고했고 다음해 사무실을 종로 2가 YMCA로 이사했다. 우리나라 초기 약 광고가 신문에 실린 것은 1910년대다. 당시 광고의 경향은 상업적 목적에 치우쳐 한약재를 중심으로한 약품이 제조 판매되면서 허위비방 광고일색으로 혼란성을 들어내고 있었다. 염료 광고를 보면 흰옷의 관리가 어려움을 해소하려고 하는 계몽적인 강한 이미지가 풍겼다. 이처럼 유한양행 광고의 가장 특징은 계몽성이다. 1930년에는 미국 제약회사 아봇트, 스키브 등과 거래를 하면서 우리 특산물인 화문석, 도자기, 죽제품 등을 미국에 수출하였다. 1935년 네오톤 토니, 안도린, 해노톤 등을 자체 생산했다. 1936년 주식회사로 발족하고 소사면 심곡리에 공장건설을 착수하여 다음 해 다시 증축, 증설을 완공했

다. 당시 설파제 'GU사이드'는 대대적인 판매기록을 세웠다. 사세가
확장되면서 중국, 만주에 판로를 개척하면서 로스엔젤레스에 출장소,
유럽에 토산품을 수출했다. 나아가 국내에는 서울 오류동에 나전 공장
건설과 죽제품 건설공장을 추진하고 강원도 철원에 약초재배 농장을
조성했다. 유일한은 수출증대 목적으로 38년 4월 구미시찰과 세계일
주를 하였다.

1938년 제약계의 자본금 규모를 보면 민족계 제약업체 33개는 유한
양행의 2.2배정도 규모였으니 민족계 업체 자본금 중 45%를 유한양행
이 혼자 이룬 것이다. 41년에는 수출업을 전담하는 유한무역회사가
생겨나고 동년 12월에는 유한상사주식회사로 되었다. 43년 유한양행
은 일제의 압력으로 유한제약공업주식회사로 개칭까지 하게 되었다.
일제는 유한양행이 친미 기업이라고 해서 경계와 감시를 더했기 때문
에 유일한은 자유로운 분위기에 머물 수 없었다. 8.15 광복이 되면서
중국, 만주, 북한의 모든 자산과 기반을 상실한 것이다. 6.25 전쟁 후

기업과 사재를 사회에 돌린 한 장면(1963.9)

공장 설비를 재정비하면서 제약사업은 세계를 무대로 도약하고(생략) 62년 제약업계 주식을 상장했다.(생략) 68년 모범납세자로 표창을 받고, 70년 국가 훈장 모란장을 수훈했다.

1971년 3월 11일 향년 71세로 영면한 다음 유언장이 공개리에 개봉되었을 때 입회인들은 숙연한 감동에 잠시 말을 잊었다.

자신의 모든 소유주식을 사회사업과 교육사업에 쓰도록 하고 기탁상태를 명시한 다음, 아들, 고명딸 그리고 손자에게 각별한 유언을 남겼다. 그야말로 남은 수백억의 재산 마저 모두 사회에 나누어주고 혈육에게는 '정신적 유산'만을 남겨준 후 승천한 것이다. 당시 7세였던 손녀에게는 "대학졸업시까지의 학자금으로 내 주식의 배당금 가운데서 1만 달러를 마련해 주어라"했다. 1939년 한국의 최초로 종업원 지주제를 실시했고 69년 기업 경영 일선에서 물러나면서 혈연관계가 전혀 없는 사람에게 경영직을 물려줌으로써 전문경영인에 의한 기업경영의 선구자적 역할을 했다.

재미 독립 애국 운동 　　민족기업가 유일한의 고귀하고 보람있는 80인생은 외견상으로 보면 기업활동에 주류를 이루고 있었다. 그러나 재미활동기간 근 30년간 독립운동에 투신하여 광복을 위해 애썼던 고귀하고 애국적인 보람의 일생이었다고 식자들은 평가한다. 그는 1904년 9살로 미국에 건너가 독립운동의 선배 은사인, 박용만이 이끄는 네브라스카 커니헤스팅스동지에서, 중고등학교에서, 일방 한인소년병학교에 3년 동안 고된 훈련을 받았다. 여기서 박용만은 국민개병설國民皆兵說에 근거한 무관 양성에 찬동, 가담 활동한 바 있다.

그는 미시간대학에 진학하여 공부하고 있을 때 국내서 3·1혁명을 맞게 되었다. 그는 서재필이 체류하고 있었던 필라델피아에 가서 3일간 계속된 한인자유대회에 대의원으로 참여하여 독립의 당위성을 역설했다. 이 대회에는 200여 명의 동포가 운집하였다. 그 중에는 이승만, 정한경, 윤병구, 조병옥, 임병직, 장기영 등도 있었는데 그들과 같이 참가하였다. 여기서 청년 유일한은 결의안 10개 조목을 기초하고

고국의 3.1독립운동 후 자유독립을 궐기하는 시가행진
(1919.4.24일 미국 필라델피아)

직접 낭독한 바 있다. 그는 1926년 귀국하여 유한양행을 창설하고 민족기업을 육성하다가 1938년 12년 만에 재차 도미하게 되었다. 그는 하와이, 샌프란시스코, LA, 와싱턴, 뉴욕 등을 왕래하면서 독립운동을 준비하다가 LA에서 해외한민족대회를 열 때에 집행부에 가담하여 동지들 간에 반목, 질시, 대립의 갈등을 해소하는데 적극적인 중재에 나섰다. 큰 효과는 얻지 못하였으나 그의 호소나 설득력은 화합이 이루어진 것으로 드러났다. 이에 그는 LA시청에 태극기를 게양하는 현기식에 참여하였다가 조소앙 임정의 외무부장, 이승만 한민족총연합회 회장, 올슨 캘리포니아 주지사 등의 축사를 대신 낭독하는 용기와

지혜를 보여주었다. 또한 맹호부대猛虎部隊를 창설하는 과업에도 앞장선 바 있다. 1943년에는 해외한민족연합회의 기획연구위원장으로서 『한국과 태평양전쟁』이라는 책자를 발간, 독립운동에 적극 참여, 기여한 바 있다.

특히 그는 NAPKO (8 · 15 해방전 재미한국이 고국에 침투 낙하산 투하 등으로 상륙하려는 작전)작전의 제1조 조장으로 국내침투 작전에 임하여 매일 고된 강훈련을 받아 유사시에 대비하였다. 그것은 직접 정예군을 이끌고 서울 등 고국 땅에 낙하하거나 바다로 침투하려는 적후 공작에 치밀한 실제적인 내용이었다. 그러나 그것은 815 민족의 광복으로 인해 중경의 임시정부의 OSS작전과 재휴, 양면전을 전개하려 했음에도 불발, 좌절되고 말았다.

그는 경제적인 민족적인 운동을 기업활동이나 잡지, 강연 등을 통해 내외에 크게 선양한 바도 있다. 그의 80평생 중 3분의 1에 해당한 해방 전후 30여 년이 그의 독립운동 기간이었다. 그 중에는 기업활동도 있었으나 그것 역시 독립운동의 일내면적인 형태였음을 주목해 볼 필요가 있는 것이다. 그는 평소에도 예절과 겸손을 강조하였다. 따라서 그는 그의 독립운동의 사실을 생전 누구 앞에서도 거의 발설하지 않았다. 1971년 사후 그의 재산이 사회에 환원되었다는 면과 독립운동의 실적이 함께 있었다는 사실은 그의 평생 양심적인 기업가로서의 모범적이고 희생적인 인생철학을 통해 우리나라에 드문 인물로 판단된다.

≪이현희,『유일한의 독립운동사』에서 일부 발췌≫

22. 세상이 놀란 '경제개발' 신화

조 명 제

국민소득 70달러 시대, 자원은 고갈되고 공장은 없고 전 국민 70%가 농민이었던 농경사회를 탈출하려 우리는 피와 땀을 자아냈다. 꿈틀거리는 대한민국 세계에 눈 돌려 후진국에서 중진국 대열에 섰다. 그 결과 세계의 주목을 받고 선진국이 한국을 경계할 정도로 위상이 높아졌다.

근대화에 점화한 파독 광부와 간호사들   1961년 5·16 군사혁명 이후 2~3년간은 정치 혼란에 휘말리면서도 굳게 나라가 나갈 진로를 대외전략으로 다진 시기였다. 서독에 광부·간호사 파견, 남미에 이민, 월남 파병, 원양어업 개척, 해외건설 진출, 수출입국 수립 등과 같은 정책이 이 기간에 추진되었다. 조선시대 이후 고질적인 해양 기피성을 타파하고 잃어버린 우리 민족의 진취성을 되찾은 계기를 잡게 된 것이다. 1950년대 한국은 세계에서 가장 못사는 나라였고 필립핀 국민소득 170여불, 태국 220여불 등…한국은 76불이었다.

박 정희 정부는 '조국 근대 화' 기치를 내걸고 '경제개발 5개년계획'을 추진하였지만 극심한 외자부족으로 난항에 놓였다. 당시 국내 경제 상황은 최악의 늪에서 헤여나지 못 하고 의식주의 기초생활 마저 불안하고 일자리가 없어 늘어만 가는 실업자 수는 중대한 사회 문제로 비화되었다. 당시 군사정부는 그 타개책으로 '단 1불이라도 벌자' 하고 해외에 인력을 수출하기

서독을 방문하고 총리 에르하르트와 악수하는 박 대통령

위하여 각국 주재 대사관에 훈령을 내렸다. 정부가 서독에 광부를 송출할 수 있던 실마디는 이렇다. 현지 주재관 L씨는 루르 지방의 탄광회사를 두루 방문하여 탐문하고 생각을 했다. 회사들은 우리 광부를 수용하겠다면서 서독 노동청의 허가가 필요하다하여 그는 노동청 정책국장을 찾아갔다. 동행한 K사무관이 능숙한 독일어로 우리 사정을 설명했다. "우리나라는 가난하지만 모두 부지런합니다. 우리 광부는 모두 군복무 경험이 있어 잘 훈련되고 단체 생활에 익숙합니다."듣고 있던 케퍼비츠 국장의 표정에 동정의 표정이 되면서 선뜻 수락했다. 곧 그는 대사에게 이 사항을 보고했더니 그는 왜 그런 일을 만들고 다니느냐고 화를 냈다. 노무자들이 독일에 오면 골치가 아프다는 푸념이다. 당시는 혁명 정부로써 한푼이라도 더 벌어야한다고 박의장은 총력을 기울이고 있었다. L 주재관은 곧 본부에 이 시안을 보고하고 추진키로 했다.(L 주재관 회고록 '경제 근대화의 숨은 이야기'에서)

1963년 8월 8일 정부는 우리 노동자 1,500명을 서독 루르 탄광지대

에 파견키로 서독정부와 합의하여 1차로 5백 명을 뽑아 연내에 파견키로 전국에 공모했다. 근무조건은 중졸 이상 학력의 나이 20~30세, 월급 162불 50센트로 하고 한편 기술훈련을 받게 했다. 지원자 수 2,800명 중 과반수가 신체검사에서 실격하고 1,200명 중 500명은 광산 근무경험이 없으면서 허위 경력을 내세웠다가 탄로가 났다. 게다가 대졸 및 고졸자가 태반이었다. 결국 최종 합격자 367명이 선발 신문에 발표되었다. 한편 조선일보는 독일 탄광촌 현지를 소개하였는데 외국에 나간다는 것 자체가 당시 특권인양 인식된 시절이니 독자들 가슴을 얼마나 설레게 하였을까. 신문은 〈호텔 부럽지 않은 숙소, 방마다 독서실에 오락시설을 갖추어, 돈과 맥주와 아가씨와, 라인강 처녀 동양 총각 좋아해, 이주연가二週年暇땐 파리에서 데이트도…〉라고 실었다. 학력이 높아 '신사 광부', '인테리 광부'로 불렀던 그들은 파독에 앞서 20일간의 강훈련을 받았다. 낮에는 장성의 채탄장에서 고된 작업 훈련을 받고 밤에는 독일어를 배웠다. 파독 광부 1진은 63년 12월 21일 서독을 향해 떠났다. 김포공항에는 이들과 가족간에 이별의 장면이 보였는데, 광부를 지원한 29세의 법학과 대졸자 C씨와 그의 아내 26세의 J씨는 부둥켜 안고 "…고달프지만 남편을 위해 희망을 안고 기다리겠다…"면서 못내 눈물을 흘리고 웃음을 보냈다. 이런 장면은 개발년대開發年代에 우리가 공항이나 항구에서 자주 보았던 익숙한 풍경이 될 터였다.

　해가 바뀌어 64년 2월 21일자 조선일보는 '한국 광부는 우수하다 / 라인강변에서 온 봄소식'을 기사화했다. 광부들이 노동청장 앞으로 보낸 편지를 소개하고, '우리광부는 여러 가지 지하 시험에서 한사람도 탈락없이 전원 합격했다'고 전했다. 그들은 서독의 너그러운 근로

조건에 감탄했다. 광부의 서독행을 개척한 L 주재관(그 후 승진하여 차관보가 되었다.)은 '광산에서 일하지않던 한 무경험 대졸자들이 독일 현장에서 잘 적응했다.'고 한다.

60년 봄 재독 한국인 의사 L박사 주선으로 감리교 부녀선교회와 병원이 한국인 간호학생 2명을 받아들였다. 이것이 계기가 되어 62년부터 매년 한국 학생이 20명씩 파독되어 간호 교육과 훈련을 받게 되었다. 이 사업은 간호조무사와 간호사로 확대되어 68년까지 1,200명의 간호요원들을 서독에 취업시켰다. 서독 모 대학병원 의사 R씨는 서독에 간호사들이 부족하다는 점에 착안하여 서독인과 똑같은 대우를 받는다는 조건으로 간호사 취업을 주선했다. 이렇게 하여 67년까지 연 1만여명의 간호사들이 서독에 취업을 하게 된 것이다. 주한 당시 독일대사 K씨는 '한국 간호사들의 유능성, 친절, 봉사정신은 독일인에게 긍정적인 한국상을 형성하는데 공헌하였다'고 했다. 한국 간호사 파독이 세계사에 끼친 영향은 간과할 수가 없다. 한편 간호사의 선진국 취업은 선망의 대상이 되어 여성취업에 대한 우리 사회의 고루한 전통 의식을 깨는데 기여한 것이다.

현지 간호학교로 출발차 대통령을 예방중인 후보생 (1965.3.24)

1965년 광부와 간호사들이 국내로 송금한 외화는 상품수출액의 10.5%이고, 그 후 월남 파병에 따른 특수까지 합산하면 해외송금이 상품수출액의 36%, 무역 외 수지의 31%를 차지한 것이다.

64년 12월 10일 오전 10시55분, 서독 함보튼 탄광의 한 공회당에 행사가 있었다. 양복을 입고 얼굴은 새까맣게 석탄가루로 그을려진 5백여 명의 한국인 광부, 한복차림을 한 한국 간호사 그리고 독일측 관계인사들 앞에, 서독 방문 중인 박정희 대통령이 나타났다. 실내에 "동해물과 백두산이…대한사람 대한으로…" 애국가가 울려 퍼지는 동안 가사는 들리지 않았다고 한다. 마지막 대목에 가서야 대통령, 광부, 간호사 모두 참지 못하고 목멘 소리로 흐느껴 실내에 간신히 들렸다. 대통령의 연설문에 "…후손은 팔려나오지 않게…" 현장에 일하고 있던 한국 광원과 간호사를 위로하였던 것이다. 연설을 듣고 그들은 연신 수건으로 눈물을 닦았다는 증언으로 미루어, 가슴에 불타던 애국심 그리고 가족을 사랑하는 심정을 가히 엿 볼 수 있지 않겠는가. "여러분, 나 지금 몹시 부끄럽고 가슴이 아픕니다. 대한민국 대통령으로 무엇을 했나 가슴에 손을 얹고 반성합니다. 우리 후손들은 결코 이렇

서독 함보튼 탄광을 방문하고 광부와 간호사를 위로하는 연설.
혹자는 연설을 듣고 연신 눈물을 닦아 내고 있다.(1964.12.10)

게 타국에 팔려나오지 않도록 하겠읍니다. 반드시.… 정말…"대통령을 수행한 경제 고문 P씨의 증언이다. 떨리던 목소리로 계속되던 연설은 끝까지 이어지지 못했다. 이곳에 참석한 육영수 여사와 희브케 서독 대통령도 손수건을 꺼내들면서 실내는 눈물바다로 변했다.

가난한 조국에서 수십대 1의 경쟁을 거쳐 선발된 광부와 간호사 6백여 명이 서독에 처음 도착한 때는 63년 11월이었다. 따라서 이날은 타국생활을 한지 1년여 만에 먼 조국에서 온 대통령을 만나는 자리였다. 당시 한국은 아시아권에서 필리핀이나 파키스탄 보다 가난했다. 정부는 '조국 근대화'를 외치고 '경제개발5개년계획'을 추진했지만 외자가 부족하여 어려웠다. 이때 박대통령이 찾은 곳이 서독인데 라인강의 기적을 이룩한 눈부신 경제발전이 진행되고 있었다. 경제사절단을 독일에 보내어 간곡한 차관 제공을 요청하고 독일 측은 간신히 1억 5천만 마르크의 상업차관을 승낙했다. 그러나 문제는 지급보증을 누가 설 건가였다. P경제 고문은"당시 우리 정부는 세계 어느 곳에서도 지급보증을 받아올 수가 없었습니다. 마지막으로 생각한 방안은 서독에 광부 5천여 명, 간호사 2천여 명을 파견하는 것이었지요." 라고 이야기다. 결국 이 지급보증 문제는 제독 우리 광부와 간호사의 3년간 급여를 독일 은행에 매달 강제 예치하는 담보방식으로 해결되었다. 박대통령이 "타국에 팔려나왔다"고 눈물을 흘리면서 광부와 간호사을 위로한 것도, 차관도입을 둘러싼 바로 그 사연 때문이었다.

월남 특수의 신화　　'수출만이 살 길이다' 라고 부르짖던 정부는 월남에 물품 수출이 뜻과 같지 않아 그 돌파구로 인력 수출을 추진하기로 했다. 주월 경제협조단은 1965년 7월 들어 대월경제협력의 방향을 교역 위주에서 기술자 파견을 위주로 할 것을 건의하게 되었다. 그 내용은 민간기술자 및 기술을 가진 제대병 3~5만 명으로 용역단체를 조직하고 미군 지상 장비의 정비 수리, 군수물자의 수송 및 보관 등 미군의 후방지원업무를 담당하는 것이 외화획득을 더 많이 할 수 있다는 제안이었던 것이다.

동년 11월과 다음 해 1월 두 차례에 걸친 한 · 월 경제 각료회담에서 다음과 같은 공동성명을 발표했다.

- 원조자금에 의해 재정지원을 받는 계획사업에 있어서는 가능한 범위 내에서 언제나 한국 기술자를 이용한다.
- 월남후방지역 건설공사에 한국 측을 적극 참여시킨다.
- 월남은 외국인기술자 채용에 있어 한국인을 우선 채용한다.
- 월남의 후방 건설공사에 한월합동회사를 추진한다.

그 결과 2차 회의를 계기로 한국의 대월 진출은 붐을 이루게 된 이른바 '월남 붐'이다. 처음에는 미국계 사업체에 종사하면서 군사기지 건설, 기존 시설의 유지, 장비의 정비 및 수리분야 등에 종사했는데 66년부터는 월남에 진출한 우리나라 업체에서도 근무를 하게 되었다.

우리나라 업체가 첫 번째로 진출한 곳은 한국군이 관할하는 퀴논항이었다. 66년 한진상사, 대한통운, 경남기업 등이 하역 및 운송계약을 체결했다. 건설군납에 있어서는 66년에 계약된 현대건설의 준설공사, 대림산업의 항만공사를 선두로 삼환기업, 부흥건설, 공영건업 등 건설업체가 진출했다. 주로 축항, 도로공사, 병원, 주택, 학교 및 군 시설공사를 시공했다. 우리나라 역사상 첫 번째의 해외진출 건설공사였다. 그러나 이들 파월 인력은 수송, 토목, 건축 등 노동집약적인 단순기능공일 수밖에 없었다.

월남 땅은 숨이 막힐 듯한 열대지방이었다. 그러나 한국 사람은 이겨낼 수 있었다. 한국 사람은 열대지방에서도 노동할 수 있는 능력이 있다는 아주 중요한 소질을 발견하게 된 것이다. 한국의 남성 인력은 다른 나라 사람보다 총명하고 열심히 일했으며 생산성도 높았다. 그래서 외국 회사들도 한국인 기술자를 높이 평가했고 더 많이 고용하기를 원했다.

서비스 부문은 새한통상이라든가 서광사업과 같이 사진현상소나 사진관도 있었고, 세탁업, 군복 수선, 군장품軍裝品 제조판매 등 여러 분야가 있었다. 연예인의 진출도 있었다.이처럼 이들은 고도의 공업기술을 요하는 인력은 아니었다. 이들 파월 인력은 많게는 15,571명(68년)까지 달했으며, 진출업체의 수도 최고 79개(69년)에 달했다. 외화획득액은 69년 1억 8,730만 달러에 달해 60년대 조국의 고도성장을 밑받침하는 데 가장 큰 원동력이 됐다.

사상 최초의 해외진출 사업이었기에 관련 법규가 전무하여 변칙운용은 가끔 말썽을 빚기도 했다. 또 그때 파월기술자들은 평생 처음 해외에 나가본다는 노무자출신들이 많았으므로 여권 발급에도 애로가 많았다. 그러나 시간을 다투는지라, 빨리 출국이 되어야 계약체결과 이행이 가능했으므로, 당시 보통 2개월씩 걸리는 신원조회를 전통(전화통신)으로 보름 만에 처리했다. 여권도 월남용 간이 여권을 발급해 주었다.

그러나 무엇보다도 가장 큰 애로사항은, 대월 진출을 희망하는 업체의 거의 전부가 영세기업들이라는 점이었다. 따라서 재력이 튼튼치 못해 은행에서 융자를 해주려 해도 해줄 수 없는 형편이었다. 그래서 대안으로 담보물이 없이도, 미군과의 계약고를 담보로 하고 3개월 간의 실적을 감안한 후 융자해 주도록 하는 편법이 실시됐다.

새한통상은 주월 미군 PX와 사진현상 계약을 체결했다. 50만 달러의 사진현상용 기자재를 조달해야만 했는데 도저히 은행융자를 얻을 수가 없었다. 고민 끝에 기획원에 직소한 결과 편법으로 계약고를 담보로 은행 지불보증을 얻도록 해주었다.

이 같은 적극적인 정부의 지원에 힘입어 66년 3월 월남진출 제1호로 한진상사가 '퀴논' 소재 월남미군병참부와 연간 800만 달러에 달하는 당시로서는 거액의 항만하역 및 수송 용역 계약을 맺게 되었다. 기술자 3백 명이 현지로 떠났다.

그 후 대한통운, 경남기업, 공영건업, 한양건설, 대림건설, 삼환기업, 현대건설 등 국내업자들이 속속 진출하게 되었다.

굵직한 건설 혹은 용역 이외에도 세탁, 군복수리 및 자수, 사진현상, 그리고 군 위문을 위한 연예단 진출까지 진출업종도 매우 다채로웠다. 이러한 월남 붐은 그 후 국내재계의 판도마저 바꾸어 놓아 일찍 월남에 진출한 업체는 제일 먼저 현지에 나갔다는 단 하나의 이유만으로 새로운 재벌로 부상했다. 월남전으로 재벌이 탄생하게 되는 대목이다. 월남 붐을 타고 탄생된 한진의 신화는 용역업의 선봉에 섰기 때문이다. 하여튼 당시는 누가 먼저 일감을 많이 따내느냐에 따라서 운세를 얻게 된 시절이었다. 어쨌든 월남 붐은 우리나라 경제사상 최초의 대규모 해외진출이었다. 60년대의 고도성장에 큰 도움이 되었다. 그후 약 3~4년 뒤에 그보다 더 규모가 큰 중동진출을 위한 사전경험을 했다는 점에서 그 의의가 아주 크다.

월남에서 무역 외 특수 수입은 5년 만에 6억 5천만 달러로 급신장하여 우리나라 총수출의 36%에 달했다. 우리는 "하면 된다"의 의지를 갖고 70년대 대망의 10억 달러를 수출하고, 다시 여세를 몰아 열사의 낯선 이국에서 '중동 붐'이라는 신화의 밑거름을 다졌다.

한국군의 월남 참전은 비록 장병들의 엄청난 희생을 치르긴 했지만 "한강의 기적"을 만들어 낸 유일무이한 에너지였다. 월남참전이 없었다면 세계가 부러워했던 한강의 기적도 없었다. 손톱깎기 하나 만들 수 없던 나라에서 불과 몇 년 만에 일약 공업국가가 됐다. 월남 인력수출은 한국인의 열기에 찬 저력과 자각을 갖게 하고 수출 10억 달러 달성의 바탕이 되었다. 70년에는 우리도 보리밥을 먹을 수 있게 되었다.

《오원철 전 청와대 경제수석 인터넷 글 일부 인용》

경부고속도로 개통, 육상수송 숨 트다　「고속도로」라는, 당시 대부분의 국민들에게는 생소했던 낱말이 처음 전해진 것은 67년 4월 18일이었다. 대전에서의 대통령 선거전에서 첫 번째 합동유세에 박대통령을 수행했던 한 정부 고위관리가, 박정희 후보의 공약사업의 하나로 가속적인 경제발전에 따른 수송량 증대에 대응하기 위해 대국토大國土 건설사업을 역설했다. 청와대에서 가진 출입기자단 회견에서 박대통령은 공약사업으로 이미 제2차 경제개발 계획기간 중간부터 시작하여 제3차 경제개발 계획 기간에 걸쳐 40억 달러를 투자, 고속도로 건설사업을 전개하겠다고 밝힌 바가 있었다. 그런데 건설계획이 발표되자 아직 고속도로란 말조차 생소하던 때 야당을 중심으로 반대 여론이 난무했다. "재정 파탄이 날 것이다.…부유층의 유람 가는 길이 될 것이다.…"가 이유였다. 그러나 박 대통령은 육군의 3개 공병단을 동원하여 공사를 강행했다.

역사적인 경부고속도로 기공(1969.9.11)

세계에서 가장 짧은 기간에 개통한 경부
고속도로(1972)

　당시 제1차 경제개발계획의 성공적인 달성, 제2차 경제개발계획의
추진으로 수송 수요는 급격히 증가하고 있었음에도 불구하고 주된 수
송수단은 철도였고 도로사정은 형편이 없었다. 국도의 포장률은 극히
낮았으며 그 노폭도 좁아 도저히 대량수송을 감당할 처지가 못되었다.
이리하여 정부는 제2차 경제개발계획의 착수에 앞선 66년 중에 세계
은행(IBRD)에 의뢰하여「한국 경제의 현황·장래와 수송문제」를 연구
시켰으며, 행정개혁조사위원회는 한국산업능률본부에「우리나라 공로
公路 및 운수행정에 관한 조사연구」를 위촉·의뢰하고 있었다. 그러나
서울~인천 간, 서울~부산 간 등에 고속도로를 건설해야 한다는 것은
박대통령의 단독구상이었을 것 같으며, 결코 이들 보고서의 내용에 영
향을 받았거나 경제기획원장관이나 건설부장관의 건의에 의한 것이
아니었을 것으로 관련 자료로 보아 추측된다.
　박대통령이 이와 같은 구상을 하게 된 동기는 64년 12월 서독 방문
때에 비롯되었을 것이다. 동년 12월 6일부터 약 1주일간에 걸친 서독
체류 당시 박대통령은 서독의 여러 산업시설들을 돌아보았는데 그 중
에서 독일이 자랑하는 고속도로(Autobahn)에 상당히 깊은 인상을 받

은 것 같다. 방독 첫날 본에서 쾰른까지 20 km 구간을 지나가면서 두 번 차를 멈추고 독일인 실무자에게 "고속도로 건설은 어떻게 했느냐, 건설비는 얼마나 드느냐" 꼬치꼬치 물었다. 수행한 P 경제 고문은 "메모지에 꼼꼼히 대답 내용을 적고 당시 대통령은 남한의 지형도를 그리는 것을 보았다."며 "아마 그때부터 경부고속도로의 구상이 선 것 같다."고 회고했다. 이후 P씨는 기회있는대로 고속도로 관련 자료를 모아오는 역할을 맡았다고 했다. 1932년부터 건설에 착수하여 다음해 히틀러가 총통에 취임한 후에 본격적으로 건설된 총연장 4천㎞가 넘는 독일의 고속도로는 건설 당시에는 세계의 큰 놀라움이었고 오늘날에 와서도 그 뛰어나고 훌륭함에서 전 세계 고속도로의 모범이 되고 있다.

경부고속도로의 개통이 가져다 준 영향과 그 효과는 큰 것이었다. 우선 자동차시대의 개막, 그리고 전 국토 1일 생활권시대를 열어 놓았다는 것, 전국토의 지역개발 효과와 경제개발 촉진, 방대한 양의 사람과 물자의 지역간 이동, 대도시 집중의 가속화, 국민 의식수준의 급격한 향상 등이 바로 고속도로의 건설·개통이 가져다 준 효과들이었다. 필자는 기차에만 의존한 종래의 지방 출장을 난생 처음 고속버스를 시승하고 부산을 왕래한 경험이 정말 통쾌하였다. 그리고 창 밖에 펼쳐진 산천의 아름답던 풍경은 한 폭의 그림으로 착각되어 귀경 후 친지들에게 시승담을 털어 놓았다. 돌이켜 보면 고속도로 건설을 향한 숱한 우여곡절과 비화를 뒤로 한 채 1968년 2월 1일 서울 원지동에서 전 국민의 관심 속에 성대한 기공식을 거행함으로써 대동맥의 중추인 경부고속도로 건설의 첫 발파 소리가 잠들었던 국토를 뒤흔들어 깨웠다. 드디어 동년 12월 21일 서울~인천 간 고속도로가 개통되고 70년 7월

7일 경부고속도로가 최종 개통되면서 사실상 고속도로시대의 막이 올랐다.

단군 이래 한민족 최대의 역사'라 할 수 있는 이 고속도로건설 공사는 거의 맨주먹으로 시작한 엄청난 도전이며 당시 국력으로는 감히 엄두도 내지 못 할 만큼 방대한 규모의 토목공사였지만 저리 재원으로 국내 기술진에 의한 최단기간 공사라는 기록적인 업적을 성사시켰다. 고속도로의 개통은 도로부문에 있어 획기적인 전환점이 되었을 뿐 아니라 산업의 생산성 증대와 국민생활향상이 고속으로 이어져 사회 안정과 복지를 누릴 수 있는 선진국으로 도약하는 발판을 마련하였다. 역사를 바꾸어 놓은 그 장엄한 인간 드라마 '검은 비단길'은 77위의 영혼까지 바쳐가면서 2년 반이라는 짧은 기간 만에 막을 내렸다. 이 위대한 활극의 주역들과 조연들은 하나하나 무대를 떠나가고 관객들의 감격도 차차 잊혀져가고 있다. 울산공업단지는 이미 제1차 경제개발계획 기간 내에 조성되어 있었고 제2차 경제개발계획 기간 내에는 포항에 종합제철공장을 건설키로 되어 있었을 뿐 아니라 대구·울산·부산·마산 등 이른바 낙동강 경제권은 인구와 산업의 양면에서 수도권에 다음 가는 지역적 비중을 점하고 있었으므로 이 양 대권을 우선적으로 연결키로 한 것은 당연한 결정이었다.

실무자들로 구성된「국가 기간 고속도로 건설계획조사단」은 계획 및 조사업무 일체를 작성하였고, 최종 결정은 박대통령이 직접 지시하고 결정하였다. 이 고속도로가 어디에서 출발하여 어디를 거쳐 어느 지점에 이르도록 하는 문제는 결국 숙의한 끝에 현재의 노선인 서울의 제3한강교 남단을 기점으로 하여 수원~오산~천안~대전~영동~황간~김천~구미~왜관~대구~영천~경주~언양~양산을 거쳐 부산시 동래구

구단동에 이르는 428㎞의 노선으로 확정되었다. 다음은 얼마나 많은 건설비가 소요되며 그 재원은 어디서 염출하는가 하는 문제였다. 박대통령은 서울시가 제안한 180억원과 건설부의 450억원의 중간치인 315억원과 현대건설이 제안한 공사비 280억원을 검토하여 일단 300억원으로 추정하기로 최종 결단을 내렸다. 재원염출 또한 큰 문제였다. 여러 연구 끝에 68년 2월 5일 열렸던 경제장관회의에서 일반회계에 계상된 석유류 세법 등 휘발류에 대한 세율을 2배 인상키로 했다. 그밖에 95억에 달하는 도로공채를 발행키로 했으며, 대일청구권 27억원, 통행료 수입 15억원 등으로 300억원의 재원을 충당하기로 결정했다.

이와 관련, 정부는 고속도로에 편입되는 용지 매수비를 최대한 줄이는 방안을 강구했다. 고속도로에 편입되는 각 시·도, 시·군·읍·면별로 후원위원회를 구성케 하여, 땅값 낮추기 경쟁을 벌이게 했다. 시장·군수들의 경쟁이 일어났다. 지금 관점에서 본다면 고속도로가 건설되면 가장 피해를 보는 것은 도로에 이웃한 주민들 뿐이다. 그리하여 난항 끝에 지방정부는 토지구획정리라는 수법을 통해 고속도로 용지를 무상 확보하고 그렇게 해도 확보 되지 않은 민간인 용지는 지주와의 합의로 사들였다. 당시만 하더라도 민심은 한없이 순후했었다. 고속도로 용지대금을 낮추는 것이 곧 애국하는 길로 생각했고, 백성들도 그렇게 믿고 따랐다. 582만 7,000평 용지대금으로 지급된 총액이 18억 7,667만 3,000원이었으니, 평당 평균 236원으로 매수한 것이다. 아무리 30년 전의 일이라 해도 믿을 수 없이 싼 값이다. 담배 한 갑에 40원(파고다), 쌀 한 가마에 4,350원 하던 때였다.

단 한 푼의 예산 뒷받침이 없는 사전공사였다. 또 이 공사는 초기 설계도 채 끝나기 전에 시작됐다. 즉 설계와 공사가 병행되고 있었던 것이다. 조금이라도 빨리 실현시키고 싶은 박대통령의 조급한 심정 때문이었다. 노선결정은 물론 공정계획까지도 박대통령이 직접 지휘했던, 「원맨쇼」였다는 표현이 과장이 아닐 정도였다.(경상대 장상환 교수 자료 인용)

중동의 '횃불' 신화　　중동은 세계에서 작업환경이 가장 나쁜 곳이다. 국내 원유값 인상으로 달러가 남아도는 사우디아라비아 등 중동 국가에 진출해서 공사를 수주하자는 방안이 외화 고갈은 해소하고 경제를 살리는 것이었다. 한국은 고속도로 '돌관 작업'에서 공기단축 기법에 경험을 얻었는데 중동 국가가 바로 공기단축을 원하고 있었다. 마침 유리한 조건이 적중한 것은 인건비가 훨씬 싸고 월남에서 얻은 경험과 수많은 제대 장병이 있는 등이었다. 박대통령은 우리 근로자의 장점을 인식하고 중동진출에 결심을 하고 74년 1월30일 한-사우디 간에 민간경제협력기구를 결성하고 정부 동년 4월 4일 각료급 사절단을 파견했다. 그 결과 공사를 받아냈다. 그리하여 동년 9월 젯다 시의 미화공 공사를 수주 받은 삼환기업은 공기 단축을 위해 불을 켜놓고 철야작업을 했다. 시민들은 그 일대 광경을 보고 '코리아 넘버 완' 하면서 화젯거리가 된 것이다. 공사가 시작된지 얼마 안되어 젯다시장이 회교도행사로 연말까지 완공을 요청한 일이 있었다. 건설기간에 이곳을 지나간 파이잘왕도 횃불을 보고 "저렇게 부지런하고 성실한 사람들에겐 공사를 더 주어야한다"고 지시했단 후문이 있다. 초기에는 도로건설 공사였는데 점차 항만공사, 플랜트 수출까지 수주 받게 되어 한국은 플랜트 수출국가로 부상하게 되었다. 그 예로 (주)전엔지니어링(대표이사 전민제)과 신한기공(주)이 건설한 '불포화포리에스텔' 플랜트를 수주 받고 설계부터 건설, 시운전까지 턴키 베이스로 사우디아라비아에 넘겼다. 이렇게 하여 74년 8천 9백만 달러가 78년에는 79억 8천 2백만 달러 수주로 급성장하게된 것이다.

박대통령은 우리가 달러 고갈을 완전히 벗어나려면 81년에 가서 1백억 달러 정도로 수출할 수 있어야 된다고 판단하고 그 추진전략이 바로 중화학공업 건설로 연계된 것이다.

≪전 오원철 청와대 경제수석 인터넷 자료 일부 인용,1998~2001≫

23. 극비리에 추진한 '핵개발' 진상

곽은호, 조명제

극비 속에 추진된 핵개발은 끝내 실패했다. 인도의 핵실험성공 이후 지구상 핵확산을 막자는 미국의 집요한 간섭과 방해가 그 요인이었다. 박정희 대통령의 시해사건은 모든일이 수수께끼로 역사 속에 사라졌다. 과학자의 쌓은 업적이 일장춘몽으로 끝맺게 되었지만 후일 관련 연구에 미친 영향은 지대했다. 언젠가 우리도 핵개발성공의 자신을 충분히 경험했다.

북한의 위협 · 미군 철수 　1968년 1월 21일 밤 9시50분경 청와대 폭파와 요인 암살을 목적으로 북한에서 특수훈련을 받은 124군부대 소속 김신조를 포함한 무장공비 31명이 청와대 가까이 침투했으나 군경 합동 작전으로 29명이 사살, 1명이 도주하고 김신조金新朝는 붙잡혔다. 연천군 장남면 반정리로 침투하고 서울까지 잠입하는 동안 산기슭 나무꾼들에게 발각된 것 외에는 단 한 번도 검문을 당하지 않고 박 정희 대통령을 비롯해 정부요인을 암살하고 달아나려 했다고 기자회견에서 말했다. 이 사건은 당시 얼마나 방첩망이 허술했음을 입증했다. 이들 무장공비들과 교전하다가 서울 종로경찰서장이 전사하고 민간인 6명을 포함해 모두 9명이 희생당했다. 이 사건은 북한이 또 하나

1.21 무장공비 소탕작전(연천군 제공)

의 6.25전쟁을 공작하려는 게릴라전을 앞서 시도한 탐색이었다. 국민들에게는 커다란 충격을 주었고 정부는 바짝 긴장했다.

연이어 북한의 침투로 이른바 푸에블로호 사건이 1월 23일 일어났는데, 미국 해군함 푸에블로호가 4척의 무장한 북한초계정과 미그기 2대의 위협에 의해 납치되었다. 오후 원산 앞바다 공해상에서 발생했던 일인데, 이 함정에는 83명이 승선하고 있었다. 그런데 북한측과 미국측 양측의 주장이 엇갈렸다. 북한은 '자신들의 영해를 침범했기 때문에 납치하였다'고 주장했다. 푸에블로호가 나포된 체 승무원은 1968년 말 판문점을 통해 귀환했다.

다음해 69년에는 주문진과 북평에 북한군이 침투하여 경비 중인 순경과 민간인 일가족이 무모하게 참사되었다.

이와 같은 일련의 북한 위협과 빈번한 미군 철수설의 일방적인 통고는 박대통령으로 하여금 특단의 결심을 갖게 하였다. 그는 북한에 비교하여 군사력이 훨씬 열세함과 국민들의 불안을 걱정하고 마침내 그 처방이 핵개발로 이어졌던 것 같다. 69년 미국 대통령 닉슨의 이른바 괌독트린 선언과 70년 7월 미 국무장관이 최 규하 국무총리에게 주한미군 2만 명 철수 통고를 했다. 70년 8월 스피로 애그뉴 부통령이 방한하여 박대통령에게 직접 통고하고 대만으로 가는 기내에서 김정

렴 비서실장에게 '5년 내에 주한미군을 완전히 철수' 할 것이라는 폭탄선언을 했다. 71년 3월 미군 7사단 철수는 그 한 가지 예였다. 김 비서실장은 이 사실을 보고하자 박대통령은 굳은 자세로 "국방은 언제까지나 미군에 의존할 수 없어? 이제는 스스로 나라를 지켜야 돼?" 하였다. "박 대통령은 자주 주한 미군 철수를 거론하자 '미국 놈들, 걸핏하면 철군한다고 협박했다' 며 아주 불쾌해 했어요" 임방현 청와대 대변인의 말이다.

1971년 3월 미군 7사단이 철수할 무렵 박 정희가 핵개발을 결심한 결정적 시기가 된 것이다. 국방과학연구소에서 핵무기 설계연구 책임자로 일한 A씨에게 71년 4월 임명장을 주는 자리에서 그는 "우리도 이제는 초무기를 만들어야 되겠어요. 이건 숨어서 해야 합니다"했다. A씨는 두 말할 것도 없이 이것은 핵무기를 말한다고 증언했다.

≪『실록 박 정희』에서≫

몇 가지 핵개발 사업 내막   핵개발의 대상은 원자폭탄과 핵탄도 미사일이었다. 이 사업은 극비 속에서 주역은 오원철(당시 청와대 제2경제수석)과 김광모(당시 비서관)이고 개발 담당부서는 한국원자력연구소와 국방과학연구소였다. 핵연구 책임자는 전자의 경우는 Y씨였고 후자는 X씨였다. 얼마나 국가안보상 중요했으면 1979년 10.26 후 파다한 소문만 나돌고 18년이 지난 1997년 10월 중앙일보에 특별기획에 이어서 1998년 특별취재팀에 의하여 『실록 박정희』 5부에 그 전모가 실려 졌을까.

핵개발 사업은 71년 11월 청와대 제2경제수석실이 주도하면서 활기가 차기 시작했다. 이 시기는 우리나라 중화학공업이 태동하는 시기

이기도 하였다. 오원철 씨는 총책임자였고 김광모 씨는 핵심 참모였다. 대통령이 오 수석을 불러 주한미군 철수로 한국의 안보가 매우 불안해, 언제는 도와준다고 했다가 지금 철군해 버리니, 미국한테 멸시받아야만 하나, 주야로 억압받아야만 하겠어? 인도와 파키스탄 나라가 핵을 개발하여 큰 소리를 치는데 말이야? 했다. 두 사람은 대통령의 속마음을 알아차려 곧 과학기술처 장관에게 핵개발 가능성을 물어서, 구체적으로 최형섭 장관에게 양해를 얻고 실무 책임자인 윤용구 원자력연구소장에게 조사시켰다. 그러나 당시 우리의 과학기술수준으론 핵개발은 그리 쉬운 일이 아니었다. 더구나 핵개발에는 플로토늄을 생산할 수 있는 원자로(NRX형 원자로)가 선행되어야만 했다.

사업 시작 당시 개발팀 사이에 핵심기술인 플로트늄 추출은 중수로와 경수로 양자 중 어느 쪽을 택할 것인지 이해가 엇갈려 청와대는 "왜 왔다 갔다 하나"고 추궁도 있었다. 사실인즉 양자 모두가 가능했지만 경수로의 경우는 소요 예산과 고도의 기술이 필수했던 것이다. 연구실장이고 실무책임자였던 김 박사는 "경수로는 한 번 핵연료를 장입하면 3년간 타기 때문에 순도가 떨어져 재처리하여도 핸폭탄 원료로는 부적합합니다. 반면 중수로의 경우 1년 정도 탄 연료를 빼내 재처리하면 가능하지만 IAEA(국제원자력기구)의 감시가 심해서 사용 후 핵연료 확보가 불가능하다"고하였다.

73년부터 CANDU(카나다형 중수원자로) 도입과 함께 NRX 도입은 순조롭게 진행되어 연말에는 이의 건설을 위한 신형 원자로연구실이 발족하였다. 74년 여름에 캐나다에서 전문가가 방한하여 CANDU 계약이 마무리되면서 NRX 역시 원활하게 도입이 추진되고 있었다. 이때 실무진에서 설계와 건설 그리고 시험시설 등에 관한 세부사항의 기술 토의가 마무리 단계에 와 있었다. 곧 이어 9월에는 NRX의 현장 점검을 위해서 실무진이 캐나다의 쵸크리버연구소를 직접 방문하고 마지막 기술적 사항을 점검하고 협의한 후 계약을 체결하기로 했다. 73년 말에는 NRX도입과 관련하여 쵸크리버연구소 전문가 일행이 방한하여 연구소 실무자들과 분야별로 원자로 특성, 재료시험 그리고 활용특성 등을 토의하고 도입을 위한 구체적인 절차를 준비하기에 이르렀다. NRX 도입과 건설의 총공사비는 국고와 차관으로 충당하고 76년 7월에 착공하여 78년 6월에 완공하는 것으로 계획하고 정부측과 차관을 협의하기 시작했다. 그러나 이와 같은 양국간의 협상은 돌연 도입이 중단된 위기를 맞고 성사되지 못했다. 이미 캐나다 연구소를 우리 실무팀이 방문했을때 그들은 어렴풋이 상대방의 거절하는 기미를 느꼈는데 배후에는 미국의 압력이 작용한 것으로 알려졌다. 70년대에 들어 국제사회에는 핵사찰이 강화되면서 대만의 경우 이미 캐나다로부터 도입한 NRX형 재료시험로인 TTR은 결국 운영조차 하지 못 하고 폐기한 사건이 있었다. 사실상 캐나다는 CANDU의 한국 판매가 주 목적이고 전문가 말에 의하면 NRX는 CANDU 판매의 부수적인 협상의 미끼였다고 추측해 볼만하다. 결정적인 요인은 인도의 핵실험 성공에 있다고 보고 있다. NRX형 원자로에서 나온 사용 후 핵연료를 재처리하여 플로토늄을 추출하여 핵폭탄의 연료로 사용했기 때문에 더 이상 NRX 도입은 재론의 여지가 없어진 것이다.[1]

74년 11월 9일 한국의 핵개발의 중심 인물 3명이 극비리에 프랑스 공항에 도착했다. 23년 만에 베일 속이 벗겨졌지만 그들은 주재양(당시 원자력연구소 제2부소장), 윤석호(당시 핵연료공단 건설본부장) 그리고 박원구(당시 동 공단 핵연료연구부장)였다. 이들은 사용후 핵 연료 재처리시설과 가공설비 구입 차 도입에 앞서 가계약을 하였다. 미국은 인도가 74년 5월 지하 핵실험을 하자 세계 여러 나라에 정보망을 구축하여 핵개발을 예의 주시했던 것이다. 일행은 파리 체류기간 중 가는 곳마다 요 감시인물로 불안감에서 임무를 수행해야만 할 형편이었다. 프랑스는 미국의 훼방에도 불구하고 핵연료 재처리 등 설비 계약을 서둘러 도입을 위해 정성을 다했다. 그러나 결국 성사에는 실패하고 말았다.

참여 과학자에 관한 후문에 따르면 그들의 파격적인 대우와 유치과학자 대거 투입은 사실과 다르다. 일부 유치과학자를 포함시켜 기존의 연구소 에리트 연구원 J, K, H 등이 합류하고 그간에 축적한 경험을 바탕으로 성의와 열의를 다해서 이 사업에 참여하였다고 한다. 1993년 발행된 김 진명 작『무궁화 꽃이 피었습니다』는 한동안 장안의 화제꺼리였다. 이 소설은 핵개발을 주요내용으로 담았는데 KBS에도 방영되었

중수 분리 시험로 모형

다. 그 줄거리에 "개인의 최고 명예랄 수 있는 노벨상마저 포기하고 조국의 핵개발을 위해 죽음을 각오한 채 귀국했던 천재 물리학자 이 휘소"했는데 그는 핵개발과 전공이 멀다.

구미의 열강국가가 핵 기술을 상용하기 시작한 것은 제2차 세계대전 전후로 본다. 우리나라에는 1961년 처음으로 연구용 원자로 100 kW 급

TRIGA Mark-Ⅱ를 도입했다. 그로부터 처음으로 고리에 원자력발전소가 가동한 것은 17년 후인 1978년이다.

미국 정보망에 걸리다　　　미국은 당초부터 한국의 핵개발을 못마땅하게 여기고 한국의 동태에 촉각을 끈질기게 곤두세웠다. 우리나라 정부, 연구소의 진행과정은 물론, 캐나다 프랑스에서 핵개발 관련 주요설비 구입협상, 기술협약 심지어 우리 전문가의 현지에서의 개인적 활동까지 일거일동을 탐지하고 간섭하였다. 의문의 괴사건이나 가방 도난 등 해외 출장 중에 발생한 불안감은 어디를 가든지 사라지지 않았다. 극비 속에 추진한 핵개발 사업의 내막은 미국의 끈질긴 첩보와 방해로 인하여 목적이 실패로 끝났는데 23년 만에 진상이 공개되고 그 정체가 밝혀졌다.

『한국원자력연구소30년사』에 1974년 11월 9일부터 12월 10일까지 주재양 제2부소장 외 2명이 핵연료처리 및 가공사업 추진 차 프랑스 방문이란 기록이 있다. 구체적인 내용은 물론 나머지는 이름조차 언급이 없다. 그들은 윤석호 당시 건설본부장과 박원구 연구부장이었다. 이들 3명은 1974년 11월 9일 프랑스 국제공항에 내렸다. 공항에서 택시를 타고 개선문 옆 부근에 잡아 놓은 숙소에 가는 중이었다. 그런데 어이 없이 택시기사가 "한국에서 온 핵과학자냐"하고 물었다. 이들은 순간 바짝 긴장하고 숙소에 도착할 때까지 한마디 말없이 초조했다. 일행이 핵연료가공시설 도입의 가계약 체결로 서커사를 방문했는데 그후부터 심상치 않던 사건이 일어났다. 다음날 재처리 기술과 시설을 도입하러 상고방사에 갔더니 직원이 어젯밤 서커가에 화재가 났다고 절대 밤에 출입하지 말라고 주의를 주었다. 이때부터 상고방사는 안내원 겸 경호원을 붙였다. 그런데 상고방사에서 가계약을 체결한 저녁 일행의 기술협상 상대방 궤세라는 자기 차안에서 변사체로 발견됐다. 이들 일행은 더 이상 파리에 더 있을 분위가, 아니라며 귀국 채비를 서둘렀는데 숙소 옆 건물 항공사 건물의 대형 유리가 대낮에 꽝음과 함께 파열한 사고가 있었다. 그 일대에 많은 경찰이 즉시 배치되었다. 파리는 태러가 자주 발생하는 곳이기도 하였다. 일행은 일종의 '미국이 보내는 경고'로 몸소 실감하고 이처럼 핵개발을 둘러싼 방해는 집요하였다.

미국은 74년 5월 인도가 지하핵실험을 하자, 세계 각국에 미국대사관과 정보망을 통하여 각국의 핵개발 여부를 예의 주시하게 된 것이다. 또 핵기술 후진국에 대한 핵물질과 장비의 수출은 물론 재처리, 농축, 중수제조 등 국제간 기술 이전을 엄하게 제한하는 핵 확산 금지조치를 해나갔다. 그러나 프랑스는 미국의 감시에도 불구하고 계약을 성사시키려고 모든 정성을 다했다.

핵개발에서 제일 핵심적인 것은 재처리를 거쳐 핵폭탄의 원료인 플루토늄을 얻는 일인데 김철 당시 실무책임자인 연구실장 만큼 프랑스를 자주 드나들었던 사람은 없다. 그가 핵 관련 기기를 구입하러 갈 때는 반드시 독일을 거쳐 기차를 타고 프랑스에 갔다. 미국은 김철 박사가 프랑스를 자주 드나든 것을 알기 때문에, 비밀을 피하기 위해서 독일 컴퓨터 코드를 사갖고 갔다. 핵개발은 미국과의 숨막히는 숨바꼭질이었다.[2]

미국의 공식적인 압력은 75년 8월 하순부터 시작하였다. 스나이더 주한 미국대사가 핵개발을 포기시키려고 직접 최형섭 과학기술처 장관을 처음 방문 한 것은 8월 23일이다. 최장관의 증언은 "그는 방에 들어서자마자 불쾌한 어조로 말을 꺼냈다. 재처리시설을 도입하려는 이야기를 들었는데 재고할 수 없겠느냐" 최 장관이 그 이유를 물었더니 그는 "재처리를 한다면 원폭을 만든다는 오해를 불러 일으켜 소련이 북한에 원폭을 제공할 가능성이 있다"고 했다. 최장관은 거세게 반대했다. 동년 8월 25~28일 사이에 미 국무장관이 방한했을 때 박 대통령을 압박, 핵무기 포기 각서를 받아 간 것으로 알려졌다.1976년 1월 미국은 최후 통고를 위해 국무부 관리를 파견했다. 박 대통령은 일보전진 일보후퇴 하는 전략으로 미국의 훼방을 교묘하게 비켜갔다. 그러다가 포드 행정부가 들어서 한국에 대한 안보지원을 확약하자 핵개발은 중지된 듯했다.

결국 핵개발은 미국의 위협 앞에 굴복할 도리 밖에 없었다. 한국은 프랑스로부터의 재처리시설 도입을 포기하겠다고 밝혔다. 미국은 핵개발을 감시하기 위해 주한 미대사관에 과학 담당관을 파견하기로 했다. 캐나다에서 연구용 원자로 도입 계획도 취소했다. 그러나 박정희는 핵개발을 끝내 포기한 것은 아니었다. 1976년 1월 말 미국의 엄중한 감시망을 피하려고 재처리사업은 '화학처리대체사업'(핵연료국산화사업)으로 이름을 바꾸었다. 전담기구로 동년 말에 한국핵연료개발공단으로 탈바꿈했다.[3]

박정희 죽음과 역사의 아이러니 핵개발의 중요한 설비도입이 수포화 되었지만 대안으로 기존 설비와 축적된 기술로 연구가 계속되어 나갔다. 76년 구체적으로 개발팀의 담당부서를 세분하여 Hardware 개발에 착수하여 부품 하나하나를 제작하고 79년도에는 핵연료봉 냉각재 측정장치, 안전봉 및 구동장치, 연료봉 파손 검출장치 등에 대한 완성 실험이 끝나고 80년도의 계획으로는 핵연료봉 장전장치, 원자로 열출력 측정장치, 감속재 수위 측정장치 등의 개발계획이 세워졌다.[4]

1979년 10월 26일 박정희 대통령 시해사건은 국내 정치적 혼란 속에 재기하려던 연구진들에게 의욕과 희망을 송두리째 저버리게 했다. 정치적으로 김재규의 거사는 설왕설래하면서 핵개발과 유관했던 것 같고 아직도 핵개발의 수수께끼는 남아있다고 본다. 역사에 '만약' 의 가정은 없지만 그 후 한국의 핵개발이 성공했을까를 생각해 볼 수 있다.

생각하면 국내의 핵개발 사업은 1973년에 시작하여 1980년에 중단된 셈인데 비록 목표 달성은 무로 끝났지만 우여곡절의 분위기에서도 일사불란했던 연구진의 활약과 긍지와 자부심의 결산이었다. 핵개발은 중단되었지만 결코 헛된 시간과 비용을 써버린 것은 아니다. 여기에 소속된 정예인력은 재편되어 새로운 원자로 개발사업에 참여하였다. 그동안 재료시험로 국산화 연구와 CANDU의 도입으로 많은 기술자료를 수집하고 축적된 기술은 1995년 다목적연구로(하나로) 자체개발의 밑거름이 되고 성공의 견인차 역할을 하게 되었다.

1) 전 재료시험로 개발 실무연구원 곽은호 박사 증언
2) www.indosea.com/parkjh/실록박정희10.htm
3) 『한 권으로 읽는 제3공화국 실록 박정희』,269쪽, 271쪽
4) 곽은호 박사 증언

24. 고도성장과 국민생활의 변모

조 명 제

20세기 '절대빈곤에서 해방'은 대통령 박정희와 국민들의 합작품이라고 볼 수 있다. 누구를 논박하는 '흑백논리'를 삼가야겠다. 그 시대가 오늘의 각성과 반성을 불러일으키고 있다. 국가 존립의 기반은 백성들의 걱정 없는 '의식주'임을 5백년 역사가 입증했다.

고도성장에 뛰어 든 사람들　　그러면 우리는 잠시 우리가 겪어 온 '경제개발 5개년계획' 전후의 생활상을 짚고 넘어가지 않을 수가 없다. 절대빈곤부터 탈출을 위해 온 국민이 피와 땀을 흘려, 그 결과 1971~75년 사이에 농촌의 어둡던 밤을 전등으로 밝히게 되고 식량난은 완전히 해결되었다. 미곡의 자급문제는 5년간의 연구 끝에 수확량이 많은 '통일 벼'의 품종이 개발되면서 74년 사상 대풍작으로 연간 3천만 석의 쌀 생산을 돌파했다. 실로 평년작보다 무려 35%, 예상 수확량을 11% 초과한 셈이다. 광복 후 처음으로 얻어낸 미곡의 자급이었다.

지난날 가난했던 시절 농촌에서 자라나고 오직 토지에만 천명으로 알고 매달려 온 사람들 절대빈곤에서 탈출하려 식모살이 또는 가정부로 생계를 유지하던 부녀자들, 60년대 초 열악한 환경 속에 섬유봉제 공장에서 한 푼이라도 더 벌자고 연일 야근에 시달린 여공들, 수출의 기수로 자랑하면서 일터를 지키면서 피와 땀으로 공장에서 일에만 매달린 근로자들, 베트남과 중동에서 열심히 일하여 귀국하여 공장을 차린 중소기업자들. 80년대 고도성장시대 대기업에서 종업원으로 국내뿐만 아니라 미국, 리비아 등 5대양 6대주 세계 각지를 종횡무진 활약한 원양어업 선원, 건설역군 그리고 현지 무역회사 사람들. 많은 근로자들의 피땀과 노력에 의해서, 불가능으로 생각된 수출이 매년 증가했다. 60년대 미곡절약운동으로 1주일에 2회 '쌀 안 먹는 날'과 원조양곡인 밀가루 배급 그리고 혼식운동이 전개되고 있었지 않았던가.

한편, 그 그늘에는 경제개발에 유인되어 이농현상이 매년 일어나 많은 인파가 서울 변두리 구석구석에 밀려들고 무허가촌 달동네가 생겨 127만 명이 이곳에 정주했다는 도시 빈민문제가 심각했다. 당시 당국은 무허가 판자촌을 철거하고 경기도 광주군에 이주시켰는데 70년까지 무려 12만 명에 달했다.

월남 특수로 군납, 파월장병, 파월기술자들의 송금은 약 6억여 달러에 달한 정도의 수익을 올렸다. 최초로 눈물겹던 파독 신사 광부와 간호사의 활약으로 근대화는 점화되고 최초 열사의 땅, 중동에 나간 것은 73년, 그 수는 점차 증가되어 79년에는 11만 명을 넘었다. 섭씨 50도가 넘는 혹서와 모랫 바람과 싸우면서 고국에 남긴 가족과의 재회를 손꼽으면서 그들은 시간외근무, 야간작업, 휴일작업을 마다않고 자원하여 일에만 매달였다. 이들은 1년 동안에만 60억 달러를 벌었다. 이것으로 고향에 대한 향수와 가족에 대한 애수를 이겨 내고 오직 일로만 일구어낸 신화라고 아니할 수 없다.

고도성장 속에 단란한 가정모습.TV등 가전기기가 보인다
(1970~80년대)

70년대에 들면서 절대빈곤이 해소하고 쌀은 먹고도 남을 처지가 되어 쌀밥에 고깃국 먹기가 현실로 나타나 흑색 텔레비젼이 보통가정에 모습을 보였다. 70년대 말 국민소득 1천 달러 시대가 된 것이다. 집집마다 여유있는 형편이 되고 보니 아파트가 등장하면서 서서히 냉장고를 들여놓고 자동차를 갖게 되어 이른바 '마이카' 시대가 열리고 있었다.

중화학공업 성장과 수출고 신장　　　제1차 5개년계획(1962~66)의 성과로 경공업제품의 수입대체가 이루어졌고, 수출이 확대되면서 수출에 의한 공산품 의존이 급부상하기 시작하였다. 이와 같은 수출의 급증은 기간 중 실질 성장률이 목표의 7%를 훨씬 상회한 9.7%를 실현하게된 것이다. 여기에 힘입어 박대통령은 산업구조를 선진국형으로 바꿔야 한다고 했다. 그것을 위한 실천전략이 바로 중화학공업 추진인데 1973년~80년이 중화학공업의 본격적인 발전기였다. 박대통령은

73년 연두기자회견에서 "우리나라의 공업은 지금 중화학공업시대에 들어섰다. 정부는 중화학공업 육성에 총력을 다 한다"고 표명했다. 이 시기에 제일 먼저 중화학공업의 상징이 바로 한국 최초의 포항제철소이다. 71년 조강粗鋼 연산능력 103만 톤에서 81년에는 850만 톤에 도달하였다.

철강업은 타산업의 발전에 절대적인 영향을 미치는 기초소재산업이기 때문에 한 나라의 자립경제체제를 가늠하는 중요한 척도가 된다. 그래서 철강산업의 중요성을 인식한 박정희 대통령은 5.16 군사쿠데타와 더불어 종합제철사업을 거론했고, 철강산업에 대한 의지를 갖게 되었다. 또한 포항제철의 주요 생산품은 중공업부문의 필수소재로서 선박, 자동차, 전기·전자제품 및 건설용 금속 제품 등 많은 산업에 수급되고 있어 전후방 연관 효과가 가장 크다.

73년 7월 3일 역사적인 준공식이 거행되었다. 이에 앞서 동년 6월 9일, 이른 아침부터 박태준 사장과 직원들이 긴장된 표정으로 고로(용광로) 아래 출선구出銑口를 뚫어져라 쳐다보고 있었다. 태양열로 채화한 원화元火로 점화로에 불을 지핀지 어느덧 21시간이 지난 오전7시 반, 이윽고 출선구가 열리고 용암처럼 시뻘건 쇳물이 힘차게 흘러나오

포항종합제철(주) 준공식(1973.7.3)

태화강 너머로 본 포항종합제철(주)

기 시작했다. 마침내 우리 손으로 만든 우리나라 최초의 일관 제철소 고로에서 쇳물이 생산되기 시작한 것이다. 70년 4월 착공 이래 3년3개월간을 기다려온 그 순간, 사람들은 너나없이 부둥켜안고 환호성을 질렀다. 풀 한 포기 없는 황무지에서 작업을 시작한지 5년 만이었고, 박정희 대통령이 66년 방미 때 미국의 제철공장을 둘러본지 7년 만이었다. 공사비 만 1,215억원, 경부고속도로 건설비용의 3배나 되는 엄청난 금액이었고, 단일사업으로는 단군 이래 가장 큰 대역사였다.

이 시기의 특징은 철강업의 발전이 관련 산업의 발전을 촉진시키고, 동시에 상호의존적으로 중화학공업의 확산이 가속화되고 있었다. 조선 산업이 수출전략산업으로 지정되면서 75년에는 현대중공업이 조선능력 1백만 톤의 도크를 보유하는 등 세계를 무대로 본격적인 진출을 하게 되었다. 80년대 초 전체 수출액의 10%이던 것이 93년 수출액 40억 6천만 달러를 점유하고 일본에 이어 세계 제2의 조선국가로 위상을 높였다. 다음 해에는 일본을 재치고 세계 제1의 명실공히 조선시장의 주도권을 확보했다. 수출물품을 적재하는 컨테이너 수송량의 급증으로 대형화, 고속화에 알맞은 초대형 컨테이너선이 개발되었다. 또한 공기부양선을 개발하여 연안 쾌속여객선으로 취항시켰다. 80년대 LNG가 도입되면서 고난도의 기술과 고부가가치의 LNG선박 건조에 박차를 가했다.

자동차 공업의 '신화' 하면 포니를 연상한다. 현대자동차는 74년 이탈리아 모터쇼에 승용차 포니를 출품하여 선풍적인 인기를 끌었다. 이 시기는 기술도입과 기술축적으로 외국산 모델을 국산화시켜 급격히 늘어난 국내 수요를 충족시켜 한국 자동차 공업발전에 원동력이 된 시기였다. 75년 8만 대 생산규모의 종합자동차 공장을 건설하고 본격적인 포니 생산에 들어갔다. 변속기, 브레이크, 조향장치 등을 생산함으로써 국산화률 80%의 승용차를 양산하였다. 76년 포니가 시판되자 한국 고유모델이란 인식과 함께 폭발적인 인기를 얻고, 이미 기아산업이 국산화률 90%의 브리사가 시중에 나왔다. 이어 시보레도 시판되었지만 포니의 인기를 따라잡지 못하였다. 이 무렵 거리에는 택시하면 브리사와 포니가 부지런히 누볐다.

현대중공업(주)에서 건조 중인 대형 선박 모습

현대중공업(주)이 건조한 대형 유조선이 인도양을 항행하고 있다(1992)

포니 자동차 수출의 현지 하역 모습

돌이켜보면 60년 초 외국인이 "너희 나라는 자동차를 만들어 내냐…" 등 질문에 부끄럽던 기억이 새삼 되새겨지곤 했다. 76년은 포니 승용차의 처녀 수출로써 우리나라 자동 수출 가능성을 보여준 계기가 되었다. 70년대 후반에 가서 마침내 자동차 마이카시대 바람이 불기 시작했다.

76년 중동에 처녀 수출을 시작하여 78년 현대자동차는 유럽에 현지법인을 설립하여 유럽 진출이 본격화하였다. 84년에 현지 판매가 시작되자 포니가 날개 돋친듯이 팔려 포니 수출 원년에 25,123대를 판매하는 기록을 세웠었다. 여기에 스텔라까지 가세하여 캐나다 시장 점유율이 급성장하면서 현지 일본차들이 바짝 긴장하기 시작했다. 그 후 미국진출이 기술면에서 까다로워 고심 끝에 마침 미국시장 신뢰를 회복하고 미국의 권위지 '컨슈머리포트'에서 쏘나타, 그랜저 등을 추천할 만한 차로 선발하였다. 미국 언론도 현대자동차의 품질을 '일본차들과 손색없는 수준이 되었다'고 격찬했다. 머지않아 현대는 단독으로 수출 100만대, 수출액 100억 달러 돌파를 예견하고 있었다.

그 후 중화학공업 제품이 연달아 증산되었는데 철강, 가전제품, 반도체, 정유, 석유화학, 합성섬유 등이 활기를 띠고 있었다. 80년에 175억 달러, 95년에는 1천2백억 달러를 수출함으로써 세계11위의 수출국가로 격상하였다. 제4차 5개년계획이 끝난 81년 중화학공업의 비율이 50%를 넘어 바야흐로 선진국 대열에 들어가기 일보전이라고 일본책 『韓國經濟·その活力の源泉を探る』에서 설명했다. 86년 이른바 3저 시대3低時代를 맞아 경상수지 흑자 31억3천1백만 달러를 유사 이래 처음으로 이루었는데 88년에 들어서 88억8천5백만 달러의 경상수지 흑자를 맞자 성급하게 방심해 버렸다. 때는 88올림픽으로 나라가 온통

흥분과 감동에 활기찬 분위기였다. 당시 유행어 "샴페인을 일찍 터뜨렸다"는 말은 의미심장하다. 그러나 이런 추세에 힘입어 수출이 계속 늘면서 96년 국민소득 사상 처음으로 1만 달러 시대를 맞았다. 그렇지만 97년 IMF시기를 만나 하강하면서 2000년을 지나 줄곧 여기서 헤어나지 못했다. 우리는 이른바 아시아 경제성장의 모범국가들인 '네 마리의 용'에서 밀려 나고 있었다.

≪오원철 전 청와대 경제수석 인터넷 글 일부 인용≫

의식주와 여가 생활의 변모　이전에 '배'만 부르게 하면 되었던 음식의 역할에 이제 '마음'도 포함되어지면서 의식주와 레저문화에 변화가 생겨났다. 산업화와 생활 문화의 발전으로 건전한 자기 생활을 영위하기 위하여 생활의 활력소를 추구하고 관광 여행, 레저 스포츠가 새로운 국면으로 규모면에서 변화해 나갔다.

주거생활은 단독주택에서 아파트 생활로 추세가 촉진되면서 80년대에는 이미 농촌 마을까지 아파트가 들어서기 시작했다. 과거 10년 사이에 주거공간이 최신 설비로 갖추게 되었는데 버튼 하나만 누르면 자동적으로 쾌적한 환경에서 생활을 누릴 수 있는 편의와 여유를 갖게 되었다. 더구나 대형 고급 아파트에는 실내수영장이나 오락 또는 헬스 설비등 실내공간도 갖추어져 있다. 음식문화는 고도로 발전하여 패스트 후드에서 최상급 요리에 이르기까지 누구나 어디서든지 기호에 알맞게 먹을 수 있게 되었다. 프랑스, 이탈리아 등 서양요리, 일본요리가 호텔과 고급음식점에 가득 차 있다. 의류는 가게마다 상품이 연중 세일을 호가하면서 고객을 유혹한다. '현대판 하꾸라이', 명품은 옷만 아니라 악세사리에까지 여성들의 욕구를 돋군다. 옛날 다방은 사양화

거리에 등장한 패스트푸드 점(1982)

되면서 커피샵, 카페로 탈바꿈하면서 젊은이를 유인하며 사교장으로, 연인들의 대화방으로 붐빈다. 20세기말 '명품'의 바람이 서서히 불었다. 남여를 불문하고 옷, 시계, 구두, 반지, 소품, 각종 악세사리다. 명품은 사회적인 힘을 발산한다. 흔한 볼펜보다 몽블랑 만년필로 쓴 사인이 더 권위있게 할 수도 있다. 명품은 많은 경우 가격에 의해 정의된다. 그러나 명품이 되기 위한 객관성이 있다. 최고의 품질, 역사성, 희귀성과 창조적 가치(영어로 '마스터피스' 같은 것)다. '럭셔리 브랜드'와 '명품'의 구별이 우리 사회에서 분명치 않았다.

관광, 레저, 스포츠 등도 생활수준의 향상과 산업화 추세로 변화하

1백만 인파로 붐비는 해운대 해수욕장 (1990년대)

산간 계곡에서 피서하는 사람들(1990년대)

게 되었다. 1980년대에 들어서면서 놀이공원을 시작으로 온천장, 해수욕장, 골프장, 스키장 등을 즐겨 찾아 레저·관광의 산업화가 본격적으로 성장되어 갔다. 동시에 스포츠, 감상·관람(영화관, 박람회, 박물관, 미술관, 도서관 등), 게임, PC등 여가활용의 기세가 가속화되어 갔다. 도시 가구당 여가활용비(총지출대비 교양오락비)를 보면 80년 1.8%에서 95년 5.3%에 이르렀다. 국내여행은 제쳐놓고, 해외여행을 규모로 보면 국제화 속에 양과 질에서 발전하였다. 69년 9월 대한항공사가 민영화되고 세방여행사 등 민간 여행사가 등장하면서 국내외 여행객이 점차적으로 증가하고 외국 항공사 소속 항공기가 속속 취항을 시작했다. 78년 11월 27일은 우리나라를 방문한 외국 관광객이 1백만 명을 돌파한 날이다.

83년 1월 해외여행이 부분적으로 자유화된 데 이어 89년부터 해외여행이 전면 자유화되면서 내국인 여행자가 급격히 늘어났다. 그 수를 보면 84년 49만3천여 명이던 것이 10년 후에는 3백15만4천여 명 그리고 2000년에는 5백50만8천여 명으로 급신장했다. 90년대 말에는 내국인 출국자가 오히려 종래 많았던 외래객입국자수를 능가했다. 국가 경

일본관광에 취항한 호화유람선(1995. 3

제 규모의 확대와 성장에 따른 국민생활 수준의 전반적인 향상과 관광을 포함한 모든 분야에서 여건이 획기적으로 개선되었다. 그리하여 국민의식이 국제화되면서 해외여행자가 급증한 것이다. 세방여행사는 95년 3월 최초로 크루즈 투어를 기획 관광행사를 가졌다. 일본에서 대여한 호화유람선 2만 2천 톤 급 '오리엔트 비너스'호가 동년 3월 17일, 4박 5일의 규슈 연안을 일주하는 코스였다.

스포츠가 생활화 되면서 프로축구, 프로야구 등 스포츠산업화는 70년대부터 활기를 띠기 시작했다. 1988년 9월 17일 대망의 88서울올림픽이 개막되었다. 160개 국가 1만 4천여 선수단이 참가하였다. 우리는 사상최고의 금메달 12개라는 예상 밖에 선전을 하였다. 금 12개, 은 10개, 동11개 총 메달 33개의 성적을 올렸다. 한국은 또 하나의 자신감의 도약으로 국제적 지위향상, 국민적 통합기틀을 이루고, 민족의 새장 '이제는 해냈다'의 편안한 자부심을 갖게 되었다. 역사상 최대규모의 스포츠제전으로 12년 만에 동서 참가의 장엄하고 감동적이었던 폐막식은 끝났다. 그 투혼으로 4년 후 바르셀로나 올림픽에서 황영조 선수가 2시간 09분대로 마라톤을 재패했다.

'부'를 누리는 계층 그늘에는 갖가지 모순과 비리가 양산되고 있는 사회문제가 심각하다. 저소득층의 인구는 나날이 늘어나고 중산층이 감소 일로에 있는데 90년대에 들면서 '빈익빈' 현상으로 실업자가 다시 양산되기 시작했다. 부정축재로 돈 모은 공인公人, 간상奸商으로 벼락부자가 된 졸부 그리고 많은 부도덕한 지배층 인사들은 수단과 방법을 가리지 않아 법망에 걸렸다. 심지어 국가원수 전직대통령과 그 가족이 비리에 연루되었다. 이들 중에는 불법과 땅 투기 등으로 부동산을 부추겨 서민들을 울리고 윤리·도덕·질서는 시대흐름과 역행하여 사회가 문란하였다. 국제선 항공기에서는 가끔 취객의 난동, 흡연으로 '어글리 코리언'이 연출되어 국제망신을 시킨다. 뿐만 아니다. 사람 모이는 곳은 어디나 쓰레기장을 방불케 한다. 스포츠 관람석, 명절 귀성객의 대이동으로 고속도로연도 등도 예외가 아니다.

그러나 지금까지 고도성장 그늘에 숨겨진 '성장'의 미명하에 생활고의 문제점이 하나씩 드러나기 시작하였다. 60년대 이래 세계에 유례없던 급격한 성장을 해 낸 한국경제에 제동이 걸리게 된 것이다. 드디어 97년 IMF의 사상 최악의 경제위기를 맞았다. 많은 사람들이 여지껏 후퇴없이 경제가 지속되고 금후 더욱 안정된 삶을 누릴 줄만 알았고, 자신들 중산층의 자리가 흔들림 없다고만 알아왔던 것이다. 통계에 의하면 1999년1월 전국 실업자가 200만에 도달하고 많은 사람들이 일터를 잃었다. 소규모의 오토바이 부품재생공장을 경영하던 K씨도 부도를 맞은 사람의 한사람이다. 이런 것들이 20세기말 한국의 자화상으로 보는데 나라 앞날이 걱정이다.

1992년 바르셀로나 세계올림픽에서
황 영조 선수

20세기 말 한국 경제성장을 나타낸 자료

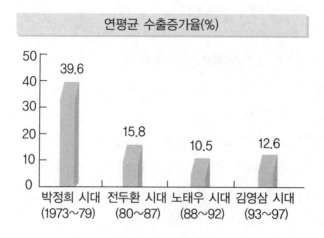

연평균 수출증가율(%)

박정희 시대 (1973~79): 39.6
전두환 시대 (80~87): 15.8
노태우 시대 (88~92): 10.5
김영삼 시대 (93~97): 12.6

[참고문헌]

姜在彦,『西洋と朝鮮』,文藝春秋,1994.

강만길,『조선시대상공업사연구』,한길사,1984.

강만길,『일제시대빈민생활사연구』,창작사,1987.

경성제국대학,『京城帝國大學一覽表』,昭和16-17.

공업연구회,『공업계』,1909.

고려대학교,『고려대학교60년사』,1965.

김동훈 외,『한국원자력연구소30년사』,한국원자력연구소,1990.

旗田?他,『朝鮮の近代史と日本史』,大和書房,1987.

김양수,『중인연구』,도서출판신서원,1999.

김두찬,『대한조선공사30년사』,대한조선공사,1968.

김영모,『한말지배층연구』,한국문화연구소,1972.

김의환,『우리나라 근대 기술교육사 연구』,박영사,1971.

김근배,『일제시기 조선인 과학기술 인력의 성장』(박사논문),서울대학교,1996.

내무부,『제1차 치산녹화 10개년계획』,1973.

노대환,『제46회 전국역사학대회초록(한국사)』,대회조직위원회,2003.

大峽弘通,『日本の歷史106』,朝日新聞社,昭和63.

박제형,『근세조선정감(상)』,탐구당,1988.

박제광,「한일관계사연구」, 전쟁기념관.

박성래,『과학사에도 과학이 있는가』,교보문고,1998.

박성래,『한국인의 과학정신』,평민사,1993.

서울특별시,『서울6백년사』,서울시시사편찬위원회,1993.

서울대학교,『서울대학교공과대학사』,서울대학교출판부,1987.

손태현,『한국해운사』,아성출판사,1982.

矢崎信之,『舶用機關史話』,天然社,昭和16.

上田正昭,『朝鮮通信使』,明石書店,1995.

安達哲夫,『韓國經濟は日本を拔くか』,敎育社,1986.

안기덕 외,『한국근대교육사』,한국정신문화연구원,1995.

오원철,『한국형경제건설(1),(2),(3)』,기아경제연구소,1995-6.

이경훈,『한국공작기계공업발달사』,한국공작기계공업협회,1991.

이사벨라 버드숍,『한국과 그 이웃나라들』,도서출팔 산림,1994.

이광린,『한국개화사연구』,일조각,1980.

안병화,『한국전기100년사(상)』,한국전력공사,1993.

이능화,『조선기독교 급 외교사(상)』,민속원,1992.

野澤敬,『日本の歷史24』,朝日新聞社,昭和61.

연세대학교의과대학,『의학100년』,1985.

H.N.알렌,『조선견문기』,집문당,1999.

전상운,『한국의과학문화재』,정음사,1987.

전상운,『한국과학사』,사이언스북스,2000.

조갑제,『내 무덤에 침을 뱉어라』,조선일보사,1998-2001.

조기준,『일제하의 민족생활사』,민중서관,1971.

조기준,『한국기업가사』,박영사, 1973.

조성문 외,『서울공고100년사』,서울공업고등학교 동창회,1999.

조명제,『한국의 에너지 동력 발달사』,학연문화사,1996.

조명제,『역사학논총』,동선사학회,2001.

조명제,『대한기계학회지 34권2호』,일제치하 한국기계공업의 특징과 변천,1993.

조명제,『제45회 전국역사학대회초록(과학사)』,대회조직위원회,2002.

조명제,『기계저널』,대한기계학회,2001.

조명제,『산 넘어 강 건너』,양지문화사,2000.

조명제,『문화역사지리,통권14호』,한국문화역사지리학회,2001.

중앙일보 특별취재팀,『실록 박 정희』,중앙M&B,1998.

萩原晋太郎,『日本工業技術史』,新天社,1994.

홍이섭,『조선과학사』,민족문화,1987.

會田俊夫,『齒車の歷史』,開發社,1970.

통계청,『한국의 사회지표』,2003.

통계청,『한국의 통계연감』,2002.

한국관광공사.

조선의 근대화 시련과 오늘의 대한민국

초판 1쇄 인쇄 2007년 12월 26일
초판 1쇄 발행 2007년   1월 10일

지은이 | 조명제
펴낸이 | 김재광
펴낸곳 | 솔과학
주소 | 서울시 마포구 염리동 164-4 삼부 골든 타워 302호
전화 | 82-2(02)714-8655
팩스 | 82-2(02)711-4656
E-mail | solkwahak@hanmail.net
출판등록 | 1997년 2월 22일(제10-104호)

ISBN 978-89-92988-03-2
값 15,000원